KB070577

번영은 자유주의로부터

나남
nanam

김이석

서울대 경제학과를 졸업하고, 미국 뉴욕대학(New York University)에서
하이에크의 지식의 문제에 관한 논문으로 경제학 박사학위를 받았다.
한국개발연구원, 국제문제조사연구소, 국회예산정책처,
경기개발연구원, 한국경제연구원 등에서 연구했다.
현재 한국하이에크소사이어티 회원으로 활동 중이며
시장경제제도연구소 소장을 맡고 있다.

저서로는 《위대한 생각》(공저) 등이
역서로는 《화폐와 신용의 이론》, 《노예의 길》,
《루드비히 폰 미제스》, 《인간·경제·국가》(공역) 등이 있다.

나남신서 1691

번영은 자유주의로부터

2013년 6월 20일 발행
2013년 6월 20일 1쇄

지은이_ 金二石
발행자_ 趙相浩
발행처_ (주) 나남
주소_ 413-120 경기도 파주시 회동길 193
전화_ (031) 955-4601 (代)
FAX_ (031) 955-4555
등록_ 제 1-71호 (1979.5.12)
홈페이지_ http://www.nanam.net
전자우편_ post@nanam.net

ISBN 978-89-300-8691-2
ISBN 978-89-300-8655-4 (세트)

책값은 뒤표지에 있습니다.

나남신서 1691

번영은 자유주의로부터

김이석 지음

Liberalism,
Road to Prosperity

by

Yisok Kim

nanam

머리말

"나는 고발한다 !"(*J'accuse*)

프랑스의 소설가이자 저널리스트인 에밀 졸라(Zola, E.)가 외친 말이다. 그는 '드레퓌스 사건'의 진상을 파헤치면서 이처럼 공분(公憤)이 담긴 목소리를 높였다. 그는 이 유명한 글을 1898년 1월 〈로로르〉(*L'aurore*: 여명)라는 신문에 게재함으로써 유대인 장교 드레퓌스를 간첩으로 몰아세운 군부의 음모를 파헤쳤다. 졸라의 용기 있는 집필 덕분에 드레퓌스 사건의 진실이 밝혀졌고 억울한 옥살이를 하던 드레퓌스는 풀려났다.

최근 지구촌 전체가 경제난에 빠졌다. 나라 살림이 거덜 난 그리스는 유럽 여러 나라에 동정의 손을 벌리는 신세로 전락함으로써 찬란한 고대 그리스 문명을 일군 조상들에게 면목이 없게 되었다. 이탈리아, 스페인도 어렵기는 마찬가지다. 남유럽 여러 나라의 경제위기는 그들만의 불안에 그치는 게 아니다. 일파만파로 퍼져 한국에도 악영향을 끼친다. 한국 주가가 폭락하는 요인이 되며 가뜩이나 어려운 청년 취업을 더욱 힘겹게 만든다. 청년들은 분노한다. 프랑스 노(老)작가 스테판 에셀(Hessel, S., 1917~2013)은 이들에게 "분노하라!"고 부추기며 같은 제목의 책을 내기도 했다.

2011년 10월 중순 미국에서 울려 퍼진 "월가를 점령하라"(*Occupy Wall Street*)는 외침에 귀를 기울여 보자. 이렇게 절규하며 청년, 중장년들이 벌인 대규모 시위에서 알 수 있듯이 분노는 전 세계적으로 퍼지고 있다. 이들은 월가의 탐욕에 극도의 박탈감을 느껴 분연히 일어섰다. 이들은 월가를 비판하며 경제난국의 뿌리가 신(新)자유주의에 있다고 말한다. 이들은 "신자유주의의 무한경쟁 탓에 99%의 약자들은 뺏기기만 하고 1%의 부자들만 더욱 배를 불린다"고 성토한다.

2008년 여름, 월가를 강타한 금융 위기 때문에 전 세계 금융계가 재앙을 겪었다. 리먼브러더스 등 손꼽히는 대형 금융회사들이 줄줄이 도산하는 바람에 그 파장은 쓰나미처럼 국제금융가를 덮쳤다.

금융회사에 돈줄이 막히자 미국 연방준비제도이사회(FRB)는 일단 뭉칫돈을 마구 풀었다. "버냉키 FRB 의장이 헬리콥터로 돈을 마구 뿌린다"는 비유가 나올 정도였다. 미국을 비롯한 여러 국가 정부는 대규모 재정 적자를 감수하고서라도 돈을 풀어 경기를 살리려 했다. 이른바 '양적 완화'(통화팽창) 정책이 취해졌다.

하지만 경기침체는 그대로였다. 그리스, 포르투갈, 이탈리아 등 남유럽 국가는 퍼주기식 나라살림 탓에 나라 곳간이 텅 비게 될 지경이었다. 특히 그리스는 이웃 유럽국가의 도움 없이는 국가 부도를 당할 위기에 처했다. 그런데도 국민들은 그동안 정부로부터 받던 복지혜택을 유지해 달라고 요구했다. 별 할 일도 없이 빈둥거리는 공무원들은 '철밥통'을 지키려 안간힘을 썼다.

좌파 이론가들은 "경제난을 초래한 신(新)자유주의는 타도되어야 한다"며 이를 위해 정부가 적극 나서야 한다고 주장한다. 그들은 정부 조직이 비대해지면 얼마나 낭비가 많은지를 애써 외면한다. 거대한 관료조직은 개인의 자유를 옥죄고 창의성을 훼손한다.

인류의 번영은 자유주의가 꽃을 피울 때 가능하다. 인류 역사는 자유 확대의 역사가 아니던가. 이런 도도한 역사 흐름을 막으려는 반(反)자유주의 움직임을 좌시할 수 없다. 이제 결연한 자세로 사자후(獅子吼)를 토하지 않을 수 없다.

"나는 변호한다, 자유주의를!"

오늘날 경제위기는 진정한 자유주의를 실천하지 않아서 생겼다. 위기를 해결하려면 개인과 기업인의 자유를 더욱 늘려주어야 한다. 신자유주의를 타도하자는 주장이 난무하는 가운데 "정부가 시장을 더 강력하게 규제하여야 위기를 극복할 수 있다"는 목소리가 높아가지만, 진실은 그렇지 않다. 깊은 지혜가 깃든 자유주의의 참 가치를 알리는 일이 절실하다. 신자유주의를 타도하자는 선동은 결코 청년 일자리를 늘리지 못한다. 무책임한 선동은 위기의 악순환만 조장할 뿐이다.

흔히 나치즘을 극우로, 공산당을 극좌로 분류한다. 하지만 이들 정치 세력은 모두 서구 문명의 기초를 이루었던 자유주의, 개인주의에 반하는 전체주의 계획 경제로 그들의 이상(理想)을 달성하려 했다는 점에서 마찬가지였다. 오스트리아가 낳은 현인(賢人) 프리드리히 하이에크(Hayek, F., 1899~1992) 박사는 "나치즘과 공산당은 경제적 파탄을 초래하고 국민들을 전체주의의 노예로 만든다"고 경고한 바 있다.

고대 중국의 철학자 노자(老子)는 무위자연설(無爲自然說)을 주창했다. 인간은 무위(無爲)에 의해서만 최고 경지에 도달할 수 있다는 것이다. 이때 무위는 아무것도 하지 않음이 아니다. 무리한 인위(人爲)는 다른 사람을 옥죄고, 자연을 거슬러 일을 그르친다는 것이다. 무위자연설은 바로 최초의 자유주의였다.

필자는 평생 경제학을 공부한 학자로서 양심을 걸고 이 책을 집필했다. 참다운 자유주의가 무엇인지 알리려 궁형(宮刑)을 당한 사마천이 《사기》(史記)를 쓸 때와 같은 비장한 심경으로 컴퓨터 자판을 두드렸다. 지금까지 쌓은 내공을 모두 쏟아내겠다는 일념으로 숱한 불면의 밤을 보냈다. 일자리를 얻지 못해 방황하는 이 땅의 숱한 백수청년들에게 더 나은 미래를 마련해줘야 한다는 사명감으로 온몸을 던졌다.

이 책은 원래 필자가 한국경제연구원에 초빙 연구위원을 하면서 쓴 원고 《왜 다시 자유주의인가》를 바탕으로 좀더 일반 독자들이 읽기 쉽게 수정한 것이다. 다른 일에 쫓겨 수정 작업에 가속도를 붙이지 못하던 와중에 2013년 2월 새로운 박근혜 정부가 출범하였다.

경기 침체기에는 경제적으로 어려워진 많은 사람들이 정부에 기대고 싶은 심리가 큰 것이 일반적인 만큼 이번 대선에서도 예외가 아니어서 대선 후보들 간 선심성 정책경쟁이 없지 않았고 특히 '경제민주화'를 두고 많은 논란이 있었다.

새 정부가 대선과정에 내세운 다양한 정책들도 어려운 이들을 돕겠다는 따뜻한 의도에서 출발했다. 그러나 경제정책은 그 의도가 선하다고 해서 그 결과까지 선함을 보장하는 것은 아니다. 의도대로 성공하기 위해서는 그 정책이 반드시 올바른 원리 위에 서 있어야 한다. 수학을 전공했지만 런던 빈민가를 둘러보고 빈곤문제를 해결할 방법을 찾고자 경제학으로 선회했던 경제학의 대가 알프레드 마셜은 후학들에게 "뜨거운 가슴"뿐만 아니라 "차가운 머리"도 가지라고 일갈한 바 있다.

그래서 마셜의 일갈을 염두에 두고서 이 책에서 논리적으로 논의한 것들이 경제, 교육, 의료, 복지 등 새 정부의 여러 분야 정책들에 대해 가지는 의미들을 덧붙였다. 어려운 분들이 정말 어려움으로부터 벗어나게 하는 정책이 만들어지는 데 작은 도움이라도 되었으면 좋겠다.

이 작은 책자가 탄생하는 데에는 너무나 많은 분들의 도움이 있어서 일일이 다 적기 어려울 정도이다. 다만 몇 분의 도움은 반드시 밝혀야 할 것 같다. 우선 미제스(Mises, L.), 하이에크 등 통찰력 깊은 오스트리아학파 학자들을 필자에게 처음으로 가르치셨고 지금은 은퇴하신 이용욱 교수님, 뉴욕대학에서 이들 현자(賢者) 석학들에 대해 깨우쳐주셨던 커츠너(Kirzner, I.) 교수님과 리조(Rizzo, M.) 교수님, 그리고 지금은 조지 메이슨대학에서 가르치는 뵈키(Boettke, P.) 교수님께 감사드린다.

한국에서 오스트리아학파 관점의 연구를 통해 필자에게 많은 영감을 불러 넣어 주신 강원대 민경국 교수님, 대구대 전용덕 교수님, 인제대 배진영 교수님, 경희대 안재욱 교수님, 명지대 조동근 교수님 등 한국 하이에크 소사이어티 회원께도 머리 숙여 경의를 표한다.

특히 시장 경제에 대한 확고한 신념과 미제스와 로스버드에 대한 깊은 애정을 가지고 필자를 한국경제연구원에 초빙 연구위원으로 불러서 이 책의 바탕이 된 《왜 다시 자유주의인가》를 집필할 기회를 주신 김영용 전 한국경제연구원 원장님께 고마움을 전한다. 그리고 판권을 흔쾌히 넘겨줘서 출판상의 애로를 해결해주신 최병일 한국경제연구원 원장님께도 감사드린다.

아울러 《왜 다시 자유주의인가》를 보완하여 경제학 비전공 대학생들이 읽기 쉬운 형태로 출판할 것을 권유해준 성균관대 김민호 교수님, 그리고 출판사 섭외에 애써주신 신종익 '바른사회 시민회의' 사무처장님의 후의를 잊지 못한다. 마지막으로 어려운 출판환경에도 불구하고 이 책을 출판해주셨을 뿐 아니라 독자들에게 흥미로운 어투로 고치는 데 많은 도움을 주신 나남출판 조상호 사장님과 고승철 주필님, 강현호 편집자께 감사드린다.

이 땅에 진정한 자유주의가 뿌리 내리기를 갈망하며.

2013년 5월

자유주의 글래디에이터

나남신서 1691

번영은 자유주의로부터

차 례

01 들어가며

● ● ●

1. 신(新)자유주의, 끝장내야 하나?

2008년 여름을 기억하는가. 가히 '한여름밤의 악몽'이었다. 어느 날 한국 신문의 1면 머리에 큼직한 활자로 뽑힌 '서브프라임 모기지'란 낯선 제목을 보고 대다수 독자들은 어리둥절했으리라.

미국 금융회사들이 중산층, 서민에게 마구잡이로 빌려준 '비우량 주택담보 대출'이 화근이었다. 이 대출을 제대로 상환받을 수 없게 되자 대형 금융회사가 줄도산하고 그 파장이 전세계로 파급됐다. 한국도 예외는 아니었다. 주식시장은 패닉 그 자체였다. 대출금으로 주식을 산 투자자는 원금을 모두 날렸는가 하면 주가폭락으로 노후 자금을 절반 이상 잃은 은퇴자들이 수두룩했다.

금융 위기의 원인은 무엇인가. 좌파 이론가들은 자유주의와 시장경제 체제 자체를 원인으로 지목했다. 시장자율에 맡

졌더니 아수라장이 벌어졌다는 진단이다. 그러면 당연히 큼 직한 완장을 찬 정부가 나타나야 한다는 논리가 설득력을 얻 는다. '큰 정부'가 나서서 시장에 대해 전(全) 방위적으로 규제 해야 한다는 주장이 퍼진다.[1] 이제 자유 시장과 신(新) 자유주 의의 종말을 선언하는 것이 일종의 유행이 되고 규제 강화, 강력한 소득재분배 정책, 적극적인 적자재정 정책에 대한 요 구가 높아진다.

예컨대, 1년에 걸친 〈경향신문〉의 기획시리즈 "기로에 선 신자유주의"에서 대부분의 필자들은 금융 위기에 따른 생활고 뿐만 아니라 입시지옥과 같은 현상에 이르기까지 거의 모든 불 만스런 사회현상이 신자유주의 탓이라 주장했다. 최근 벌어진 "월가를 점령하라"(Occupy Wall Street)를 외치는 시위에서도 "신자유주의를 폐기하라"가 주요 구호가 되었다.

과연 신자유주의를 없애면 유토피아가 오는가? 민간의 손 발을 묶고 정부 공권력을 키우면 행복한 세상이 찾아올까? 신 자유주의를 마녀로 몰아 처형하면 정의는 구현되는가?

진실을 말해야겠다. 신자유주의가 공적(公敵)이 아니라고. 오히려 정반대로 자유 시장 경제원칙을 철저히 지켜야 한다고.

---

1 특정 위기가 발생하면 그것이 자유주의에 의한 것이었든, 아니면 국가의 간섭에 의해 서였든 상관없이 위기 대응이라는 명분으로 국가의 권력이 강화되고 시장의 자율적 기능이 축소되는 일이 벌어졌다. 이에 대해서는 Higgs, R. (1987); *The Economist*, (2010.1.21) 참고.

경제위기가 발생할 때면 으레 정부 지원을 기대하는 특정 집단은 목소리를 높인다. 여러 이론가들과 국민 여론도 "정부는 팔짱만 끼고 앉아 있어서는 안 된다"고 정부 개입을 촉구한다. 정부가 개입하여 지원한다면 그 돈은 어디에서 나오나. 당연히 국민들의 혈세에서 충당된다. 국가 지원을 받으려는 집단은 국민부담 사실을 외면한다. 일부 이론가들은 이 집단을 비호하기 위해 "현재 사태는 자율적인 시장의 결함 때문에 생겼으며 정부개입이 없으면 경제 전체가 더 큰 불황의 늪으로 빠지게 된다"는 그럴듯한 논리를 펼친다.

정부는 무엇을 생산하는 주체가 아니다. 따라서 그런 선심성 지원은 국민으로부터 더 많은 세금을 거두어야 가능해진다. 국민들은 긴가민가하다가 이론가들의 화려한 논리 때문에 그러려니 하고 여긴다. 그러나 '공짜 점심'은 없다. 불필요한 지원이 이뤄지면 당연히 대가를 치러야 한다. 그런 지원의 가장 대표적인 사례가 구제금융이다.

한때 우리 사회에는 대마불사(大馬不死)라는 말이 유행했다. 이는 어떤 한 대기업이 망하면 그 대기업에 가장 많이 대출해준 은행의 금고가 바닥나게 되고 이러면 예금지급을 못해 대혼란이 생기므로 대기업을 망하게 놔두지 않는다는 것이었다.

그러나 우리는 이제는 대마불사의 왜곡된 신화를 믿지 않는가. 외환위기 때 한국의 대표 재벌 대우그룹이 도산하지 않았는가. 대우 계열의 일부 회사는 문을 닫았고 일부는 매각되어 주인이 바뀌었다. 대우에 가장 많은 돈을 빌려주었던 외환 은행도 외국인 손에 넘어갔다. 그러나 대한민국의 경제는 무너지지 않았다. 주인을 바꾼 일부 회사는 구조조정을 마치고 높은 경쟁력을 과시하고 있다.

은행은 지급결제를 원활하게 하는 기능을 가졌다. 그러나 기본적으로는 여러 사람들에게서 예금을 받아 이 돈을 사업자나 가계에 대출하는 게 주업무이다. 은행은 예금이자와 대출이자 사이의 예대 차익을 챙긴다. 은행 등 금융회사는 대출금을 잘 갚는 기업에 돈을 빌려주어야 한다. 기업은 이자보다 더 높은 수익을 올려야 원리금을 갚을 수 있다. 금융회사는 기업의 사업 전망을 잘 살펴 대출을 결정해야 한다. 기업이 융성하면 금융회사도 이자 수입이 생겨 좋고 이는 경제의 성장과 발전에 기여하는 셈이다.

거래 금융회사에 대한 구제금융 여부를 두고 논란을 펼친 내용도 결국 제조업 분야의 대기업이 도산할 경우 나타날 문제를 둔 논란과 본질적으로 다르지 않다. 대기업이 도산하면 그 대기업과 거래 및 채권-채무 관계를 맺은 무수한 개인들과 회사들이 곤경에 빠진다. 금융회사도 대기업이 도산하면 마찬가지 충격을 받는다. 미국에서 구제금융 계획이 거론되자 처음엔 강력한 불만이 제기되었으나 "대형 금융회사들이 무너지면 걷잡기 어려운 대혼란이 생길 것"이라는 불안이 고조되자 이런 불만의 목소리는 금방 수그러들었다.

현재의 세계적인 경기침체는, 1920년대 말부터 시작되어 2
차 대전 발발 때까지 이어진 대공황(*Great Depression*)에 대비
해서 대침체(*Great Recession*)라 불린다. 90여 년 전 세계를 뒤
흔들었던 대공황이 그 이전의 불황과 달리 장기간의 경기침
체인 '대(大)공황'으로 확대된 원인은 무엇일까. 바로 정부의
간섭정책 탓에 경제가 필요한 구조조정을 제때 할 수 없었기
때문이다.[2]

이런 진상은 왜곡돼 알려졌다. 대공황은 총수요의 부족으
로 빚어졌으며 이를 타개하려면 유효수요를 창출해야 한다는
것이었다. 중고교 교과서에서도 그렇게 배웠으리라. 유효수
요를 창출하려면 정부가 앞장서 대규모 토목공사를 비롯한
경기 진작에 나서야 한다는 것이다. 이런 정책 아이디어를 제
공한 학자는 영국의 경제학자 케인즈였다. 당시 미국의 대통
령 루스벨트(Roosevelt, F.)는 전임자인 후버(Hoover, H.)와
달리 적자재정과 통화팽창 정책으로 유효수요를 이끌어냈다
고 알려져 있다.[3] 이런 적극적인 정책 덕분에 대공황을 이겨
낸 것으로 웬만한 교과서에는 쓰여 있다.

이렇듯 대공황을 극복한 미국 사례를 계기로 정부가 경제

---

2 이에 대해서는 Rothbard, M. (1963/2000) 참고.

3 대공황에 관한 5대 미신을 설명한 다음의 글을 참고할 것. Wilson, A. B. (2008.
11.4), "Five Myths About the Great Depression", *Wall Street Journal*. 그의
논점은 김이석 (2008.11), "국제금융위기의 원인과 해법", *CFE Report*, No. 69,
p. 14에 표로 정리되어 있다.

전체의 유효수요를 관리하는 정책이 널리 퍼졌다. 이로써 경제를 관리하여 '완전 고용'을 유지하는 일이 정부에 맡겨지게 되었다. 국가의 권력과 역할은 강해지고 자생적 질서인 시장은 크게 위축되었음은 물론이다.

이런 케인지언들의 유효수요 관리정책은 복지국가 정책과 결합되어 제2차 세계대전 이후 1950~60년대까지 유럽을 중심으로 정책의 주류를 이루었다. 그러나 1970년대에 와서 한계를 드러냈다. 복지국가에서 그 구성원들은 정부의 복지지출에 필요한 비용을 대는 세금납부자들과 복지수혜자들(관련 공무원 포함)인 세금소비자들로 이루어진다. 복지국가는 정부의 복지지출에 의존해 사는 사람들로 하여금 이에 의존하고자 하는 유인을 만들어내는 반면, 세금납부자들로 하여금 생산 활동을 지속하려는 의욕은 감퇴시킨다. 그 결과 생산은 둔화되는데 써야 할 돈이 늘어나는 모순이 발생한다. 비록 국민소득 대비 정부지출의 비중 자체를 줄이는 데에는 성공하지 못했지만, 이런 문제에 대한 대응이 1980년대의 대처(Thatcher, M.)와 레이건(Reagan, R.)의 이른바 '신자유주의' 정책들이었다.

케인즈식 유효수요 관리 정책도 한계를 드러내고 그 대안으로 이른바 통화주의 학파의 정책들과 공급측면 경제학(supply-side economics)가 정책적 대안으로서 사람들의 주목을 받은 시기도 이때였다. 케인지언 경제학은 경기침체기에 적자재정을 펼쳐서 총 유효수요를 늘리라고 주장한다. 혹시 이런 적자재정을 펼쳤음에도 불구하고 실업률이 여전히 높은 상태에 머물고 경기침체가 지속된다면, 이는 적자재정의 규모가 충분하지 않았기 때문이라고 설명한다.

서시경제학 교과서에서는 경기 침체기엔 임금이 떨어져야 하지만, 임금이 아래로 떨어지는 데 경직성이 있으므로 통화증발과 적자재정을 동시에 사용하는 정책 묶음(policy mix)을 제시한다. 적자재정을 통해 유효수요를 창출하되 적자재정 정책에 따른 이자율의 상승과 이에 따른 민간투자 위축효과를 완화하기 위해 통화량을 늘릴 필요가 있다는 것이다. 화폐증발에 따라 물가가 상승하므로 실질임금이 떨어져 노동에 대한 수요가 늘어날 수 있다는 것이다.

이런 정책은 시간이 흐르면서 필연적으로 한계에 부닥친다. 사람들은 수동적으로 반응하는 존재가 아니다. 노조는 물가상승을 보상해줄 실질임금의 인상을 요구한다. 물가상승을 예상하기 시작하면, 이제 통화증발을 통해 재정적자를 화폐화하더라도 물가의 전반적인 상승을 염두에 둔 사람들은 노동에 대한 수요, 상품에 대한 수요를 늘리지 않는다. 그렇게 되면 실업은 늘어나면서도 물가상승도 함께 발생하는 이른바 스태그플레이션이 발생한다.

스태그플레이션에 대해 케인즈주의는 더 이상 처방을 내릴 수 없다. 실업을 생각하면 통화를 증발하고 적자재정을 늘리는 가속페달을 밟아야 하고, 물가상승을 생각하면 정지페달을 밟아야 하지만, 두 페달을 동시에 밟을 수는 없기 때문이다.

더구나 적자재정 정책은 정부지출 규모를 늘릴 뿐 아니라 '먼저 쓰는 사람이 임자'가 되는 세금을 증대시키기 때문에, 적자재정 정책 속에서 생산증가는 둔화될 수밖에 없다. 생산의 둔화로 인해 복지지출에 들 돈을 감당하기가 점차 어렵게 된다. 화폐증발도 사람들이 물가 상승을 예상하기 시작하면서 정책의 유효성을 잃게 된다. 그러던 상황이 2008년 국제금융 위기를 계기로 변화하기 시작했다. 이른바 신자유주의에 대한 비판이 고조되고 케인지언과 포스트 케인지언들이 다시 주목을 받고 있다. [4]

이들의 처방대로 '큰 정부'가 재등장하면 현재의 대침체가 해결될까. 그렇지 않다. 정부가 빚으로 씀씀이를 늘리는 적자 재정정책을 확대하면 반짝 효과는 나타날 수 있다. 이른바 대증요법이다. 이는 근본적 해결책이 아니다. 오히려 상처를 더 곪게 할 뿐이다.

얽힌 문제를 정석대로 풀어야 한다. 시장을 통한 구조조정이 정통파 해법이다. 부실기업을 억지로 살리면 실패한 사업이 조정되지 않은 채 생명을 유지하는 꼴이 된다. 이러면 시

---

[4] 금융 위기 이후 적극적으로 케인지언 정책의 처방이 필요함을 역설하는 대표적 학자로는 크루그먼(Krugman, P.), 스티글리츠(Stiglitz, J.) 등이 있다. 금융시장의 불안정성을 자본주의의 가장 치명적인 약점으로 보았던 포스트-케인지언인 민스키(Minsky, H.)가 다시 관심을 끌고 있다. 그러나 그도 왜 금융시장이 불안정한 것인지, 중앙은행에 의한 저금리의 지속이 원인인지 여부에 대한 분석은 하지 않았다.

장은 여전히 불확실하고 새로운 사업은 시도되지 못한다. 경기침체는 경기 붐 때 이루어진 잘못된 투자, 예컨대 지나친 주택건설과 같은 무리한 투자를 정리하는 치유기간이 되어야 한다. 이를 거부하고 구조조정 자체를 지연시키면 사태는 더욱 꼬인다. 최근 국제금융 위기로 인해 대공황 당시와 유사한 상황이 벌어지고 있다.[5]

자유주의 비판자들은 미국발(發) 국제금융 위기 이후 여러 사회문제들의 원인을 자유주의 탓으로 돌리고 있다. 필자는 이들의 무분별한 비판을 하나씩 따져보겠다. 그 진위(眞僞)를 비판적으로 검토해 경제위기의 진상이 무엇인지를 밝히고자 한다. 우리 사회의 구성원들 — 정치인, 언론인, 학자, 관료, 그 외 일반인 — 이 난마(亂麻)처럼 얽힌 사회문제를 해결하도록 지식과 지혜를 제공하려 한다. 진상에 대한 올바른 인식은 현재 세대뿐만 아니라 향후 세대의 번영과도 직결된 매우 중요한 사안이다. 감히 말하건대 학자적 양식(良識)과 양심(良心)을 걸고 집필한다.

---

5 이런 인식을 보여주고 있으나 이 책과는 다른 관점에서 대공황과 국제금융 위기를 다루는 글로는 양동휴(2010)을 참고.

2. 자유주의, 무엇이 문제인가?

자유주의를 비판하는 이론가들의 주장은 크게 보면 다음의 여섯 가지로 요약된다.

첫째, 많은 국가들이 신자유주의에 따라 은행을 민영화했다. 또 금융규제를 완화하고 금융시장 개방을 가속화했다. 최근의 금융 위기는 바로 이런 신자유주의 정책의 결과이다. 금융회사들이 멋대로 탐욕을 부려 부실의 늪에 빠졌다.

둘째, 규제 완화와 민영화로 대변되는 신자유주의 정책이 곳곳에서 횡행했다. 이런 미국식 자본주의 모델이 한국에도 판을 쳤다. 한국의 자본주의 모델은 실패했으며, 이는 노동, 복지, 교육, 의료, 환경 등 여러 분야에서 확인된다.

셋째, 자유주의가 공동체적 유대를 말살시켰다. 자유(시장)주의 때문에 개인은 뭉치지 못하고 모래알처럼 흩어졌다.

넷째, 한국 사회는 미국식 신자유주의 모델을 버려야 한다. 실업 불안, 비정규직 차별 등이 없고 보육과 의료 서비스 등을 사회화한 덴마크, 네덜란드 등 유럽식 복지국가 모델을 따라야 한다.

다섯째, 세계화에서도 자유무역이 아니라 공정무역을 따라야 한다. 국제무역기구와 국제금융기구를 개편해야 한다. 기존의 미국주도가 아닌 지역주도의 세계화가 필요하다.

여섯째, 한국에서 고(高) 세금-고(高) 복지의 새로운 유럽식 사회모델을 만들려면 일반인들의 정치적 참여와 높은 세금을 자발적으로 부담하려는 의지를 이끌어내야 한다. 시장을 통한 사회문제의 해결이 아니라 정치적 해결을 지향하여야 한다.[6]

나는 이 여섯 가지 주장들에 대해 조목조목 비판할 것이다. 그러나 특정 주장들은 다루지 않을 작정이다. 왜 그런가에 대해서는 몇 가지 설명을 덧붙이겠다.

첫째, 큰 방향에서는 자유주의를 따르면서 세부적, 지엽적 부분에 대해 자유주의 정책에 반대하는 것들은 다루지 않았다. 예를 들어 세계화나 자유무역의 이점을 인정하면서도 이를 특정 측면에서 제약하려는 공정무역의 주장이 여기에 속한다.

'경제학의 아버지'이자 시장 경제 이론의 원조(元祖)인 아담 스미스(Smith, A.)가 설명했듯이 분업으로 엄청난 생산성 증가를 이룰 수 있지만[7] 그 분업의 이익은 시장 규모에 의해 제한된다. 시장이 작으면 이익이 크지 않다는 말이다. 반면

---

6 위의 주장 가운데 극히 일부분, 예컨대, IMF나 세계은행과 같은 국제기구의 의사결정구조에서 신흥국들의 비중을 높여야 한다는 주장을 제외하면, 대부분의 주장들은 반(反)자유주의적인 대안이 사회문제에 대한 더 좋은 해결책이라는 잘못된 전제를 깔고 있다.

7 아담 스미스는 대표 저서인 《국부론》에서 한 사람이 18개 공정의 핀 만들기를 혼자서 하면 하루에 20개의 핀도 만들지 못하지만, 각각 하나의 공정을 맡아 분업을 하면 노동자 한 사람이 평균 4,800개를 만들 수 있다고 설명한다. 그러나 하루에 팔리는 핀이 4,800개 정도가 될 정도로 시장의 규모가 확대되지 않는 한, 이런 분업의 이득은 실현되지 않는다.

시장이 넓어지면 이익도 커진다. 이 점을 잘 이해하는 경제학자라면, 세계화는 시장 규모를 넓히는 행위이므로 반대하기 어려울 것이다.

세계화의 장점으로는 각국이 특화된 제품을 분업해서 만든다는 점이다. 이러면 자신들이 적은 비용으로 잘 만드는 물건을 팔아 돈을 벌고, 이 돈으로 다른 이들이 잘 만드는 물품들을 사올 수 있다. 오스트리아의 천재 경제학자 미제스(Mises, L.)가 지적했듯이, 세계화와 자유무역 덕분에 캐나다 사람들에게 시계를 획득하는 가장 저렴한 방법은 밀을 생산하여 수출하는 것이다. 또 스위스도 밀을 얻는 가장 저렴한 방법은 시계 제작이다.

세계화와 자유무역 덕분에 자신이 상대적으로 잘 할 수 있는 일에 몰두함으로써 자신이 직접 만들 때보다 훨씬 싼값에 재화들을 얻을 수 있다. 세계화된 시장은 사람들이 의식하지 않더라도 서로에게 협력한다는 이유가 여기에 있다.

공정무역은 이런 거래에 '공정'이라는 틀을 끼워 넣는 것이다. 이 틀에 맞는 거래를 유리하게 한다. 한 사람 눈에는 공정하게 비치지만 다른 이에게는 그렇지 않을 수 있다. 다른 사람의 재산이나 인권을 침해하지 않는 한 당사자끼리의 자발적인 거래는 존중되어야 한다. 제3자가 감 놓아라, 배 놓아라 간섭하면 곤란하다. 공정무역을 강제하다 보면 특정 거래를 더 유리하게 하고 다른 거래를 불리하게 함으로써 일부 사람들의 희생으로 다른 사람을 돕는 결과를 초래한다.

자유무역에 대해 총론적으로는 찬성하면서도 부분적으로 반대하는 또 다른 사례는 자유무역협정(FTA) 속에 든 이른바 독소조항에 관한 것이다. 자유주의 비판자들 중 일부는 자유무역에는 찬성하지만 자유무역협정에 반대한다. 그 이유는 이를 통해 선진국이 개도국들에 지적 재산권을 강요하기 때문이라는 것이다. 물적 재산권에 대해서는 자유주의자들은 일관된 목소리로 이것이 시장 경제의 기초일 뿐 아니라 다른 자유를 실질적으로 확보하기 위한 필수조건이라고 말한다.

그러나 지적 재산권에 대한 자유주의자들의 태도는 찬성과 반대로 나뉜다. 현재 반대하는 경향이 더 강한 편이다. 무수한 특허 가운데 기업들은 어느 특허를 침해했는지조차 쉽게 확인하기 어려워 자칫 복잡한 소송에 휘말릴 위험을 안고 있다. 다른 기업들이 특허를 공동의 풀(pool)에 내놓는다면, 스스로도 특허침해 문제에서 벗어나기 위해 또 기술개발을 쉽게 하기 위해 그럴 의향이 있다는 기업들이 많아지고 있다. 이런 현실적 필요 이외에도 지적 재산권을 정부가 법적으로 지식에 독점을 부여하여 인위적으로 진입장벽을 구축하는 것으로 보는 관점이 있다. [8]

둘째, 민영화에 대한 이의 제기에 대해서도 다루지 않겠

---

8 이에 대해서는 Kinsella, N. S, (2008); Boldrin, M., & Levine, D. K. (2010) 참고.

다. 학교나 병원 문제를 다루면서 공기업 문제를 다룰 때와 동일한 시각을 적용하였기 때문이다. 아울러 민영화 자체에 대한 반대가 아니라 방식에 대한 반대인 경우도 있었다. 예를 들어 특정 공기업을 민영화하면서, 집권자가 특정인에게 유리하게 매각하고 그 대가로 정치헌금을 받았던 사례가 실제로 러시아에서 있었다고 한다. 당연히 다른 기업들은 그 정치가들(정부)에 의해 민영화된 사업에 진입할 수 없었다. 그 결과 (공기업 손실을 메우려 지불했던 세금을 감안하더라도) 민영화하기 이전보다 재화와 서비스의 질이 더 나빠지면서 가격은 더 비싸질 수 있다.

이 사례는 '시장의 실패'가 아닌 정치 혹은 정부의 실패를 보여준다. 이는 기업에 주인이 있을 때, 효율적 경영이 이루어지므로 공기업에 주인을 찾아줄 필요가 있음을 부정하는 것이 아니다. 오히려 이 사례는 민영화의 성공에 정치적, 제도적 환경과 조건이 매우 중요하며, 민영화를 시행할 때 이에 유의하여야 함을 일깨워준다.

공기업 민영화에 대해서는 다른 곳에서 언급한 적이 있고[9] 어떤 정치적, 제도적 환경에서 민영화가 성공할 가능성이 높은지에 대한 논의는 많은 연구가 수반되어야 하기에 민영화와 관련된 주제는 이 글에서 논의하지 않겠다.

---

9 김이석 (2001.2).

셋째, 자유무역은 인정하면서도 자본시장의 세계적 통합에 대해 반대하거나 자본 이동에 '토빈(Tobin) 세'라는 세금을 물려 어느 정도 제한하여야 한다는 주장에 대해서는 집중적으로 다루지 않았다.

미국의 2008년 금융 위기 배경을 보자. 과열된 주택경기가 서브프라임 모기지를 양산하고 이를 파생상품이니 뭐니 하며 증서로 만들어 전 세계 저축자들에게 팔았다. 마침내 주택경기가 붕괴되자 이 증서의 가치가 폭락했다. 세계 자본시장의 자유화가 진전되지 않았으면 이런 불행한 일도 없었을 것이라는 주장이다.[10]

이 문제를 제대로 다루려면 화폐금융이론과 제도 전체에 대해 논의하고 금으로 바꿔주지 않는 불환지폐인 달러가 기축통화인 현행 국제 화폐제도를 어떤 방식으로 개혁하는 것이 좋을지,[11] 예를 들어 전(全) 세계적 수준의 불환지폐 단위를 창출하

───────

10 그러나 이것이 분리를 주장할 충분한 근거가 될 수는 없다. 예를 들어보자. 서울에서의 잘못된 정책은 제주에도 악영향을 미친다. 그러나 내륙과 제주를 오가는 자본에 대해 세금을 물리고 분리해야 하는 것이 아니라 서울의 잘못된 정책이 반복되지 않도록 그것을 고쳐야 한다. 혹은 해외로부터 단기로 차입한 자금을 장기로 빌려주었다가 문제가 된다면, 자본의 유입을 금지하거나 이에 세금을 부과하기보다는 만기구조를 위험하게 하는 대출이 가능하지 않도록 국제 화폐금융제도를 개혁하는 것이 정도(正道)이지 이를 금지하는 것은 해외에서 축적된 자본을 스스로 활용하지 않는 우(愚)를 범하는 셈이 된다.

11 현재 국제거래체제는 결제수단이 "달러"가 중심이 되고 유로, 엔 등이 일부 사용되는 "달러" 기축통화 제도 아래에 있는데 이런 현 상황을 "미국" 주도의 체제로 보고, 이를 "미국" 주도가 아닌 "지역" 주도의 체제로 바꾸어야 한다는 주장도 자유주의에 대

고 국제수준에서도 최종 대부자로서의 국제중앙은행을 창설하는 것이 좋을지,[12] 아니면 금본위제를 다시 도입하는 것이 좋을지, 아니면 또 다른 방법이 있는지 등에 대해 자세하게 논의해야 한다. 이는 이 글의 범위를 넘어선다.

다만 여기에서 간략하게 지적하고 싶은 것은 우리가 추구해야 할 방향은 자본이동에 대한 통제가 아니라, 국제적 수준의 '건전화폐'의 확립이라는 점이다.[13] 국내시장이든 국제시장이든 공통된 거래의 매개물인 화폐가 정치적 간섭에 의해 그 가치가 변하지 않는 그런 '건전화폐'가 있어야 활발한 거래가 가능해진다. 그래야 사람들은 활발한 거래를 통해 더 풍요로운 삶을 살 수 있으리라.

한 비판으로 취급되고 있다. 이 문제는 단순히 정치적 주도권 차원에서가 아니라 국제적 거래에서 사용될 "교환의 일반적 매개물"로서의 화폐의 건전성이라는 보다 본질적 문제와 연계해서 보다 깊이 연구될 필요가 있다.

12 이에 대해서는 Rockwell L. H. Jr. (2010.8.6); International Monetary Fund (2010.3.13) 참고.

13 Salerno, J. (2010).

3. 자유주의의 시각

오스트리아 학파가 주창한 자유 시장 경제학을 아시는지? 심오하면서도 명료한 이론이다. 오스트리아 학파는 '주관주의'의 의미를 개인의 주관적 선호뿐만 아니라 이를 넘어 개인의 정보와 지식, 예상의 문제로까지 확대하여 시장의 경쟁과정을 주류 경제학자들과는 다르게 단순히 희소한 자원의 배분에 관한 것으로만 보지 않고, 각 개인들의 인지적 한계를 극복하는 과정으로 파악하는 학파라고 할 수 있다.[14]

　오스트리아 학파는 그들의 경제학 연구를 통해 개인의 자유를 존중하는 경제조직의 원리가 바람직하다는 것을 밝혀냈다. 권력자가 남을 지배하며 이래라 저래라 지시하면 인간의 개성과 창의성은 훼손된다. 경제에서도 마찬가지다. 정부가 통제하지 않아도 시장(민간)은 자율적으로 작동한다. 시장의 경쟁과정은 소비자들이 무엇을 필요로 하는지, 어떤 방식으로 이 필요를 충족하는 것이 자원 절약적인지를 발견해나가는 과정이다.

―――――
14 예를 들어 오스트리아 학파의 비조(鼻祖)인 멩거(Menger, K.)는 화폐의 출현을 서로 교환할 조건을 갖춘 사람들을 찾기 어려운 정보적 문제로 생각하였고, 뵘바베르크(Böhm-Bawerk, E.)는 이자현상을 서로 다른 시간선호에서 찾았다. 하이에크(Hayek, F.)는 시장과정을 "지식을 활용하는 과정"으로 보았다. 오스트리아 학파가 주류 경제학과 어떤 점에서 대조되며 그 특징은 무엇인지에 대해서는 김이석(2005) 참고.

정부 혹은 정부의 관료가 전지(全知)하지 않는 한, 시장의 경쟁과정을 대신해서 더 좋은 결과를 만들어낼 수 없다. 사실 그것을 보여준 것이 사회주의 계획 경제에서는 합리적 경제계산을 할 수 없다는 미제스의 논증이었고, 하이에크가 경쟁을 발견과정이라고 부른 것도 시장경쟁을 통하지 않고서는 발견할 수 없는 것들이 발견되어 간다는 점을 밝힌 것이었다.

필자는 이 이론을 배우고 깊은 감명을 느꼈다. 경제학 박사논문도 이에 관한 것으로 썼다. 하지만 안타깝게도 한국에서는 자유 시장 경제학은 별로 잘 알려져 있지 않다. 심지어 미제스와 같은 출중한 학자의 이론은커녕 이름조차 모르면서도 대학 강단에 서 있는 경제학자들도 수두룩하기 때문이다.

어쩌면 이런 현상은 1960년대 이후 정부 주도로 경제성장을 이룬 역사적 경험 때문이기도 할 것이다. 경제가 어려우면 국민들은 흔히 "정부는 뭐 하느냐, 빨리 대책을 세워야 하지 않나"라고 성토한다. 정부는 전지전능(全知全能)하지 않다.[15] 세금을 거두어 불필요한 곳에 낭비하는 경우가 허다하다. 정부 조직이 비대해지면 국민들을 옥죄게 마련인데 그 비용을 국민들이 부담한다. 기막힌 아이러니다.

---

15 흥미롭게도 미제스는 전지(全知)를 미래를 포함해 모든 것을 아는 것이라고 정의하고, 전능(全能)을 미래를 포함해 모든 것을 자신의 뜻대로 변경시킬 수 있는 능력이라고 했을 때 전지하면서도 전능한 존재는 없다고 설파하였다. 전지하다는 것은 미래가 고정되어 보일 때 가능한 데, 이제 전능한 존재라면 이를 변경시킬 것이므로 여기에 모순이 발생하기 때문이다.

  오스트리아 학파의 대표적 학자들은 미제스, 하이에크, 로
스버드 등이다. 인간의 자유를 존중하는 이들은 자유 시장 경
제학을 정립했다. 이들은 학문적으로나 인격적으로나 매우 훌
륭한 면모를 보였다. 현인(賢人)이라 불릴 만한 석학(碩學)들
이다. 자유 시장 이론은 대륙에서의 자유주의라는 의미가 미
국에 와서 진보주의적 입장을 의미하게 됨에 따라, 원래의 자
유주의를 의미하기 위해 고전적 자유주의라는 용어가 사용되
기도 하였고, 새로운 용어인 리버테어리어니즘(*libertarianism*)
이란 용어가 사용되기도 하였다. [16]

  자유지상주의로 번역되는 리버테어리어니즘은 무정부주의
적 자본주의(*anarcho-capitalism*)를 이상으로 보는 관점을 포함

―――――

16 리버테어리어니즘은 정부의 생명과 재산에 대한 보호(치안) 기능에 대한 약간의 관
  점상의 차이를 제외하면 자유주의와 동일하다. 자유주의가 국가에 국민 개개인의 생
  명과 재산을 지키는 기능을 부여하는 한편, 국가 혹은 정부가 오히려 국민의 생명과
  재산을 침해할 수 있는 가능성에 대비하여 국가와 정부의 활동을 어떻게 제한할 것인
  가를 고심하고 예를 들어 이를 헌법 등을 통한 제약을 제안하기도 한다. 이에 반해,
  자유지상주의는 이런 제약이 실효성이 없다고 보고, 실제로는 국가가 생명과 재산의
  보호 기능에 머물지 않고, 소득이전의 복지정책을 추진하고 전쟁을 도발하는 이른바
  복지-전쟁 국가(*welfare-warfare State*)가 됨으로써 국민의 재산과 생명을 침해한다
  고 본다. 자유지상주의는 세금 자체를 재산권에 대한 침해로 간주한다. 현재 이 글에
  서 중요한 논쟁점은 재산권 보호 기능을 국가가 맡느냐의 문제와 큰 관계가 없으므로
  우리의 입장은 자유주의라고 할 수 있지만, 자유지상주의와 크게 다르지 않다. 논자
  에 따라서는 자유지상주의 속에 무정부론과 작은 정부론을 모두 포함시켜서 보기도
  하는데, 이렇게 되면 위에서 언급한 구별은 사라진다. 리버테어리어니즘은 흔히 자
  유지상주의 혹은 급진적 자유주의로 번역되지만, 부정적 어감이 있어서 순수자유주
  의 내지는 자유원리주의 정도의 번역이 바람직하다는 의견이 있다. 이에 대해서는
  신중섭(2013) 참고.

한다는 점에서 최소국가(minarchy)를 이상으로 보는 관점인 자유주의와 대조를 보이기도 한다.

그러나 이 글에서는 무정부주의적 자본주의의 실현가능성에 대한 논쟁과 무관한 논제에 대해 논의하고 있으므로 이 글의 관점을 리버테어리어니즘이라고 불러도 무방하다. 다만 우리나라에서 자유주의는 미국에서처럼 진보주의적 입장을 나타내는 용어로 굳어지지 않았으므로 여기에서는 구태여 고전적 자유주의라는 표현을 쓰지 않고 그냥 자유주의라는 용어를 쓸 것이다.

이런 자유주의 시각을 체계화한 저작으로는 미제스의 대작 《인간 행동》(Human Action), 하이에크의 《개인주의와 경제질서》(Individualism and Economic Order), 로스버드의 《인간·경제·국가》(Man, Economy, and State) 등이 꼽힌다.

이런 자유주의의 시각은 이 책에서 논의하는 주제와 관련해서는 주로 자유 시장의 이론이 그 중심을 이룬다고 볼 수 있다. 이 부분은 보아즈의 《자유주의로의 초대》(Libertarianism: A Primer)의 8장 "시장과정"에 잘 요약되어 정리되어 있으므로 여기에서는 아주 간략하게 그 논리적 뼈대만 제시한다.

첫째, 사적 재산권을 기초로 자발적인 교환에 근거한 자유 시장은 화폐가격을 통해 경제 계산을 가능하게 함으로써 개인들의 자발적인 의사에 맡겨두더라도 '만인의 만인에 대한 투쟁'이 아니라 사회적인 협동을 가장 잘 이루어낼 수 있는 체제이다.

둘째, 자유주의에서 정부가 할 일은 기본적으로 국민의 생명과 재산을 지키는 일이다. 이 부분에 대해서는 자유 시장이 공동체적 유대를 파괴하는지에 대해 도덕규칙의 분업의 측면에서 논의하면서 더 다루겠다.

셋째, 자유주의 체제에서 정치(의회민주주의)의 역할은 국민의 생명과 재산을 지키는 역할을 제대로 하는지 끊임없이 의문을 제기하고 떠들어대는 '말 가게'(talk shop)로서 기능하는 데 있다. 정부조직은 국민들의 재산권을 지키는 역할보다는 자칫 잘못하면 국민들의 생산물을 빨아먹는 기생 계층이 될 수도 있기 때문이다.

넷째, 복지선진국이라 불리는 유럽뿐만 아니라 우리나라에도 현재 이미 복지국가 제도가 깊숙이 도입되어 있다. 이런 상황에서 비록 국가의 지원을 없애는 것이 자유 시장 원리에 부합된다고 하더라도 이를 한꺼번에 없앨 때 생존하기 어려운 계층이 존재하는 것도 현실이다. 이런 공백을 메우려면 상대적으로 부작용이 적은 음(陰)의 소득세 제도나 바우처 제도 등을 활용할 필요가 있다.

그러나 궁극적으로는 빈곤문제는 자본 축적을 통한 경제성장을 통해 해결해야 한다. 자립만큼 인간의 존엄성을 회복시켜주는 것은 없기 때문이다. 그것으로 부족한 부분은 복지국가가 아니라 민간의 자선활동을 통해, 그리고 빈곤계층의 자구노력을 통해 해결해야 한다.

1) 자유 시장과 경제 계산

시장 경제는 개인이 자신의 노동과 재화, 서비스를 자유롭게 교환하는 체제이다. 자신이 땀 흘려 번 돈으로 토지 등의 생산수단을 포함한 재화들을 차지한다. 그가 정당하게 획득할 수 있는 것은 자신의 소유물을 교환하거나 다른 이에게서 받은 선물로 한정된다. 자발적 교환은 스스로에게 더 필요한 재화를 획득하고 덜 필요한 재화를 건네주는 것을 뜻한다. 거래 당사자들은 교환 이전보다 더 만족한다. 자유 시장이란 이런 개인의 교환에 외부세력이 간섭하지 않음으로써 만족의 기회를 최대한 보장하려는 체제를 말한다.

화폐는 직접적인 물물교환으로부터 간접교환의 이점이 발견되면서 시장에서 자생적으로 생겼다. 화폐 경제체제에서는 자신의 소유물을 팔아 화폐를 얻고 이를 다른 재화와 교환한다.[17] 이런 간접교환이 널리 퍼지면 각 재화는 시장가격으로 표현된다. 이 화폐가격은 정보전달과 경제 계산이라는 중요한 기능을 한다. 화폐가격은 그 물건에 대한 정보를 전달한다.

예를 들어 가뭄이 들어 쌀 생산량이 줄어들면 쌀값이 폭등

---

17 이와 관련 화폐의 의미, 화폐의 수요와 공급 등을 한계효용이론으로 설명한 저술로는
 Mises, L. (1981/2011)을 참고.

한다. 한양에서 쌀값이 폭등했다면 지금 한양에서 수요에 비해 쌀의 공급이 모자란다는 사실을 알아차릴 수 있다. 사람들은 돈을 벌려 한양으로 쌀을 갖고 몰려간다. 쌀값을 통제하려 했던 정책에 대해 조선 후기의 실학파 학자인 연암 박지원(1737~1805)은 "그렇게 하면 한양으로 향하던 쌀을 실은 배들이 뱃머리를 돌릴 것"이라면서 "쌀값에 간섭하지 않아야 한다"고 충고하였다. 한양의 기근에 따라 다른 곳에서의 쌀 공급을 줄이고 이곳으로 쌀을 공급할 필요성이 쌀값 급등을 통해 이루어진다.

뱃삯이나 노임을 물고서라도 한양까지 가서 이문을 남긴다면 쌀을 옮길 것이고 그렇지 않으면 쌀을 옮기지 않을 것이다. 여기에서 한양의 쌀값과 노임, 뱃삯 등이 경제 계산(*economic calculation*)의 도구로 사용된다. 뱃삯, 마차삯 등 운송수단의 시장가격이 없다면 한양으로 옮겨 이문을 남길지 판단할 수 없다. 이와 관련해 미제스는 사회주의 계획 경제에서는 합리적 경제 계산이 불가능하다고 지적했다. 생산수단에 대한 사적 소유와 그 가격이 철폐됐기 때문이다.[18]

---

18 경제 계산의 문제에 대해 그가 처음 문제를 제기한 논문은 "Die Wirtschaftsre-chnung im sozialistischen Gemeinwesen", in *Archiv für Sozialwissens-chaften*, 47, 86~121. 이의 영역본은 *Economic Calculation in the Socialist Commonwealth*(Adler, S)로 하이에크가 편집한 다음에 책에 포함되어 있다. *Collectivist Economic Planning: Critical Studies of the Possibilities of Social-ism*(London: G. Routledge & Sons, 1935). 이에 대해 설명한 것으로는 Butler,

개인들의 주관적 가치는 측정할 수 없다. 그러나 그들의 행동을 통해 추론할 수 있다. 예를 들어 어떤 사람이 승용차를 3천만 원에 구입했다면, 이는 그가 승용차에 대해 3천만 원 이상의 가치를 부여한다는 것을 의미한다. 그래서 화폐가격은 비록 주관적 가치 자체의 측정치는 아니라 하더라도 사람들이 특정 재화의 교환비율에 대해 어떤 의사(意思)를 가졌는지에 대해서는 간접적으로 추정하게 해준다.

최종소비재에 대한 소비자들의 의사를 바탕으로 생산수단의 가격이 평가된다. 예를 들면 빵의 생산수단인 오븐의 가격은 빵값에 따라 결정된다. 즉 소비자들이 빵에 얼마나 지불할 용의가 있는지에 따라 달라진다. 그런데 오븐에 대한 사적 소유가 철폐돼 교환이 되지 않아서 오븐의 시장가격이 형성되지 않으면, 오븐으로 빵을 굽는다는 기술적 지식만으로는 빵을 굽는 것이 경제적인지 계산할 수 없게 된다. 철판으로 만드는 물건은 오븐 이외에도 무수하게 많다. 이 물건들의 가치도 오븐과 마찬가지 방식에 따른다. 어떤 오븐을 생산할 것인지, 얼마나 생산할 것인지, 또 그 가격은 얼마일지는, 모든 경제 주체들의 평가가 직·간접적으로 반영된다.

사회주의 계획 경제 추진자들은 시장가격 대신 현물계산, 연립방정식, 행정가격 등의 아이디어를 내놓았다. 현물계산

E. (1988/2000) 중 2장 "사회주의의 논리적 제 문제", 특히 62~87쪽에 있는 "사회주의하에서의 경제 계산 문제"를 참고.

의 불합리성은 쉽게 드러난다. 포도주 100리터보다 200리터를 더 선호하겠지만, 포도주 100리터와 사과주 200리터의 가치를 비교할 방법은 없다. 생산방법에서도 투입 재료가 달라 계산이 곤란하다. 재료들이 같더라도 어떤 것은 더 들어가고 어떤 것은 덜 들어가므로 경제 계산이 어렵다.

　연립방정식의 아이디어는 각 재화별로 시장의 수요곡선과 공급곡선을 모두 추정하여 이를 연립방정식으로 풀어내면 시장가격과 유사한 결과를 얻는다는 주장이다. 수요가 지속적으로 변하는데다 이 계산에 필요한 정보들은 개인들의 특정한 장소와 시간상의 지식 혹은 정보(*knowledge of particular time and place*)여서 이것이 중앙계획당국에 전달될 때에는 이미 경제적 의미가 사라진다. 이런 점에서 연립방정식의 아이디어는 실천될 수 없다. 이런 일을 시장에 버금가게 해내는 사람이 있다면 그는 실로 모든 이들의 마음속을 꿰뚫고 있을 뿐 아니라 사람들 사이의 상호작용까지도 아는 그야말로 전지전능한 존재이리라.

　경제학자들에게도 그럴 듯하게 여겨진 아이디어가 있었다. 랑게(Lange, O.)가 제시한 행정가격(*administrative price*)과 이의 시행착오적 수정의 개념이다. 이 아이디어에 따르면 모든 소비재들의 소유와 시장가격이 전면적으로 허용된 상태에서 중앙계획당국이 예를 들어 표준적인 사양의 트랙터의 가격을 발표한다. 그 후 사회주의 계획체제 아래에서 각 공장이나 농

장 관리인들로 하여금 이 가격에서 이 트랙터를 얼마나 수요하
거나 공급할지 알리도록 한다. 총수요가 총공급을 넘으면 다
시 가격을 올려서 총수요와 총공급이 일치하는 수준의 행정가
격을 찾는다. 관리인들은 이 가격에 따라 행동하도록 한다.

이렇게 행정가격을 시행착오를 통해 변경시킴으로써 시장
가격에 상응하는 가격을 찾아가려는 랑게의 아이디어는 자원
의 희소성 아래에서 시장가격의 기능이 무엇인지를 이해하는
경제학자의 해법으로 볼 수 있다. 이들의 방법은 바로 시장의
작동원리를 흉내낸 것이다. 그래서 이들의 해법을 시장사회
주의(market socialism)라고 이름을 붙이기도 한다.

그러나 이 시행착오 방법은 어색하게 시장을 모방했고 관
리인은 손익을 따지는 기업가들과 같을 수 없어 실제로 적용
되지 못했다. 실제로 옛 소련 체제는 서구의 가격체계를 참고
하여 경제 계획을 했을 뿐이다. 민간 소유물을 전쟁 물자로
분류하여 참고하는 수준의 정보를 작성하는 데에도 그 물품
을 수천 가지로 세분해야 하므로 매우 어렵다고 한다.[19] 그런
데 경제 전체에서 실제 생산현장에서 필요한 수준으로 세분
해서 방대한 리스트의 행정가격을 작성한다는 것은 실제로
이루어질 수 없다.

못을 보자. 길쭉한 못, 땅딸막한 못 등 모양이 가지각색이

---

19 越後 和典 (1985/1997) 참고.

다. 못을 만드는 금속재료도 갖가지다. 용도에 따라 강도(剛度)도 다양하다. 소비자의 필요, 공급 상태, 새로운 재료의 발견 등 여러 측면 가운데 하나라도 변하면 가격에 반영되어야 한다. 생산자는 더 좋은 못을 만들려고 고심을 거듭한다. 때로는 첨단 못 제품을 개발하려 연구비를 들여야 하고 신식 제작설비를 사들여야 한다. 이런 판단에는 모험이 따른다. 불확실성이 크기 때문이다. 기업가 정신에 따라 사업은 추진된다.

사회주의 계획당국(공산당)에 의해 지명된 공장 매니저는 이런 모험을 꺼린다. 잘못 결정했다가는 모든 책임을 떠안기 때문이다. 기업가들이 더 높은 이윤을 얻으려 결단하는 행동을 이들 공장 매니저는 감히 시도하지 못한다.[20] 이런 차이를 이해하지 못하는 사람들에 대해 미제스는 그들이 아이들의 병정놀이와 실제 전투를 같은 것으로 여기는 오류를 범하고 있다고 비판하였다.

가격을 인위적으로 결정하면 경제 주체(개인, 기업, 정부)들이 그 재화의 진정한 가치를 알지 못한다. 쌀값을 낮은 수준으로 일부러 통제하면 쌀이 귀한지를 모르는 셈이다. 경제 계산을 통해 쌀을 한양으로 옮기지도 않는다. 한양 사람들은 쌀이 모자라 굶주림에 시달리리라. 가격에 따라 자원이 순조

---

20 미제스가 이런 문제를 지적했지만, 상당수 경제학자들은 랑게가 미제스를 사회주의 계산논쟁에서 패퇴시켰다고 잘못 인식하고 있었다.

롭게 배분되는 것이 시장 경제의 원리이다. 자원의 배분은 쌀이 시골에서 한양으로 옮겨지는 것과 같은 공간상의 배분만 있는 것이 아니다. 시간상으로도 현재와 미래 사이에 배분되어야 한다.

사막에서의 물 한 그릇과 강변에서의 물 한 그릇은 가치가 다르다. 마찬가지로 사람들은 지금 마실 수 있는 물 한 그릇과 한 시간 뒤에 마실 수 있는 물 한 그릇을 다르게 평가한다. 지금 매우 목이 타는 사람은 한 시간 뒤에 물 한 그릇 마실 권리를 지금 반 그릇 마실 권리와 바꿀 수 있다. 이를 시간선호 (時間選好)라고 부른다.

이 시간선호로 인해 이자율이라는 현상이 발생한다. 이자율 현상은 화폐가 사용되는 간접교환이 아닌 직접적인 물물교환의 경제에서도 발생한다. 누가 돈을 빌리고 얼마 후 이자를 보태 미래의 특정 시점에 갚는 것은 시간선호에 따른 것이다.

화폐는 가치저장수단으로 보유되기도 한다. 화폐는 그 무엇에 대해서도 교환되는 데 비해, 건물 등은 팔려고 할 때 쉽게 수요자를 발견할 수 없어서 화폐로 전환되기 어렵거나 원하는 가격보다 많이 할인해서야 팔 수 있다. 이런 화폐의 특성은 다른 자산에 비해 그 보유자에게 수익을 가져다주지 않음에도 화폐를 보유하게 한다.

어느 상품 가격을 통제하면 이 상품뿐만 아니라 상대가격 체계가 왜곡됨으로써 경제 전체의 생산이 왜곡된다. 더구나 이자율을 인위적으로 조작하면 모든 곳에서 현재와 미래 사이의 배분이 뒤틀린다.

시장가격은 정보를 전달할 뿐만 아니라 유인(incentive) 체계로서도 작용한다. 쌀이 상대적으로 덜 부족한 곳에서 기근이 든 한양으로 쌀을 옮겨야 온당한데도 쌀장수에게 이문이 생기지 않으면 실천하지 않을 것이다. 쌀장수들은 다투어 한양으로 쌀가마니를 옮겨 이문을 챙긴다. 너무 많은 쌀이 몰리면 쌀값은 다시 내려가게 마련이다. 이것이 시장 경제의 가격 체계이다.

시장에서의 유인 체계에 대해 좀 다른 각도에서 설명해 보자. 시장에서는 남들(소비자)에게 잘 봉사할수록 자신도 번영한다. 같은 밀가루로 빵을 만들더라도 다른 제빵업자보다 더 정성을 쏟아 맛있게 만들어 싼값에 팔면 손님들이 몰려와 자신도 돈을 많이 번다. 제빵 명장(明匠) 김영모 님이 만드는 빵은 값이 조금 비싼데도 맛, 브랜드 가치 등이 높아 불티나게 팔린다.

자신이 판매하는 (노동을 포함한) 재화와 서비스의 수요자들을 잘 만족시킬수록 더 유리한 지위를 차지할 수 있게끔 유인구조가 만들어져 있다. 이는 시장 경제가 독특한 방식으로 사회적 협력을 유도한다는 의미이다. 남들에게 열심히 봉사하도록 만들고, 그 결과 번 소득으로 남들로 하여금 나에게 열심히 봉사하도록 만드는 것이 시장 경제이다.

시장과정에 대한 간섭, 특히 가격에 대한 간섭은 치명적 결과를 가져온다. 일부 관점에서는 가격에 대한 간섭은 효율성을 일부 포기하는 대신 결과의 평등을 이루는 것으로 간주된다. 그러나 사회주의 계획 경제 아래에서의 경제 계산 문제에 대해 논의하면서 살펴본 것처럼, 이는 시장 경제의 작동을 상상하는 것 이상으로 크게 저해한다.

호주가 영국의 식민지이던 시절에 영국의 죄수들은 미개발지 호주로 보내졌다. 영국사회로부터 이들을 격리시키는 효과도 누리면서 이들이 호주를 개발하게 하려는 아이디어였다. 그러나 기대와는 달리 긴 항해 끝에 수많은 죄수들이 숨졌다. 선장은 죄수의 영양, 위생 등에 별 신경을 쓰지 않았다. 식량과 약품 비치 의무화 등 각종 규제들 도입했으나 모두 실패했다.

영국 당국은 고심 끝에 죄수가 생존해서 호주에 도착하는 데 비례해서 선장에게 보너스를 지급하자 생존율이 급상승했다. 선장의 품성이 하루아침에 달라지지 않았지만, 죄수의 건강유지가 선장의 이익과 일치하도록 유인 구조를 만든 덕분이다. 시장 경제가 바로 이와 같은 유인 구조를 가지고 있다. 시장 경제의 작동 여부는 죄수 이송이 의미하는 것처럼 경우에 따라서는 삶과 죽음의 문제와 직결될 만큼 중요하다. [21]

---

21 이에 대해서는 Roberts, R. (2002/2010) 참고.

사유재산권의 기초 아래 자유로운 교환과 자유로운 계약이
이루어지는 시장 경제 체제에서는 시민들이 자유를 실제로
누릴 수 있다. 예를 들어 개인의 소유물을 마음대로 처분할
수 없다면 이주의 자유가 있겠는가. 외환 거래가 정부에 의해
통제된다면 해외 이주는 불가능하다. 또 인쇄기가 모두 공유
이거나, 실질적으로 정부 손 안에 들어있다면 출판의 자유는
가능하지 않다. 이런 상황에서는 정부는 마음에 들지 않는 글
의 출판을 막을 수 있다. 경제적 삶에 대한 통제는 하되 다른
자유는 구속하지 않는다는 개념은 성립될 수 없다. 경제적 통
제는 우리 삶 전체에 대한 통제를 의미한다. [22]

2) 민주주의 체제와
최소국가로부터 복지국가로의 이탈

자유주의 시각에서 보면 국가는 치안과 사법서비스를 공급해
개인의 생명과 재산을 보호하는 기능에만 충실하면 된다. 그
런 일만 맡는 최소국가여야 한다. 이런 국가 기능에 대해 간
섭주의자들은 '야경(夜警) 국가'라고 야유를 보낸다. 이들은
제대로 된 국가라면 소득재분배로 결과적 평등을 이루는 '인
간의 얼굴을 한 자본주의'를 추구하여야 한다고 주장한다.
　그러나 자유주의자들의 시각은 다르다. 폭력을 독점적으

---

22 이에 대해서는 Hayek, F. (1944/2006) 참고.

로 사용할 수 있도록 제도화한 국가(혹은 정부)는 개인의 생명과 재산을 보호하기는커녕 오히려 침해할 가능성이 있단다. 역사에서 보라. 실제로 이런 일이 비일비재했다. 지배계층은 피지배계층의 인신과 재산을 때로는 마구잡이로 수탈했다. 그뿐인가. 지배계층의 이익 혹은 영광을 위해 국민들을 전쟁으로 내몰기도 하였다.

자유주의자들은 이런 위험성을 지닌 국가(혹은 정부)를 어떤 방법으로 제한하여야 할지 고심하였다. 정부를 나누어 권력에 의한 권력의 제한을 꾀하거나(삼권 분립), 국민들의 투표로 평화로운 정권교체를 주기적으로 이루는 방안(정권 교체)을 고안해냈다. 이는 권력의 크기나 지속기간을 제한하여 정부의 횡포를 막으려는 장치였다.

이를 아예 법으로 정해야 안심이 되었다. 그래서 헌법이 탄생했다. 헌법에서 삼권 분립이나 정권 교체 방법을 포함하여 정부활동의 범위를 제한했다. 또 국가라 하더라도 개인의 천부(天賦) 인권을 침해하지 못하도록 명시했다. 헌법을 최고의 규범으로 간주하는 것은 이런 노력의 산물이다.

보통선거권과 다수결 원칙을 가진 민주주의를 통해 국가는 개인의 생명과 재산권을 보호해야 한다. 일부 자유주의자들은 정부가 이를 침해하지 않도록 정부 역할을 제한하고자 하였다. 많은 사람들은 개인 자유를 멋대로 통제하려는 왕이나 독재자들의 절대권력을 자치(self-government) 체제로 바꾸면 자유의 보장 문제는 반자동적으로 해결될 것이라고 보았다.[23] 민주주의를 실현함으로써 다수결의 투표를 통해 '우리가 우리를 다스리고'(We govern ourselves!) '우리가 바로 정부이므로'(We are the government!) 우리가 뽑은 대표자들은 우리 이익에 반하게 우리의 권리를 침해하지 않을 것이라는 생각이 지배했던 적이 있었다.

그러나 단지 투표로 선출된 대리인들이 주인(투표자 국민)을 위해 반드시 일할 것이라는 그들의 가정(假定)은 너무 비현실적이었다. 그리고 하이에크가 강조했듯이, 다수결은 권력의 원천과 정당성을 확보하는 수단일 수는 있으나 그 권력이 행사할 내용에 대해서는 규정하지 않는다는 사실을 이들은 충분히 인식하지 못했다.

하이에크는 "현재의 민주주의에서는 다수결이면 무슨 내용의 법률이라도 입법(legislation) 할 수 있다는 생각이 만연하고 있다"고 지적했다. 자유주의 시각에서 보면 이런 생각에서 탈피해야 한다. 의회는 소득이전을 초래하는 입법을 지양해야

---

23 김이석 (2007)에서 필자는 헌법이 그 나라 국민들이 더 자유롭고 번영할 수 있게 만드는 경쟁력이 있으려면 다음의 4가지 조건이 만족되는 헌법이 제정될 필요가 있음을 주장하였다. 첫째, 정치제도와 시장 경제가 일관되게 상응하도록 민주주의에 제한을 가하는 "자유민주주의 시장 경제 헌법", 둘째, 개인의 자유와 재산권을 그 침해로부터 확고하게 보장하는 헌법, 셋째, 사회권, 복지국가의 환상에서 벗어난 헌법, 넷째, 재정지출 준칙주의가 명문화되어, 세금을 통한 재산권 침해의 범위가 크게 제약된 헌법이 그것이다.

48

한다. 즉 입법을 통해 특정인의 희생 아래 다른 특정인들이 유리하게 되는 것을 막아야 한다.

바스티아(Bastiat, C.)는 그의 저술 《법》(김정호 역, 자유기업원 자유주의 시리즈)에서 "태양과의 불공정한 경쟁으로부터 보호해 달라는 양초제조업자의 청원"처럼 특정 산업의 보호와 지원을 입법하는 것은 (태양으로부터) 더 값싸게(공짜로) 물건을 살 수 있었을 소비자들의 소득과 납세자들의 소득을 법이란 이름으로 약탈하는 행위(legal plunder)임을 설파한 바 있다. 개인의 인신과 재산 및 계약을 보호하는 원래 의미의 법(보통법, the law)을 지키기 위해 혹시 정부가 이를 침해하지는 않는지, 의회는 끊임없이 문제를 제기하고 떠들어대는 일종의 '말 가게'(talk shop)가 되어야 한다. [24]

민주주의 제도 아래에서 엄밀하게 말해, 우리는 우리를 다스리지 않는다. 각자가 투표를 해서 다수결을 얻은 소수 대표자가 집행부 인사를 임명하고 기존 관료들과 함께 우리들 대부분을 통치한다. 현재의 민주주의 체제에서 정치인은 특정 이익집단으로부터 강력한 지지를 얻어내려고 국민들이 낸 혈세를 이 집단에게 몰아주는 경쟁을 벌인다. 이익집단은 혜택을 받은 대가로 그 정치인을 지지한다. 국민들은 그 부담이 어느 정도인지 알기 어렵고 각자 따로 부담하므로 관심도 별

---

24 하이에크는 법과 입법을 구별했었다. 이와 관련해서는 다음을 참고. Hayek, F. (1978/1999); 민경국 (2007 가을).

로 없다. [25] 흔히 정당이 정책경쟁을 벌인다지만 이는 '정책'이란 이름으로 포장된 이런 유형의 혜택인 경우가 흔하다.

민주주의 선거 과정에서 정부의 재정 지출은 특혜를 얻어내는 통로가 되고 있다. 재정 지출은 절대적 규모에서뿐만 아니라 국민소득에서 차지하는 비중도 지속적으로 늘어나고 있다. 이런 재정 지출을 충당하기 위해서는 국민들로부터 더 많이 세금으로 거두어야 한다. 국민 개개인은 호주머니가 가벼워져 자유롭게 쓸 돈이 더욱 줄어든다. 이는 자유로운 처분권에 대한 심각한 제약이 아닐 수 없다.

국민들을 세금납부자와 세금소비자로 나누어 보자. 세금납부자는 생산에 참여해 소득을 올리고 그 일부를 세금으로 낸다. 세금소비자는 남들이 낸 세금을 바탕으로 살아간다. 세금납부자는 정부지출을 통해 얻는 혜택보다 더 많은 세금을 낸다. 이들 대부분은 중산층이다. 정치권, 정부관료, 세금보다 혜택을 더 많이 받는 국민 등은 세금납부자보다 인원이 적다. 그런데도 대부분 중산층의 세금 부담은 더욱 높아간다. 중산층의 목소리가 정책에 반영되지 않는다는 뜻이기도 하다. 정치권 등 세금소비자들은 중산층의 세금 중 일부를 자신들의 생계비로 뭉팅 뗀 후 중산층을 배제하고 정책을 결정한다는 의미이다. 이에 대해서는 강제 건강보험에 대해 논의하

---

25 이런 현상은 공공선택학파의 연구에서 일반적으로 분산된 비용-집중된 혜택(*dispersed costs-concentrated benefit*)이란 용어로 표현되고 있다.

면서 좀더 자세하게 분석하겠다.

국민 개인으로부터 세금을 거두어 누구의 소유도 아닌 거대한 공동재원이 만들어진다. '먼저 손대는 사람이 임자'가 되는 상황을 상상해보라. 실제로 서로 먼저 차지하려는 정치적 경쟁이 벌어진다. 이렇게 정부 재정이 지출되면 도대체 누가 얼마를 내고 얼마의 혜택을 받는지 알기 어렵게 된다. 재정을 지출하고도 사회에 해로운 부정적 외부효과가 발생하기도 한다.

노벨 경제학상 수상자인 자유주의 경제학자 밀턴 프리드먼 교수는 "정부 지출은 오염을 발생시키는 굴뚝을 달고 나온다"고 꼬집은 바 있다. 정부 지출은 가장 대표적으로 부정적인 외부효과를 발생시키지만 경제학 원론은 이런 사실에 대해 별로 언급하지 않는다.

사적 소유권은 자기가 뿌린 것을 자기가 거두도록 하게 함으로써 자원이 공유(公有)일 때 발생하는 부정적 외부효과를 내부화시키는 기능을 수행한다. 그런데 세금을 바탕으로 한 정부 지출은 자기가 뿌린 것을 남이 거두게 하거나 남이 뿌린 것을 자기가 거두게 함으로써 내부화된 외부효과를 다시 외부화시킨다.

나라 곳간을 활짝 열어 흥청망청 재정을 쓰면 세금납부자들의 허리는 더욱 휜다. 반면 세금소비자는 콧노래를 부른다. '큰 정부'는 많은 복지 프로그램들을 운영하려고 막대한 세금을 거둔다. 세금납부자에겐 자유로이 처분할 수 있는 재산이 줄어든다. 개인의 생명과 재산을 지켜주는 서비스에 필요한 정도를 넘어서는 세금은 개인의 재산권에 대한 침해인 셈이다. 이렇게 거둔 세금은 개인이 지출했을 때에 비해 '주인이 없다는 사실' 때문에 낭비될 가능성이 높다.[26]

3) 자유주의적 개혁

보통선거와 다수결 원리의 민주주의 제도 아래에서 각국은 복지국가를 실현시키려 한다. 나라마다 복지 지출은 급팽창한다. 치안과 사법서비스에서는 정부가 강제성을 갖는 것이 일면 타당하다. 그러나 의료, 교육 등 서비스 부문에까지 정부의 간섭과 통제가 노골화하면 곤란하다. 한국도 예외가 아니다. 서구 복지선진국이 앓은 '복지병'이라는 정책실패의 전철(前轍)을 한국도 밟으려 하는 조짐이 보인다.

불만족스러운 의료나 교육 서비스는 복지국가 혹은 정부개입의 실패를 뜻한다. 자유주의 비판자들이 주장하는 것처럼 자유 시장 또는 자유주의의 실패가 아니다. 이 점에 대해서는 앞으로 자세히 밝히겠다.

---

26 삼권분립의 원칙에 따라 설립된 사법부인 대법원 혹은 헌법재판소에서 이런 공약을 실천하기 위해 제정된 법률들이나 재정지출에 대해 위헌판결을 내리는 경우, 이런 집권을 위한 선심성 공약경쟁은 혹시 제어될지 모른다. 그러나 대법원 판사도 정치권에 의해 임명된다는 사실을 감안하면 사실 현행 삼권분립은 진정한 의미의 권력분립이라고 볼 수 없는 측면을 가지고 있으며, 그래서 대법원에 대한 이런 기대는 실현되기 어려운 것이 사실이다.

　의료 서비스나 교육 서비스에 대한 불만을 다루면서 국민 건강보험이나 교육세 등의 공동재원을 마련해 수요자에게 무료 혹은 매우 저렴한 비용을 부담하게 하면 경제 계산에 왜곡이 빚어진다. 이 점도 앞으로 자세히 설명하겠다.

　현재 상당 부분 이미 복지 지출을 하고 있다. 자립 능력을 가졌으면서도 복지 혜택에 의존해 사는 사람도 적지 않다. 이들에 대한 수혜규모는 시간을 두고 줄여야 한다. 그래서 프리드먼이 제시한 음의 소득세제나 (교육) 바우처 제도 등은 복지 지출을 한꺼번에 없앨 때 생기는 문제점을 보완할 것이다.

　여기에서 주의해야 할 점이 있다. 시장친화적인 제도라 하더라도, 그리고 그 속에서 일할 유인을 남겨두었다고 하더라도 재원은 세금납부자의 소득에서 나오므로 수혜자들을 극빈층으로 한정해야 한다. 또 지원 규모도 일정 수준을 넘지 않도록 해야 한다. 이렇게 제안하는 것은 극빈자들의 어려움을 외면하는 냉혈한이기 때문이 아니다. 이런 방법이 어려운 계층민의 복지에 진정 더 기여할 것이란 판단 때문이다. 이에 대해서는 복지 제도를 논의하면서 다룰 것이다.

02 자유주의가 만악(萬惡)의 뿌리?

○ ○ ●

1. 비이성적 위험 추구, 금융규제 완화 때문인가?

1) 미국발 금융 위기 :
인위적인 초저금리[1]의 지속을 빼고 이야기할 수 없다.

미국발 금융 위기가 터지자 자유주의 비판자들은 아예 "자유
주의가 위험을 키우는 사회를 만든다"고 공격한다. 과연 그런
가? 그렇지 않다고 감히 말하겠다. 자유 시장은 위험에 대해
서도 사람들이 스스로 감당하는 수준을 선택할 수 있도록 할
뿐이며, 일부러 위험을 키우지는 않는다. 인간은 시간의 경
과 속에서 행동해야 한다. 이는 어떤 사회에서 살고 있든지
미래의 불확실성을 피할 수 없음을 의미한다. 어떤 직장을 택

---

[1] '초저금리'가 아니라 시장에서 시간선호에 의해 결정될 금리보다 인위적으로 낮춘 금
리가 문제라고 표현하는 것이 더 정확하다. 그래서 여기에서 '인위적인'이라는 의미
는 바로 시장 참여자들의 시간선호와 어긋나도록 조작되었다는 의미로 쓰였다. 초저
금리 자체보다는 시간선호와의 괴리가 문제의 초점이다.

하든, 어떤 사람과 결혼하든 처음 예상과는 다름을 느끼리라.
자유주의 사회에 사는 사람들도 이런 미래의 불확실성을 피
할 수는 없다. 특정행동이 자신의 미래 상황에 영향을 미친
다. 인간은 이를 고려해서 행동한다. 그래서 인간 행동에는
투기적 요소가 개입된다.

콩의 경우를 예로 들어보자. 내년 특정 시점과 장소에서의
콩의 가격은 그때 그곳에서 콩의 수급에 영향을 주는 무수한
요인들이 복합적으로 작용하여 결정될 것이다. 콩 생산자,
두유업자, 콩기름 생산자, 사료업자 등 콩 관련 사업자들로
서는 콩 가격을 미리 정확하게 예측할수록 유리하다. 내년 콩
수확기에 가격이 올라갈 것을 정확하게 안다면 콩 재배자는
지금 콩을 더 많이 심고 또 '밭떼기'로 미리 팔지 않고 수확한
이후에 파는 것이 유리하다. 그러나 그가 기대하는 내년도 콩
가격은 미래에 대한 불확실한 예상에 기초한 것이어서 실제
결과는 예상과 달라질 수 있다. [2]

자유 시장은 이런 미래의 불확실성에 대해 서로 다른 태도
를 가진 사람들 사이의 거래를 촉진한다. 내년 콩 수확기에
콩 가격을 최소한 얼마를 받을 수 있다면 좋겠다는 재배자는

---

2 그래서 나이트(Knight, F.)는 기업가를 미래의 불확실성을 어깨 위에 짊어지고 최종
책임을 지는 사람으로 묘사했으며, 미제스도 기업가를 미래에 대한 투기적 예상을 하는
사람으로, 커츠너는 투기적인 경각심(*speculative alertness*)을 발휘하여, 이윤을 얻을
기회를 메워 경제를 균형상태로 이끄는 사람으로 정형화하기도 하였다.

콩 수확 권리를 지금 다른 수요자에게 넘길 수 있다. 수확기에 콩값이 오르면 수익이 줄어들겠지만 반대로 폭락해서 입을 손해를 감안하면 재배자는 그 정도 돈만 받고도 만족할 수 있다. 권리를 산 사람은 어떤가. 콩 가격이 더 높아질 것으로 보고 고위험-고수익을 추구하려 이 권리를 샀을 것이다. 그는 이 권리를 다른 사람에게 일정한 수익을 남기고 넘기기도 한다.

두부 생산업자는 콩값이 오를 낌새가 보이면 이 권리를 살 것이다. 콩 재배자나 두부 생산자는 콩 가격의 폭락, 폭등에 대해 고민할 필요가 없어진다. 그들은 가격변동에 따른 불안감을 서로 상쇄시킬 수 있다. 기꺼이 더 큰 위험을 안을 의사와 능력이 있는 사람은 이 권리를 마지막 순간까지 지닐 것이고 콩 재배자는 이들에게 불확실성에 따른 위험을 이전하였다.[3]

물론 이 과정에서 위험을 감당할 자본을 지니고 있지 않은데도 말 그대로 '내기'를 하려는 욕구, 단기간에 큰돈을 벌고 싶은 욕구를 지닌 사람들도 이 시장에 뛰어들 수 있다. 이들은 단기적인 가격 변동에 돈을 걸고자 한다. 어떤 사람은 콩 가격의 위험을 줄이려 선물(先物) 시장을 이용하지만 어떤 사람은 콩의 가격 변동에 돈을 걸기도 한다. 선물 거래란 밭떼기처럼 수확 이전에 흥정해서 농산물을 미리 사고파는 거래

3 이에 대해서는 Sowell, T. (2000/2002)의 12장 "투자와 투기적 거래"를 참고.

를 말한다. 금융상품에도 선물거래를 적용할 수 있다. 훗날의 상황에 대해 미리 거래하므로 선물(先物)이란 용어는 잘못 번역됐고 후물(後物)이라야 맞다.[4]

콩 선물시장이 발달한다 해서 콩 가격의 불확실성이 없어지지는 않는다. 또 인간 행동의 투기적 성격도 여전하다. 투자 손실을 걱정해 주식 대신 현금을 보유한 사람도 엄밀히 따져보면 투자 손실을 회피하는 방향으로 투기적 행동을 한 셈이다. 주식시장이 호황을 보이면 그는 나중에 후회할 것이다.[5] 자유 시장은 다양한 선물상품과 파생상품들을 제공한다. 각자가 불확실성에 대한 인식이 다르므로 서로 거래할 수 있는 길이 열린다. 불확실성이 큰 부문에 대한 투자일수록 크게 벌거나 아니면 전부다 잃을 확률이 높다.

이런 점들을 감안하면 자유 시장이 위험을 더 크게 만들어 우리의 삶을 위태롭게 만든다고 공격하는 것은 옳지 않다. 2008년의 금융 위기를 보더라도 인위적 간섭으로 조장된 초(超)저금리 탓이었다. 이 초저금리가 과도한 부채나 과도한

---

4 Wheelan, C. (2003), p. 191.

5 이에 대해서는 Mises, L. (1949/2011) 중 불확실성에 대한 설명을 참고. 물론 현금을 보유한 사람이 스스로 콩 재배자와 마찬가지로 주식투자에 따른 더 높은 수익에 대한 기대가 주는 기쁨보다는 손실에 대한 걱정을 피하고 싶었다면 그는 변동성에 대한 선택을 한 셈이다. 좀더 엄밀하게는 변동성의 크기를 미리 정확히 알고 주식투자 대신 현금보유를 선택한 것은 아니라는 점에서 여전히 투기적 성격은 사라지지 않으며, 현금을 보유했던 것을 후회할 가능성은 언제나 있다.

레버리지를 유발하였다. 인간의 탐욕, 특히 월가의 탐욕을 금융 위기의 원인으로 지탄하는 것도 온당하지 않다. 금융 위기의 진정한 원인인 인위적 초저금리에 대한 초점이 흐려질 뿐이다.

이와 관련해서 니스카넨(Niskanen, W. A.)은 "금융 위기 원인을 인간의 탐욕성에서 찾는 것은 비행기 추락 사고의 원인을 중력에서 찾는 것과 마찬가지로 불합리하다"고 지적했다.[6] 한때 월가에서 일했던 어느 애널리스트는 월가의 탐욕을 지탄하는 목소리에 이렇게 답했다.

> 만약 월가 사람들의 탐욕을 이야기하고 싶다면 저 역시 세계 각지 사람들도 탐욕스러웠다고 말하고 싶네요. 월가 밖의 사람들도 빚을 내서 투자하는 것에 겁을 내지 않았습니다.[7]

왜 그렇게 되었을까? 평소 많은 사람들은 콩 재배자나 두부 생산자처럼 혹시 자신에게 불리한 방향으로 가격이 변하지 않을까 노심초사하는 경향이 있다. 왜 대부분의 사람들이 그렇게 갑자기 과도한 빚을 내어 ― 다른 말로는 높은 레버리지를 일으키며 ― 투자하는 것조차 두려워하지 않았을까? 이 문

---

6 이에 대해서는 Niskanen, W. A. (2009) 참고. 그리고 이번 금융 위기가 인간의 탐욕이 행사될 놀이터를 너무 많이 만들어주었기 때문이라는 그린스펀(Greenspan, A.)의 생각을 지지하는 책으로는 Partnoy, F. (2003/2004) 참고.

7 경향신문 특별취재팀 (2012) 참고.

제를 추적하면 결국 장기간 지속된 '억지' 초저금리가 근원적 이유였음을 알게 된다.

물론 채무자가 빚을 두려워하지 않게 된 데 대한 다른 설명도 있다. 채무자들이 광기(狂氣), 그것도 전염성 광기를 가졌기 때문이란다. 그러나 이는 전혀 설명하지 않은 것과 마찬가지다. 비관과 낙관을 교차하는 심리적 반전이 왜 일어났는지 설명하지 않으면 전염성 광기 때문에 경기변동이 발생한다는 설명은 동어반복에 불과하다. 호황기는 대부분의 사람들이 낙관하는 시기, 불황기는 대부분의 사람들이 비관하는 시기라면, 그 설명은 경기변동을 호황기에서 불황기로 바뀌었음을 말한 것에 그친다.

실제 사람들이 전염성 광기, 전염성 탐욕을 가졌다 하더라도, 어떻게 그것이 불붙게 되었는지 또 왜 궁극적으로 실망하는 구조인지, 왜 당시에는 그것이 광기라는 사실을 깨닫지 못하는지 밝혀야 한다. 이를 설명하려면 우리는 다시 장기간 지속된 인위적인 초저금리로 되돌아가야 한다.

"그동안 월가는 돈 놓고 돈 먹는 식의 카지노 판이나 다름없었다."는 월가 애널리스트의 고백을 제시하면서 이것이 '자본주의는 거대한 카지노 판'이라는 증거라고 우기는 것도 옳지 않다. 왜냐하면 이 카지노 판이 열린 이유를 따져 보아야 하기 때문이다. 주식 투자자는, 비록 자신이 자본주의 비판자이더라도, 일반적으로 그들의 행동을 통해[8] 주식시장이 카지노 판이 아니라고 믿고 있음을 드러낸다.

사람들은 시장에서 특정 회사의 수익률이 카지노에서처럼 결정된다고 생각하지 않는다. 주식시장이 카지노 판이나 다름없다고 여긴다면 투자자는 사업계획서, 수익률, 경영자의 사업전망과 근거 등에 대해 관심을 기울이지 않으리라.

도시로 인구가 몰려들면서 백화점 체인 사업이 유망하다고 내다보는 사업가가 있을 것이다. 그가 이 사업을 위한 회사를 차리려고 자본을 모집한다면 여기에 투자하는 사람은 카지노 도박과는 달리 그 사업가의 비전이 얼마나 믿을 만한지 확인할 것이다. 주사위를 던져 나오는 숫자를 맞히기 위해 그런 유형의 수고를 하려는 사람은 없다.

그런 점에서 확률게임인 카지노 카드게임과 주식투자는 다르다. 주사위를 던져서 나오는 숫자처럼 특정 회사의 이윤이 결정된다고 생각하는 사람은 거의 없다. 카지노 게임에서는 돈을 따는 사람과 잃는 사람의 돈을 합하면 제로-섬(*zero-sum*)이다. 카지노가 가져가는 몫을 빼면 네거티브-섬(*negative sum*)이지만[9] 주식시장은 포지티브-섬(*positive-sum*) 게임이다.

---

8 사실 진정한 믿음을 드러내는 것은 말보다는 행동이다. 외고(外高) 폐지를 외치면서 외고에 자녀를 보내면 최소한 그가 외고의 교육이 일반고의 교육보다는 더 낫다는 믿음을 행동으로 보인 것이다. 다른 사람의 의식내면을 들여다 볼 수 없는 경제학자들은 결국 드러난 행동을 통해 그들의 선호를 추론할 수밖에 없다. 미제스는 이를 "현시된 선호"(*demonstrated preference*)라고 불렀다.

9 물론 내기를 하려는 인간의 욕망까지 고려하면 자발적인 카지노 게임이나 복권 등은

포지티브-섬인 이유는 사업 아이디어를 낸 사람은 자본을 얻게 되어 사업을 시작하고, 투자자는 수익의 일부를 얻기 때문이다.

물론 백화점 체인 회사에 투자하여 돈을 벌려면 그 주식이 과소평가됐는지, 과대평가됐는지 남보다 먼저 알아차려야 한다. 과소평가된 주식을 사서 기다리면 주가가 오를 것이고 과대평가된 주식은 얼른 팔아야 하락에 따른 손실을 예방할 수 있다. 백화점 사업이나 주식투자는 수익창출의 규모는 다를 수 있어도 본질에서는 마찬가지이다. 주식시장에서 평균 수익률, 혹은 시장 이자율보다 높은 수익률을 올리기는 어렵다. 사업이나 주식시장은 마술이 아니다.

상당수 사람들이 (규제되지 않는) 자유 시장에서는 밑천만 두둑하면 떼돈을 벌 수 있다고 착각한다. 시장 경제에서는 더 가치 있게 쓸 수 있는데도 가능성을 찾지 못해 과소평가된 자원이 있다. 이를 남보다 먼저 발견해서 위험을 감수하면서 사들이면 수익을 얻는다. 이것이 바로 기업가 정신이다. 대박을 기대했지만 미처 예상치 못한 복병을 만나 쪽박을 차는 경우도 있음은 물론이다. 그래서 시장 경제에서 뭉칫돈을 벌기는 그렇게 쉽지 않다. 가끔씩 이 점을 이해하지 못한 퇴직자들이 퇴직금을 너무 쉽게 투자했다 잃는 사례가 언론에 보도

제로-섬 혹은 네거티브-섬 게임이 아니라 포지티브-섬 게임이다.

되기도 한다.[10]

돈을 쉽게 버는 기회는 정부 규제가 있을 때다. 예를 들어 그린벨트로 지정하여 개발을 막는 권한은 이를 해제할 수 있는 권한을 의미하기도 한다. 이런 권한을 이용하거나 개발계획을 남보다 먼저 알아 돈을 벌기는 쉽다. 정부가 인허가권을 가질 때 언제 어떤 방식으로 어느 기업에 인허가를 해주느냐에 따라 그 기업의 주식 가치가 달라진다. 이에 편승하면 돈을 쉽게 벌 수 있다.

주식시장에서도 '묻지 마' 투자가 벌어지기도 한다. 인위적으로 조성된 붐의 시기에 그런 일이 일어난다. 즉, 인위적인 초저금리가 장기간 지속됨으로써 붐이 조성되면, 곧 거품이 꺼질지라도, 주식 가격이 계속 오르는 중이므로 마치 더 많은 돈을 따먹는 것처럼 보인다. 특히 초저금리로 인해 자금의 유입이 활발해질 광산업에서 그런 모습이 두드러진다. 주택과 건설 등 이자율에 민감한 자본집중적(capital-intensive)이고 사업기간이 긴 산업에서도 마찬가지다.

"월가가 가난한 자의 꿈을 이용해 약탈적 머니게임을 벌였다"는 지적도 올바른 상황 묘사가 아니다. 월가의 적잖은 투자은행과 보험회사도 주택관련 상품 때문에 큰 손실을 입고

---

10 이와 관련해 다음의 구절과 사례는 음미할 만하다. "기적의 살빼기 프로그램이 우리가 아는 건강과 영양의 거의 모든 규칙을 위반하듯이, 빨리 부자가 되는 법은 경제학의 가장 기본적인 원칙을 위반한다." Wheelan, C. (2003), pp. 193~203.

파산했다. 그들도 잘못 판단했기 때문이다.

2008년 금융 위기가 터지기 직전의 상황을 살펴보자. 초저금리가 장기간 지속됐다. 미국 정부가 인위적으로 그런 정책을 펼쳤다. 시중엔 돈이 넘쳤다. 이 돈이 주택시장으로 몰려 주택가격이 올랐다. 주택을 가진 중산층, 부유층은 가만히 앉아서 재산이 불어나 콧노래를 불렀다. 무주택자도 집 구입에 나섰다. 금리가 낮아 원리금 상환에 큰 부담을 느끼지 못했다. 빚을 끌어 써서라도 마련한 주택의 값이 오르면 이자를 내고도 남는 장사가 된다. 주택 가격은 자꾸 오를 것으로 전망됐다.

당시 패니 메이, 프레디 맥 등 정부가 지원하는 주택금융기관에서는 은행이 발행한 서브프라임 모기지를 대대적으로 매입하고 있었다. 그래서 은행들로서는 서브프라임 모기지를 저(低)신용층에 판매한다 하더라도 이 채권을 패니 메이와 프레디 맥에 이자율 차익을 남기고 넘김으로써 채권 부실화 위험을 피할 수 있었다.

은행이 주택금융기관에 채권을 넘기는 것을 '유동화'라 불렀다.[11] 그래서 아무런 소득, 직업, 자산이 없는 빈털터리도 [닌자(NINJA) : *No Income, No Job or Asset*] 주택마련 자금을 빌리는 일이 벌어졌다.[12]

---

11 이미 잘 알려져 있듯이 이 과정에서 지역재투자법(CRA)과 같은 규제는 은행들이 서브프라임 모기지의 발행을 더 많이 하도록 부추겼다.

서브프라임 모기지 채권과 다른 우량 채권들을 섞어 이를 더 잘게 쪼갠 파생 금융상품이 탄생했다. 이런 변종 금융상품에 대해 신용평가기관은 후한 평가를 내렸다. 주택가격이 오르자 은행, 투자회사, 무주택자 등이 너도나도 주택시장에 뛰어들었다. 파생금융상품 때문에 더 많은 사람들이 투기적 투자에 나섰다. 투자은행도 파생상품 발행을 주관하여 떼돈을 벌었다. 이처럼 신용팽창을 한없이 계속할 수는 없다. 이렇게 하면 하이퍼 인플레이션으로 통화제도가 붕괴된다.

어느 날 주택가격이 급락하면서 신용평가회사들의 평가가 과장되었음이 드러났다.[13] 투자은행들은 엄청난 손실을 보았다. 월가의 대표적 투자은행인 리먼브러더스는 파산하기에 이르렀다. 보험료 수입을 챙기려 이런 금융상품에 대해 보험을 제공했던 AIG 같은 대형 보험회사도 주택가격의 하락폭과 확률을 잘못 계산하여 엄청난 손실을 입었다. 이 회사는 구제금융을 받고 사실상 국유화됐다.

---

12 더 자세한 내용은 Wheelan, C. (2003), pp. 193~203 참고.

13 신용평가회사들의 평가가 과장되는 이유로 자주 언급되는 것으로는 평가를 과장할수록 평가업무를 수주하기 쉽다는 것이다. 물론 그럴 수 있다. 그러나 '신용평가'가 거래되는 자유 시장에서라면 그런 잘못된 평가를 내린 신용평가사들은 주식투자자들로부터 외면받게 되어 시장에서 퇴출될 것이다. 그러나 일부 연구에 의하면 그렇게 되지 않은 이유는 신용평가법률상 미국에서 특정 평가기관에 평가를 맡기도록 의무화하였기 때문이다. 언제나 그렇듯이 신용평가회사는 과거의 실적에 기초해서 평가한다. 경기활황기의 신용평가사의 평가는 과장되기 쉽고 그 사실은 경기침체기에 드러난다.

　자유 사회, 자유 시장이 위험을 키운다고 주장하는 사람들은 "파생상품은 규제 완화 때문에 등장했다"면서 "이처럼 자유를 넘어 방종이 횡행하면 위험이 증폭된다"고 주장했다. 그러나 냉정히 따져보자. 이는 주식시장이 없다면 개미투자자들이 증권투자로 파산하지 않을 것이므로 주식시장을 없애야 한다고 선전하는 것과 다름없다.

　아담 스미스가 《국부론》을 쓸 당시에만 해도 정부만이 대규모 사업을 수행할 수 있었다. 민간은 그런 능력이 턱없이 모자랐다. 그래서 아담 스미스는 이를 정부가 할 일의 하나로 보았다. 주식시장의 발달을 빼고 시장의 발전사를 논할 수 없을 만큼 주식시장은 시장의 작동에 중요한 제도로 정착하였다.

　주식시장의 존재가 문제라고 할 수 없듯이, 규제 완화 때문에 파생상품이 등장했다고 주장하면 억지 논리다. 왜 기업가들이 한꺼번에 잘못된 투자결정을 했나? 왜 주식시장, 주택시장이 크게 달아올랐다가 갑자기 붕괴됐나? 그 근본원인을 찾아야 한다. 다시 한 번 강조하건대 근본원인은 오랫동안 억지로 금리를 낮춘 데 있다. 정부간섭 때문에 그렇다는 말이다. 위험을 키운 장본인은 자유 시장이 아니라 인위적인 초저금리를 지속시킨 정부(중앙은행)이다.

(1) 인위적인 초저금리 … 저축 기반 없는 돈 팽창

인위적인 초저금리는 저축에 기반을 두지 않은 신용 팽창을 의미한다. 극단적으로 표현하자면 중앙은행에서 화폐를 마구 찍어내는 꼴이다. 시중에 돈이 흘러넘치고 신용이 불량한 사람도 은행에서 쉽게 돈을 빌릴 수 있다. 이들이 대출 원리금을 갚지 못하면 은행은 부실화된다. 이런 위험이 불을 보듯 뻔한데도 브레이크 없는 자동차처럼 과속운전이 이뤄졌다.

돈이 넘치니 기업가들은 저축이 많아 그렇다고 착각한다. 저축이 늘어나면 대출이자는 더 떨어질 것이다. 기업가들은 금리 부담이 적으므로 투자를 과감하게 늘린다.

사과를 좋아하는 사람, 배를 더 좋아하는 사람, 이렇게 선호도가 나뉜다. 사람들은 현재와 미래의 소비 사이에도 서로 다른 선호를 가진다. 일주일에 한 번씩 주말에 100만 원씩인 주급과 4주 후인 월말에 400만 원을 주는 월급을 똑같게 느끼지 않는다. 이 시간선호에 따라 사람들은 현재소비와 미래소비를 배분한다. 미래소비를 위해 따로 떼놓은 자금이 저축이며 이 저축은 투자재원으로 활용된다. 대출금리는 시장 경제에서 현재와 미래 간의 시제 간 조정(inter-temporal coordination)을 이루어가도록 저축과 투자를 조정하는 중요한 기능을 한다.

신용팽창을 통해 인위적으로 대출금리를 장기간 낮추는 상황을 살펴보자. 이러면 실제로 사람들이 저축하려는 돈은 얼마 되지 않는데 기업가는 저금리 자금을 앞으로도 쉽게 활용할 것이라 잘못 믿는다. 장기 프로젝트와 자본이 많이 들어가는 프로젝트 가운데 사업성이 별로 없는 것도 매우 유망하게 보인다. 금리가 높다면 함부로 이런 허튼 사업에 손대지 않는다. 이자율의 기능은 이처럼 사업성 없는 프로젝트를 착수하지 않게 하는 것이다.

인위적 저금리를 계속 방치하면 경제는 잘못된 방향으로 나아간다. 미제스의 사례에서 벽돌이 얼마나 남았는지 제대로 파악하지 못한 건축업자가 공사를 진척시킬수록 더 큰 문제가 발생하는 것처럼 말이다. 그는 갖고 있는 벽돌로도 충분히 훌륭한 집을 지을 수 있었다. 그러나 실제보다 더 많이 보유하고 있다는 착각 때문에 전혀 다른 집을, 즉 가진 자원보다 훨씬 더 많은 자원을 필요로 하는 집을 지으려 공사를 시작했다. [14]

벽돌이 모자라는데도 건축업자가 벽돌이 충분한 것으로 착각하여 주택을 더 많이 짓는 경우를 상상해보자. 곧 벽돌이 모자란다는 사실이 드러나 집을 제대로 완공하기 어려울 것이다. 미제스는 조만간 잘못이 드러날 것이라는 점에서 저축에 기반을 두지 않은 이런 투자를 과오 투자(*mal-investment*)라고 불렀다. 금리를 억지로 낮추면 저축할 마음이 내키지 않는다. 저축이 충분하지 않으면 결국 금리는 올라가고 기업가는

---

14 Woods, T. (2009), p.155 참조.

고금리 부담 때문에 위험에 처한다.

주택부문으로 돈이 흘러들어와 주택 가격이 오르는 동안 사람들은 내재하는 위험을 간과하고 투자에 나선 셈이다. 신용불량자까지 가세했으니 불덩어리에 기름을 끼얹은 꼴이다. 벽돌 부족이 드러나면서 이런 투자에 직간접적으로[15] 연계된 사람들이 커다란 손해를 본 것이 금융 위기의 본질이다.

결론을 내려보자. 인위적으로 낮춰진 저금리 때문에 빚어지는 경기순환 과정을 이해하면, 자유 시장이 위험을 키우는 주범이 아니라, 오히려 자유 시장에 대한 간섭이 원흉임을 알 수 있다. 탐욕과 광기(狂氣)는 자유 시장 탓이 아님을 알 수 있다.

자유 시장에서 돈을 벌기는 그렇게 쉽지 않다. 시장에서는 소비자의 수요를 충족시키는 방법을 찾아낼 때 비로소 돈을 벌 수 있다. 서브 프라임 사태는 저소득층이 주택구입으로 한몫 챙기려다 결국 손실을 입은 사례이다. 밑천만 있으면 사업 기회가 저절로 발견되는 것처럼 여기는 사람이 많지만 서브 프라임 사태는 실은 그렇지 않음을 말해주었다.

---

15 펀드에 가입했는데 그 펀드가 서브프라임 모기지를 유동화한 증권에 투자해 손해를 보면 그 펀드에 가입한 사람도 손실을 입게 되었다.

2) 아이슬란드 경제난 …
자유주의 중요성을 보여준 사례 [16]

영국 위쪽 바다에 떠 있는 섬나라 아이슬란드. 나라 이름은 'Iceland'이지만 얼음(*ice*)으로 뒤덮이지는 않고 녹색 삼림으로 그득한 아름다운 섬이다. 아이슬란드의 북쪽에 있는 그린란드(Greenland)는 이름과는 달리 녹음(綠陰) 대신 얼음으로 덮였다.

아이슬란드의 최근 경제난을 두고 자유주의 실패의 상징으로 손가락질하는 이론가들이 많다. 자유주의 비판자인 이들은 "아이슬란드의 급속한 도약과 이보다 더 급속한 추락이야말로 지난 30년간 '시대정신'으로 군림해온 자유주의의 모순을 가장 극적으로 보여주는 사례"라고 꼬집는다. 그러나 그들의 주장과는 정반대로 아이슬란드의 부흥과 추락은 오히려 자유주의의 중요성을 확인해 준다.

아이슬란드에서는 재산권과 관련된 자유주의 원칙을 어업에 적용한 결과 어업이 크게 부흥했다. 아이슬란드는 1970년대 이후 급성장했다. 그러다가 글로벌 금융 위기 때 가장 먼저 직격탄을 맞았다. 그 원인은 자유주의 때문이 아니라 자유 시장 원칙을 금융 분야에 제대로 적용하지 못했기 때문이다. 미국발 글로벌 금융 위기가 자유주의 탓이 아니듯이 말이다. [17]

---

16 Lewis, M. (2009) 참고.

(1) 거래 가능한 어획권의 창출과 부(富)의 축적

아이슬란드는 인구가 30만 명 정도인 작은 나라이다. 19세기까지 유럽에서 가장 낙후된 나라의 하나였다. 그러던 아이슬란드는 20세기, 특히 1970년대 이후에 유럽에서 가장 부유한 나라로 일어선다. 이 과정에서 어업 재산권의 형성이 중요한 역할을 하였다.

자유 시장에서 사유 재산권의 확립은 너무나 중요하다. 사유 재산권을 인정하지 않으면 자유 시장은 성립될 수 없고 발전할 수 없다. 이를 잘 설명해주는 사례가 바로 구(舊) 소련의 집단농장을 방문한 미국 농부들이 경험했던 사건이다.[18]

사회주의 계획 경제를 하던 시절, 옛 소련의 집단농장을 방문한 미국 농부들은 그곳에서 농부들이 채소와 과일을 포장하는 광경을 보고 깜짝 놀랐다. 채소나 과일은 상한 것을 성한 것과 함께 포장하면 더 빨리 상한다. 그런데 그 집단농장에서는 상한 것들을 가려내지 않고 함께 포장하였기 때문이다. 이런 행동은 그 집단농장에서 애써 생산한 농산물의 부패를 자초하는 어처구니없는 일이었지만 태연하게 자행되었다.

이런 일이 생기는 이유는 집단농장에서는 작물의 소유자가 없기 때문이다. 그 누구의 소유물도 아니었으므로 아무도 채

---

17 이 책에서는 경기변동과 관련해 더 자세히 다루지 않을 것이다. 최근의 미국발 국제 금융 위기가 시장의 실패가 아니라 정부의 실패라는 사실을 매우 읽기 쉽게 설명한 책으로는 〈뉴욕타임스〉 베스트셀러였던 Woods, T. (2009) 참고.

18 Sowell, T. (2000/2002) 참고.

소와 과일을 소비자에게 가장 가치가 높은 상태로 관리할 유인
이 없었다. 단지 주어진 할당 상자수와 무게를 빨리 채우는 것
이 중요했다. 이런 상식 밖의 일이 미국의 농장에서는 일어나
지 않는다. 주인이 제값을 받으려 철저히 관리하기 때문이다.

재산권 제도는 부자를 위한 제도가 아니라 모두를 위한 제
도이다.[19] 미국 농부는 미국이라는 사회에서 상대적으로 가난
한 계층에 속하는지 여부와 상관없이 사유 재산권 제도로부터
혜택을 본다. 더 나아가 재산권은 그 재산을 더 가치 있게 사
용할 수 있는 사람에게 넘어가도록 해준다. 10헥타르 면적의
황무지를 가진 A라는 사람이 있다 하자. 그는 이 땅을 방치하
고 있다. B라는 사람이 황무지 인근에 흐르는 강을 발견하고
농토로 개간하기로 작정했다. A에게 1억 원을 주고 사서 개
발한다면 땅의 사용 가치는 높아진다. 즉, 사유 재산권은 거
래를 통해 더 효율적으로 사용된다.

아이슬란드는 어업에서 거래 가능한 재산권을 형성시킴으
로써 어업을 크게 발달시켰다. 모두의 재산은 그 누구의 재산
도 아니라는 말이 있듯이, 모두의 재산인 공유 재산은 쉽게
남벌(濫伐)이나 남획(濫獲)된다. 경제학에서는 이런 현상을
'공유지의 비극'(*tragedy of the commons*)이라고 부른다.[20]

---

19 사유재산권 제도가 부자만을 위한 제도라고 할 수 없듯이, 모든 이들의 세금을 낮추
는 정책을 부자를 위한 정책으로 매도하는 것은 옳지 않다.

20 Hardin, G. (1968.12.13), pp. 1243~1248.

목축업자는 공유 목초지를 애써 가꾸려 하지 않는다. 다른 목장의 목동들이 와서 자기 소를 먹일 가능성이 크기 때문이다. 바다에서도 마찬가지다. 바다는 공유이므로 어부가 어장(漁場)의 가치가 높게 유지되도록 어획량을 조절하고 어장을 가꾸어갈 유인이 별로 없다.[21] 이런 이유로 공유 목초지나 공유 어장은 황폐화되기 쉽다.

아이슬란드의 어업도 예외는 아니었다. 천혜의 어장을 가졌으나 부(富)의 원천이 되지는 못했다. 그러다가 200해리까지 그 나라의 해양권을 국제적으로 인정하면서, 아이슬란드는 배타적인 (사유)어업권을 가지게 되었다. 더구나 1970년대 초 아이슬란드의 어획고는 사상 최악이어서 이것이 어업분야에서 탈바꿈이 필요하다는 공감대를 이루게 했다.

아이슬란드 정부는 '어업의 사유화'라는 급진적 개혁을 추진하였다. 아이슬란드 해양연구소(Marine Research Institute)는 매년 어종별로 어장의 가치를 높일 수 있는 연간 총 어획 가능량을 결정하였다. 각 어종의 과거 어획량을 바탕으로 각 어부에게 연간 어획 가능량의 일정 비율을 잡을 수 있는 권리를 부여했다.[22] 더구나 이 권리는 가장 효율적으로 고기를 잡을 수 있는 다른 사람에게 이전될 수 있었다. 이 조업권을 담보로 은행으로부터 대출받을 수도 있었다.

---

21 Gordon, S. H. (1954) 참고.
22 이 개혁의 과정과 그 경제적 효과에 대한 자세한 추정은 Runolfsson, B. (1997) 참고.

한마디로 바다 속 고기들은 사유화되었을 뿐 아니라 유동화되었다. 비록 완벽한 사유화에는 못 미치지만, 사유화에 버금가는 효과를 내게 되었다는 점에서 아이슬란드의 어장은 실질적으로는 사유화되었다.

종전보다 더 적은 인력으로도 아이슬란드의 어장 가치는 급증했다. 마침내 아이슬란드에도 처음으로 억만장자 어부가 등장하였다. 어업 사유화정책 덕분에 어업은 불안한 생계수단에서 벗어나 든든한 돈벌이로 변신했다. 어업의 효율화로 인해 어업에서 손을 뗀 인력들은 알루미늄 제련에 고용됨으로써 그만큼 국부가 증대했다. 어장 사유화정책은 1,100년 동안 유럽의 변두리에 속했던 아이슬란드를 부자나라로 탈바꿈시켰다. 이는 자유 시장의 지혜를 활용한 결과였다.

(2) 헤지펀드가 된 나라 :
　　부분지급준비제도와 환위험을 간과한 금융정책

자유주의 비판자들은 "아이슬란드가 데이비드 오드손 총리가 1991년부터 14년간 총리로 재임하며 적극적인 금융자유화를 추진하였고 이에 따라 민영화된 은행들의 공격적인 몸집 불리기가 금융 위기의 원인이었다"고 설명한다.

오드손 총리가 여러 은행을 민영화한 것은 사실이다. 그는 1997년부터 정부소유 대규모 은행의 지분을 팔기 시작했다. 2002년엔 최대 규모인 카우프싱 은행을, 2003년엔 란츠방키

은행을 민영화하였다. 민영화와 공격적 경영은 구별해야 한다. 은행 민영화는 은행에 주인을 찾아준다는 것이지 그 자체가 공격성을 의미하지는 않는다. 민영화된 은행은 종전에 비해 수익뿐만 아니라 손실에도 더 민감해지므로 민영화 은행이라 해서 더 공격적 경영을 하라는 법은 없다.

자유은행제도(*free banking system*)[23] 아래에서 영업활동을 하는 은행이라면 당연히 은행업의 '황금률'을 따라야 한다.[24] 은행은 도산의 위험에서 벗어나려면 대출금의 기간을 예금의 기간과 일치시켜야 한다. 대출금을 되돌려 받지 못한 상황에서 예금자들이 인출요구를 하면 곳간이 텅 빈 은행은 부도를 면치 못한다.

시중은행이 대출-예금 만기 불일치 때 겪을 사태에 대비해서 은행의 은행, 즉 중앙은행이 구원책을 마련했다. 시중은행은 손님들에게서 받은 예금 가운데 일부를 중앙은행에 맡긴다. 중앙은행은 이 돈을 만약의 사태 때 지급준비금으로 활용한다. 물론 오늘날 중앙은행은 돈이 부족하면 마구 찍어내 사용하기도 한다.

과거에 미국은 달러를 발행하려면 그 액수만큼 금괴를 준비했다. 달러를 가지고 가서 금으로 바꿔달라고 하면 응하게

---

23 자유은행제도에 대해서는 안재욱 (2008) 참고.
24 은행업의 황금률은 이미 150여 년 전에 허브너(Hubner, 1854)가 천명했다고 한다. 이에 대해서는 Bagus, P., & David, H. (2009.6.9) 참고.

돼 있었다. 그래서 달러를 태환(兌換) 화폐라 했다. 그러다 1971년 미국의 닉슨(Nixon, R.) 대통령은 "앞으로 달러를 금으로 바꿔줄 수 없다"고 선언했다. 달러가 불환(不換) 화폐로 전락한 것이다. 중앙은행이 지급준비제도와 불환지폐 제도를 운용함으로써 시중은행들이 고위험을 추구하도록 부추긴다. 시중은행은 황금률을 따르지 않고, 중앙은행의 지원을 기대하며, 고위험-고수익을 좇는다.[25]

중앙은행의 최종 대부자 기능이나 예금자 보호제도는 얼핏 보면, 부분지급준비제도 아래에서 일어날 수 있는 은행쇄도(Bank-run: 예금자들이 한꺼번에 예금을 인출하는 사태)를 방지함으로써 금융시장의 안정성을 높이는 것으로 비친다. 예금자 보호제도가 없을 경우 부실 은행뿐 아니라 건실한 은행까지 몰려드는 예금자들 때문에 부도위험에 처할 수 있다. 예금자 보호제도 때문에 이런 염려는 없다.

그러나 바로 이 보호장치 때문에 예금자는 부실 여부에 관계없이 높은 이자를 주는 은행을 찾는다. 부실 은행은 한꺼번에 수익성을 회복하려고 공격적으로 경영할 가능성이 있다. 무리한 공격 경영이 실패하면 부실은 더욱 깊어진다. 이런 은행의 예금자를 위해 더 많은 세금이 쓰인다. 대다수 국민의 혈세로 특정 예금자의 예금을 보호해주는 구조이다.

———
25 정부가 화폐제도에 간섭해온 역사에 대해서는 Rothbard, M. (1990/2010) 참고.

시중은행으로서는 예금으로 받은 돈을 고위험-고수익의 위험한 사업에 빌려주려는 유혹을 받는다. 이익이 발생하면 예금자에게는 계약 금리만 주면 되고 혹시 손실이 나면 예금보험공사가 세금으로 대신 갚아주기 때문이다. 꿀은 자기가 먹고 소태는 남의 입에 넣는 꼴이다.[26]

앞에서 설명한 것처럼 자유은행제도 혹은 자유 시장이나 은행의 민영화 탓에 공격적 경영, 황금률을 무시한 위험한 경영이 빚어지지는 않았다. 은행에 대한 정부의 간섭이 그렇게 만들었다. 자유주의 비판자들이 아이슬란드의 은행 민영화 사례를 들어 민영화 이후 공격적 경영을 했다는 이유로 민영화를 부실의 주범으로 지목하는 것은 논리의 비약이다. 부분지급준비제도 아래에서는 언제나 만기 불일치 문제가 발생할 수 있고, 이는 대표적인 자유주의 경제학자들인 오스트리아 학파에 의해 경기변동을 일으키는 원인으로 꼽힌다.

아이슬란드의 몰락이 자유 시장으로의 개혁 때문이라는 주장은 별로 설득력이 없다. 왜 은행들이 무분별하게 대출을 늘렸는지가 민영화 사실만으로는 설명되지 않기 때문이다. 아이슬란드 은행들은 예금자들이 돈을 찾아갈 것은 염두에 두지 않고 대출 늘리기에만 급급했다. 만기 불일치가 위험한데도 도외시한 것이다.

---

26 이에 대해서는 전용덕 (2007); 김이석(2010.1.21); 안재욱 (2010.3.5); 김이석 (2012) 참고.

돈을 마구 풀어내니 아이슬란드에는 전례 없는 붐이 찾아왔다. 그러나 산이 높으면 골도 깊듯이 이 인위적인 붐은 굉음을 내며 주저앉았다. 한 순간에 극심한 불황 속으로 곤두박질한 것이다. 소비자들의 선호와 달리 형성됐던 자본구조는 다시 제 모습을 갖추기 위해 고난의 행진을 시작했다.

(3) 엄청난 만기 불일치와 인위적인 붐, 그리고 잘못된 자본구조

아이슬란드 은행들은 엄청난 만기 불일치와 통화 불일치를 통해 위험한 수익추구에 나섰다. 국제적으로 비교해도 아이슬란드의 경우는 극심한 만기 불일치를 보여준다. 2007년의 아이슬란드의 기업들의 부채 수준이 국민소득(GDP)의 300%를 넘어섰는데 이는 당시 미국의 4배를 넘는 수준이며, 이 부채의 약 3분의 2를 아이슬란드의 금융기관들이 대출하였다.

거기에다 아이슬란드 은행들은 통화 불일치에 따른 위험도 별로 고려하지 않았다. 기업들의 부채 가운데 약 70%는 자국 통화 크로나가 아닌 해외 통화로 표시된 것이었다. 더구나 아이슬란드의 해외 부채 가운데 60% 이상은 단기로 빌려온 것이었으며, 98%가 은행들의 예금계좌 형태로 존재했다. 이는 부분 지불준비제도 아래에서 보통 지불준비율이 5% 내외이므로 해외로부터의 빌린 단기 자금을 바탕으로 대출에 대출이 이어져 차입금의 20배 이상 대출이 확대되었음을 의미한다.

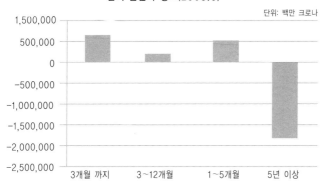

〈그림 2-1〉 아이슬란드 3대 은행들의
만기 불일치 정도(2008.6)

단위: 백만 크로나

출처: Bagus, P., & Howden, D. (2009.6.9).

이제 만기 불일치 상황에 대해 좀더 자세히 알아보자. 아이슬란드의 2008년 6월, 3대 은행의 여수신 구조를 보면 엄청난 만기 불일치를 보인다.[27] 〈그림 2-1〉을 보면 예금 혹은 대출 기간이 3개월까지, 3~12개월까지, 1~5년까지는 예금이 대출을 약간 넘어선다. 5년 이상은 대출이 예금을 압도적으로 능가한다. 정확하지는 않지만 이를 좀 단순하게 해석하자면 3

---

[27] 사실 부분지급 준비제도는 그 내부에 본질적으로 만기 불일치를 안고 있다. 언제든지 요구하면 지급해야 할 예금들, 만기가 영이라고 해야 할 예금들에 대해 고객들이 한꺼번에 지급을 요구하지 않을 것임을 전제로 부분적인 지급준비만 하고 나머지는 대출자금으로 사용하여 수익을 얻고자 하기 때문이다. 그래서 100% 지급준비제도를 주장하는 사람들은 바로 이런 만기 불일치로 인해 은행쇄도의 잠재적 위협이 남게 되고, 부분지급 준비로 인한 신용팽창이 경기변동의 원인인 경제 주체들의 시간선호와 괴리된 낮은 이자율을 초래한다고 본다.

개월, 12개월, 최장 5년 기간으로 받은 예금을 5년 이상의 장기 대출로 빌려주었다.

이러면 비록 수익성은 좋을지 모르지만 부도위험은 매우 높아진다. 왜 이렇게 위험한 일을 했을까?

지나칠 정도로 만기 불일치를 추구한 것은 아이슬란드 중앙은행이 명시적으로 구제금융을 약속한 데다 시중은행들이 대마불사(*too big to fail*) 의식을 가져 도덕적 해이가 극심했기 때문이었다. 아이슬란드 은행들은 국내 자본시장에서뿐 아니라 국제 자본시장에서도 만기 불일치를 통한 '돈놀이'에 나섰다. 이들은 국제 도매시장에서 단기 자본[28]을 끌어와 상업 및 주택 모기지와 같은 장기 대출로 굴렸다.

이로써 아이슬란드 금융시장은 경제가 잘 돌아가면 문제가 없겠으나 조금만 삐끗해도 와르르 무너지는 구조로 변했다. 그런 우려가 현실로 나타났다.

예금자가 단 3개월만 맡긴 돈(*commercial paper*), 혹은 언제든지 찾으려 잠시 맡긴 돈(당좌예금)을 은행들이 30~40년 장기 대출로 기업에 빌려주었다. 기업가들은 그 돈을 오래 활용할 수 있다고 믿었다. 그것은 착각이었다. 은행은 기업가들로 하여금 가용자금 규모와 기간에 대해 오해하게 했다. 이것이 부메랑으로 돌아와 아이슬란드 경제는 순식간에 무너졌다.

---

28 이런 단기자본으로는 단기 은행간 자금, 환매조건부 자산담보부 상업어음(*repur-chase agreements, asset-backed commercial paper*) 등이 있었다.

경제위기 조짐을 보이자 예금자들은 다투어 인출을 요구했고 금고가 텅 빈 은행은 기업들에 "얼른 갚으라"고 요구했다. 은행과 기업이 줄줄이 곤경에 빠졌다.[29] 이런 과오 투자는 주로 주택부문과 알루미늄 산업에서 이루어졌다. 급팽창한 금융부문도 마찬가지였다.

고기잡이를 버리고 금융업에 뛰어든 국민들이 적지 않았다. 아이슬란드는 금융서비스 수출국, 재화의 수입국이 되었다. 결국 이런 왜곡된 생산구조 때문에 외환위기가 발생하자 국민들은 끼니를 걱정할 처지가 되었다. 식료품을 수입하려면 외화가 필요한데 외환위기가 터지자 그런 외화를 구할 수 없게 되었기 때문이다.[30]

---

29 아이슬란드 은행에 자금을 빌려준 해외 대부자들은 아이슬란드 정부의 재정상태가 아이슬란드 은행들의 부채를 사회화할 수 있을 정도로 튼튼하지 못하다고 여기자 아이슬란드의 크로나 화폐 채권을 서로 먼저 처분하려는 경쟁을 벌였다. 은행의 덩치 키우기가 은행의 국제경쟁력이라고 잘못 생각할 때 빚어질 수 있는 사태를 보여주었다는 점에서 아이슬란드 사태는 은행의 덩치 키우기를 은행의 경쟁력 강화로 오해하는 한국의 일부 논의에 좋은 반면교사가 되고 있다.

30 전례 없는 주택가격의 급락과 식료품가격의 급등이 동시에 발생하는 현상에 대한 흥미로운 분석으로는 Steele, G. R. (2008)을 참고.

80

(4) 통화 불일치

앞에서 언급한 것처럼 만기 불일치(*maturity mismatch*)를 이용하여 수익을 올리기 위해, 아이슬란드 은행들은 규모가 작은 국내자금을 넘어 해외 자금을 찾았다. 특히 금리가 낮은 해외 단기자금을 빌려 국내외에 장기로 빌려주거나 투자하는 데 적극 나섰다. 이것이 통화 불일치(*currency mismatch*) 문제를 일으켰다.

아이슬란드 은행들의 부채를 살펴보면 2001~2008년의 7년 동안 해외 부채(*foreign liabilities*)는 23배, 국내 부채는 6배 증가하였다. 이 기간에 아이슬란드 은행들의 해외자산은 무려 106배 늘어났다고 한다! 2008년에는 해외자산이 국내자산과 거의 맞먹을 만큼 많아졌는데 이는 아이슬란드가 환율의 급작스런 변화 위험에 대처하기 위해서였다고 한다.[31]

만기 불일치는 단기자금을 빌려올 수 있는 한 문제가 없었다. 그러나 미국 굴지의 투자은행인 리먼브러더스가 2008년 파산하면서 은행 간(*inter-bank*) 자금 조달이 어렵게 되자 아이슬란드 은행들은 만기 불일치를 해소할 수 없게 되었다.

아이슬란드에서 외화대출이 흘러들어간 분야는 국내 모기

---

31 주요 외부재원은 주로 엔화표시 대부였는데 당시 일본은행은 년 1%대의 저리로 단기 대출을 하고 있었다. 아이슬란드에서 가계에 대출된 외화대출의 80%가 스위스 프랑과 일본 엔화 표시였던 것으로 드러났다. 이에 대해서는 Buiter, W., & Slbert, A. (2008.10)을 참고.

〈그림 2-2〉 아이슬란드 예금은행의 계좌 구성

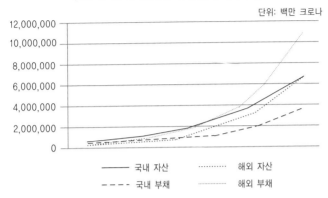

출처: Bagus P., & Howden, D. (2009.6.9).

지 시장이었다. 1999년에 출범한 주택금융기금(HFF, *Housing Financing Fund*)은 국내 모기지를 제공하였다. 2004년 중반, 거의 90%의 아이슬란드 가계가 HFF의 자금을 빌려 쓰고 있었다. HFF 발행 채권 규모는 국내 채권시장의 절반 이상을 차지할 정도였다. 이는 주택 시장이 과열 붐을 일으켜 그만큼 거품붕괴의 위험도 있음을 의미한다. 이런 위험이 현실로 나타났다.

민영화된 은행들은 이자율 인하만으로는 HFF와 경쟁하기 어려워 담보의 질을 경쟁적으로 낮추었다. 허술한 담보를 맡고도 돈을 빌려주었다는 뜻이다. 이는 위험을 과소평가하는 결과를 낳았다. 미국에서는 패니 메이와 프레디 맥이 신용도가 다소 낮은 서브프라임 모기지 채권을 매입했다. 주택 붐이 불어닥치니 그렇게 해도 별 문제가 없는 듯 보였다. 미국의 서브프라임 모기지 대출에 은행들이 적극적으로 나섬으로써 위험을 키운 것과 이유는 달랐지만, 아이슬란드에서도 위험의 과소평가라는 비슷한 결과가 도출되었다.

2002~2007년에는 M1 (통화량) 이 연 20~30% 증가하였다. 제1금융권에서 집계되는 M1이 이 정도로 급증하면 제2금융권의 통화는 더 빠르게 늘어난다. 아이슬란드의 주택 가격은 거의 30%가 올랐다. 2003~2007년에는 매년 10% 이상 상승하였다. 집값이 뛰니 너도나도 집값이 더 오르기 전에 집을 마련하는 줄에 섰다. 주택 구입 자금에는 아이슬란드 국내자금뿐 아니라 일본 은행으로부터 들여온 엔화대출이 포함됐다. 한마디로 2002~2007년 아이슬란드의 붐은 외국 돈에 의한 것이었다. 외환시장이 급변하면 즉각 영향을 받는 매우 취약한 구조가 되었다.

리먼브러더스의 파산 이후 국제 은행 간 돈줄이 마르면서 빌려온 급전을 갚지 않을 수 없게 되었다. 그 순간 아이슬란드의 붐은 갑자기 멈추었다. 하루아침에 거품이 빠졌다. 엄청난 고통과 함께. 다른 나라에서는 이런 사태가 발생하면 중앙은행이 잠깐이나마 자금을 융통시킬 수 있으나 아이슬란드는 그렇지 못했다.

아이슬란드 중앙은행은 팔짱을 끼고 지켜볼 수밖에 없었다. 위기를 줄일 능력이 없었다. 중앙은행 금고에 외화 돈줄이 말랐다. 이는 우연한 일이 아니었다. 만기 불일치와 통화 불일치에 의해 예정되어 있었다. 상품과 주택가격이 하락하자 아이슬란드 은행들의 자산의 가치가 하락했다. 국제자본시장 참여자들은 한결같이 "아이슬란드의 생산구조는 조정되어야 한다"고 촉구했다.

이렇게 되자 외환시장에서 아이슬란드 통화인 크로나로 표시된 자산에서 먼저 벗어나려는 경쟁(*run on Krona*)이 촉발됐다. 아이슬란드 은행들이 외국은행에서 꾸어온 돈에 대한 만기가 돌아오자 외국은행들은 "만기를 연장하지 못하겠으니 즉시 갚으라"고 윽박질렀다.

아이슬란드 어부들이 어망을 집어던지고 금융공학을 공부하여 은행원이 되었지만 이는 잘못된 산업구조를 만들어내어 거품을 양산하는 꼴이 되었다. 거품붕괴는 급작스런 현실로 나타났다. 아이슬란드 은행들은 대마불사(*too big to fail*)를 믿고 과대한 위험추구를 하였으나, 현실적으로 구제하기에는 (국내 산업규모에 비해) 너무나 비대했다(*too big to bail*).

아이슬란드 사태에 대해서는 국제통화기금(IMF)의 경제학자들도 미리 위험을 경고한 바 있다. 아이슬란드 사태를 통해 통화 불일치(*currency mismatch*)에 내재된 위험을 더욱 인식하는 계기가 되었지만 IMF 경제학자들은 만기 불일치에 내재된 위험은 여전히 과소평가했다. 이들은 아마도 부분지급 준비제도에 너무 친숙해져서 문제점을 찾는 시야 자체가 닫힌 듯

했다.

그러다보니 최고 전문가로 꼽히는 IMF 경제학자들[32]조차 아이슬란드가 유럽통화연맹(EMU, *European Monetary Union*)에 가입하기를 권유하고 있을 뿐 아이슬란드의 붐이 처음부터 지속가능하지 않다는 사실을 충분히 인식하지 못했다. 이들이 유럽통화연맹(EMU) 가입을 권유하는 까닭은 아이슬란드의 크로나가 기축통화가 아닌 데서 오는 위험을 줄이자는 취지이다. 그렇게 함으로써 유럽중앙은행(ECB)이 최종 대부자(*lender of last resort*) 기능을 할 수 있다는 것이다.

그러나 중앙은행의 최종 대부자 기능을 회복시킴으로써 붐이 지속되는 기간을 잠시 연장시킬 수 있을지 모른다. 그러나 이는 임시변통에 불과하다. 생산구조를 더욱 왜곡시킬 수 있다. 우리는 이렇게 반문해 볼 수 있다. 아이슬란드 중앙은행이 이 정도의 문제를 일으켰다면, EMU에 가입한 경우, 유럽중앙은행은 더 큰 규모의 도덕적 해이[33]를 일으키지 않을까?

미제스는 은행업의 황금률이 지켜져야 한다고 강조한다.

---

32 앞의 글.

33 은행이 변질된 것은 확실하다. 은행 건물은 고객들이 맡긴 돈이 강탈로부터 안전하다는 인상을 주기 위해 성곽처럼 건축되는 것이 보통이었다. 은행장은 비가 오지 않는데도 우산을 들고 다녀서 신중함을 과시할 필요가 있었다고 한다. 그래야 고객들이 자신의 재산을 안심하고 맡길 것이기 때문이다. 그러던 은행들이 왜 도덕적 해이에 빠져 이처럼 위험한 만기 불일치를 추구하게 되었는가? 그 뿌리에는 중앙은행제도와 예금보호제도 등 정부의 화폐에 대한 간섭이 있다.

은행이 제공하는 신용은 질적으로나 규모면에서나 은행이 받아들이는 신용과 상응해야 한다는 것이다. "은행의 채무 만기일이 그 채무에 상응하는 채권 만기일보다 앞서는 일이 벌어지지 말아야 한다." 그렇게 할 때에만 부도 위험[34]을 피할 수 있다.

우리는 "자유사회가 혹은 자유 시장이 위험을 키운다"는 자유 시장 비판자들의 주장이 사실과 다르다는 점을 살펴보았다. 자유 시장은 위험을 키우지 않는다. 위험에 대한 서로 다른 태도를 가진 사람들 사이의 거래를 촉진시키며, 각자가 자신에게 적합하다고 생각하는 위험수준을 선택할 수 있게 해준다.

아이슬란드의 사례를 정리해 보자. 첫째, 자유 시장의 핵심개념인 재산권의 개념을 어업에 적용했다. 거래 가능한 사적 어업권을 도입하여 어장을 실질적으로 사유화시켜 큰 성공을 거두었음을 확인하였다. '공유지의 비극' 문제로 어장의

---

34 유동성(*liquidity*) 위험과 부도(*insolvency*) 위험을 구분하기도 한다. 은행이 지닌 자산 가치가 채의 가치보다 더 크면 비록 만기 불일치로 인해 부도가 날 수 있지만, 이 경우에는 은행이 유동성 위험에 처해 있을 뿐이라고 주장하기도 한다. 그러나 유동화 기법이나 시장이 발달하면 이런 구분은 무의미해진다. 그리고 장기대출 자산의 가치를 평가하는 것 자체가 이를 보유한 은행의 자금사정, 혹은 이를 매입해줄 매입자들의 자금사정의 긴박성에 따라 달라질 것이다. 따라서 유동성 위험이라는 개념은 별로 엄밀하지 않은 개념이다. 아마도 모든 부도 처리되는 기업의 경영자는 이렇게 강변할 수 있을 것이다. "천천히 우리가 보유한 자산을 팔게만 해준다면 우리 기업은 도산되지 않을 것이다. 우리는 단지 유동성 위기에 처해 있을 뿐이다."

육성과 관리가 안 되어 겨우 생계를 잇게 해주던 어업이 이 제도 도입으로 어업에서 억만장자가 나오게 했다. 유럽의 변방에 불과했던 아이슬란드는 유럽의 중심 무대로 나아갔다.

둘째, 아이슬란드의 급속한 몰락은 자유주의에 따른 은행의 민영화 탓이 아님을 알았다. 미국에서의 서브프라임 사태에서와 마찬가지로 실질 이자율이 영(零)인 초저금리 상태에서 은행들은 급전을 빌려와 장기 대출로 내주었다. 극심한 만기 불일치를 감행하는 이런 전략은 위험이 컸다.[35] 그 결과 '지속될 수 없는' 왜곡된 자본구조가 생성되는 동안, 아이슬란드 경제는 경기활황을 누렸다. 그러나 거품붕괴의 고통이 뒤를 이었다. 아이슬란드 은행들은 국내자본뿐만 아니라 해외의 저금리 단기자본을 차입하여 국내 모기지 시장에 장기로 대출해 주었다. 아이슬란드 주택 붐에는 해외 자본도 가세하였다.

당연히 주택이나 금융업 분야의 엄청난 붐 때문에 많은 젊은이들이 거친 파도와 싸우기를 그만두고 금융공학을 공부해 모기지 판매에 몰두하는 은행원으로 변신했다. 이제 그들이

---

35 실질 이자율이 0일 때 왜 일본 등으로부터 차입하는지 의문이 있을 수 있다. 그러나 통화팽창이 일어나는 과정에서 중앙은행이 재할인율을 아주 낮게 책정하면 시장의 단기 이자율은 인플레이션을 감안하지 못해 단기적으로 인플레이션율에 못 미치게 되어 실질 이자율이 0이 될 수 있다. 이 때 만약 일본과 같은 다른 나라에서 엔화의 환율에 따른 수출부진을 만회하기 위해 이자율을 0 수준에 가깝게 만들면, 동일한 엔화를 빌리더라도 환율은 높아져 더 많은 아이슬란드 크로나를 받게 되므로 실질이자율이 0이더라도 일본으로부터 엔화를 차입할 유인은 여전히 발생한다. 환율과 이자율 등을 중앙은행이 개입하여 인위적으로 불균형하게 만들기 때문이다.

다시 파도와 싸울 바다로 돌아가 어망을 잡기까지 더 많은 어려움을 겪으리라.

　물론 이런 아이슬란드의 겉보기의 어려움은 위장된 축복이라고 강변할 수 있다. 마치 아이슬란드 어업이 최악의 실적을 기록하자 어업의 사유화로 큰 혜택을 누렸듯이 말이다. 사람들이 이제 붐의 유혹을 잘 이길 수 있게 되었을지 모르며, 지금 젊은이들이 익혀둔 금융공학이 당장 어업에는 쓸모가 없더라도 장기적으로 어업의 효율화를 가져올지도 모른다.

　그러나 우리는 새옹지마(塞翁之馬)의 논리에 잘못 빠지지 말아야 한다. 고아라는 불행한 경험은 부모의 소중함을 알게 할지 모른다. 어쩌면 그것이 그런 경험을 하지 못한 사람이 가질 수 없는 좋은 장점으로 작용할지 모른다. 그러나 우리가 고아가 되는 경험을 추천할 수 없듯이 아이슬란드처럼 그런 경험을 하라고 할 수는 없다.

2. 실업과 비정규직의 고통,
노동 유연화 때문인가?

자유주의 비판자들은 한국 사회를 '노동 없는' 사회라고 규정한다. 이들은 "한국에서는 노동자들이 유럽의 사회민주주의에서처럼 정치적으로 강력한 목소리를 내지 못해 당연히 누려야 할 권익을 향유하지 못한다"면서, "자유주의 시장 경제 체제가 노조를 약화시키고 노동 시장을 유연화시킨 결과 실업과 비정규직의 고통이 발생한다"고 주장한다.[36]

임금을 포함한 고용 조건, 고용 형태, 고용과 해고 등과 관련해 계약을 체결할 때 규제를 받지 않고 자유롭게 이루어지게 노동 시장을 유연화시킴으로써 고용과 해고가 용이해졌고 이 때문에 실업과 비정규직의 고통이 발생했다는 것이다.

---

[36] 우리는 노동 시장의 유연성이라는 개념을 자유로운 노동 시장의 의미로 쓰고자 한다. 노동 시장의 유연성은 해고와 취업이나 임금 등 근로조건의 변경이 얼마나 용이한가와 관련된 개념이다. 임금, 퇴직금 등과 관련해 노동 시장에 규제가 존재하고 있으므로 노동 시장의 유연성은 일반적으로 자유로운 고용 계약이 가능할 때 높아질 것이다. 그러나 엄밀하게 말해, 노동 시장의 유연성과 자유로운 고용 계약은 다를 수 있다. 사실, 직종의 성격에 따라, 즉각적인 해고가 가능하지 않을 필요가 있을 수도 있고, 해고의 용이성과 임금 수준을 협상해서 고용 계약에 포함시킬 수도 있고 또 다른 기업으로의 전직(轉職)에 대한 일정한 제약이 있어야 직원에 대한 적극적인 투자와 교육을 할 수 있다는 점과 피용자가 이를 원하는 경우 전직에 대한 제약을 계약의 한 부분으로 고용 계약에 포함시킬 수 있다. 그래서 우리는 노동 시장의 유연성을 해고와 취업, 전직, 임금 등의 근로조건 변경의 용이성 자체보다는 노동 시장에서 노동법 등의 제약을 받지 않으면서 자유롭게 노동계약을 맺을 수 있는 정도로 정의하고자 한다.

  그래서 이들은 고용문제에 노사정협의회와 같은 사회적 합의가 전제되도록 강제하는 '조정 자본주의'를 도입해야 한다고 역설한다. 자유로운 고용 계약이 노동자들에게 유리하게 적용되도록 함으로써 이런 고통을 줄여야 한다는 것이다. 이런 조정 자본주의는 복지국가 수정 자본주의와는 또 다른 차원에서 노동 시장에 사회주의적 '계획' 또는 '규제'를 도입하려는 것이다.

  현재의 실업 문제는 인위적 경기부양의 거품이 꺼지면서 나타난 경기침체에 따른 것이다. 자유 시장의 이념에 따라 나타난 노동 시장의 유연화가 원흉이 아니다. 오히려 노동 시장의 유연화가 더 필요하다. 그래야 경기침체에 따른 취업부진 문제, 청년 실업문제, 비정규직 문제 등 현재의 다양한 노동 시장의 문제들을 해결할 수 있다. 소비자들의 선호(選好)와 어긋나는 산업구조는 경기 변동기에 고쳐야 한다. 노동 시장이 유연하여야 자원의 재배치가 원활하게 이루어진다.

  노조 강화나 노동 시장 경직화는 일부 노동자들의 일시적 이익에 봉사할 수는 있다. 그러나 길게 보면 노동자 대다수, 특히 취약한 노동자들의 처지를 악화시킨다. 강한 노조가 결성된 공기업이나 대기업의 노동자뿐 아니라 미취업자, 비정규직 근로자 등 모든 노동자들의 처지를 개선하려면 노조 강화가 아니라 자본 축적이 필요하다. 자본 축적으로 노동의 한계 생산성이 높아지면 노동에 대한 수요가 높아져 고용을 하려는 경쟁이 벌어지고 임금도 높아진다.

1) 경기변동과 실업 문제

(1) 실직 불안은 경기변동 때문

국제 금융 위기와 연관해서 실업문제를 다루어 보자. 명심할 점은 경기변동에 따른 실업 급증 문제는 정상적인 시장의 작동과는 무관하다는 사실이다. 이 글의 제1장에서 설명했듯이, 현재 노동 시장에 나타나는 실직 불안과 취업 애로는 경기변동의 한 국면인 경기침체가 시작되었기 때문이다. 인위적인 초저금리의 지속에 따라 조장된 경기 활황의 여파로 훗날 동시다발적 구조조정이 필요한 잘못된 투자들이 이루어진다. 실직 불안과 취업 애로는 그런 구조조정의 필요성에 따른 것이다.

인위적인 초저금리의 지속이라는 정부 실패는 노동 시장에 대한 잘못된 간섭을 초래하고 이것이 다시 더 큰 정부 실패와 더 큰 간섭으로 이어질 수 있다.[37] 현재 노동 시장의 사정이 좋

---

[37] 미제스는 간섭의 실패가 또 다른 간섭을 불러올 수 있음을 경계하였다. 경기변동의 경우처럼 정부실패로 인한 불황과 실업, 이에 대한 잘못된 처방이 이어지면 더 큰 실패로 귀결될 수 있다. 더구나 경기변동의 원인에 대한 진단이 잘못되거나 정치적으로 당장의 고통을 벗어나기 위한 반시장주의적 정책인 구제금융(특정 산업의 손실을 국민들의 손실로 사회화해 버림)을 하게 되면서 정부는 더 강력해지고 있다. 미국 연방준비위원회는 어떤 자산을 얼마에 매입했는지에 대해 의회의 문의도 거절할 수 있을 만큼 무소불위의 권력이 되고 있다.

지 않다 해서 화폐증발을 통해 화폐임금을 유지하면 곤란하고 고용불안 심리에 영합하는 간섭적인 입법을 삼가야 한다.

단순하게만 생각하면 노동 시장의 유연성이 높을수록 해고하기가 쉬워 노동자에게 불리할 것 같다. 하지만 그렇게 단순하게 결론을 내릴 수 없다. 단기적으로는 새로 노동 시장에 들어가서 취업하고자 하느냐, 아니면 이미 고용됐는가에 따라 유·불리가 달라지지만 장기적으로는 노동 시장의 유연성이 높을수록 모든 노동자에게 유리해진다.

해고하기가 쉬우면, 그만큼 고용자 입장으로서는 고용에 따른 부담도 적어 새로 일자리를 찾는 노동자는 취업하기가 쉬워질 것이다. 물론 해고나 임금 조정이 쉽게 진행되면, 이미 고용된 노동자들로서는 단기적으로 불리해질 수 있다. 예를 들어 자기회사 제품에 대한 수요가 줄어 제품값이 떨어진다고 가정해 보자. 고용자 입장에서는 노동 시장이 유연하다면 임금을 내려서라도 대응한다. 노동 시장이 경직되어 있으면 섣불리 임금을 낮출 수 없어 근로자에게는 단기적으로 이익이다.[38] 그러나 그 기업은 더 버티기 어렵게 된다. 마침내 임금 인하보다는 해고라는 극약처방을 내리지 않을 수 없게 된다.[39] 그런 점에서 장기적으로 보면 이미 고용된 노동자의 경우에도 노동 시장이 경직적이면 오히려 불리해진다.

---

38 임금의 상향조정이 필요한 경우에는 임금의 조정이 늦어져 불리할 수 있다.

39 고용된 노동자의 수가 적다는 것은 각자의 한계 생산성의 상승을 의미한다.

(2) 노동 재배치를 어렵게 하는 경직된 노동 시장,
    노동자에게도 불리

노동 시장의 유연성은, 자원 배분의 측면에서는, 경제가 수요
와 공급의 다양한 변화에 더 쉽게 적응할 수 있음을 의미한다.
무수한 사람들이, 누구의 지시를 받지도 않으면서, 각자 생산
하고 소비하는데도 서울, 뉴욕, 파리 같은 대도시에 식료품이
나 신선한 채소가 제때 과부족 없이 공급된다. 그 까닭은, 수
요와 공급 조건의 변화가 가격에 반영되고 이에 따라 수급이
조절되기 때문이다. 노동 시장이 유연하다는 것은 이런 수급
변화에 대해 잘 대처할 수 있음을 의미한다.

　노동 시장의 유연성은 새로 노동 시장에 진입하는 사람들
뿐만 아니라 이미 고용된 노동자들에게도 좋은 소식일 수 있
다. 시장 상황은 언제나 처음 투자할 때의 예상과는 달라질
수 있다. 예상보다 수요가 더 많아서 생산규모를 늘려야 할
때가 있고, 반대로 줄여야 할 때도 있다. 생산규모를 늘려야
하는 경우라면 임금은 상승 압력을 받을 것이다. 그러나 문제
는 예상보다 수요가 없어서 생산 규모를 축소해 노동자들이
다른 곳으로 전직(轉職)해야 할 때이다. 이때 노동 시장이 경
직되어 있으면, 비록 더 낮은 임금으로 일하고 싶어도 일자리
를 찾기 어렵게 된다. 이미 고용되어 있는 경우라고 하더라
도, 어떤 경우에 처해질지 알 수 없으므로, 노동 시장이 경직
적일수록 노동자에게 유리하다고 말할 수 없다.

지금처럼 과오 투자(*malinvestment*)로 인해 노동을 포함한 자원의 재배치가 필요할 때를 가정해 보자. 노동 시장의 유연화가 실직의 불안을 가져온 원인으로 보고 해고나 취업이 더 어렵도록 노동법을 개정하여 노동 시장을 경직적으로 만들었다고 해 보자. 여기에서 우리는 노동관련 법이나 규제가 노동자들 가운데 일부의 해고 필요성을 없애지는 못한다는 점에 유의해야 한다.

경제적 환경의 변화로 인력을 줄일 필요가 발생한 회사는 일부 생산부서의 조정을 통해 회생하거나 아니면 인수합병(M&A)을 통해 다른 곳에 넘어갈 수 있을 것이다. 만약 노동법이 이를 지연시키면 그런 기회를 잃고 회사 자체가 파산하여 더 많은 노동자들이 일자리를 잃는다. 전직(轉職) 자체를 어렵게 만들 때 사태는 악화된다.

전직 때에 흔히 생기는 어려움 이외에 노동 시장의 경직성으로 인한 어려움이 더해지면,[40] 실직은 항구적인 실업을 의미하므로 그 저항이 한층 강해질 것이다. 결국 일부 부서의 조정이라는 작은 구조조정으로 충분했을 문제가 회사 전체의 파산으로 귀결될 수 있다. 더 많은 노동자들이 힘들어지는 셈이다.

자유 시장 비판자들은 노동이 일반 재화와는 다른 특성을

---

40 예를 들어 단순히 실패한 회사에서 근무했다는 이유만으로 재취업 자체가 어렵다면, 이는 일종의 문화적 경직성이라 부를 수 있다.

지니고 있음을 강조한다. 이런 차별성이 있을 수 있겠지만, 노동도 다른 재화와 마찬가지로 엄연히 수요와 공급의 경제 원리가 적용된다는 점을 잊지 말아야 한다. 자칫 이 점을 간과하고 노동이 일반 재화와는 다르다는 생각에서 노동 시장에 여러 규제를 도입하면 노동 시장은 불필요하게 경직된다. 그 결과 수급의 변화에 따라 노동을 재배치해야 하는데도 꼼짝하지 못하게 된다. 이에 따른 피해는 투자자뿐만 아니라 노동자들도 입게 된다.

(3) 경기침체기에 더 필요한 가격 변화
　　(임금과 물가의 하락)를 통한 자원의 재배치

경기침체는 모든 산업에 같은 강도로 나타나지는 않는다. 가격(이자율)의 왜곡으로 인해 지나치게 자원이 투입된 산업이 더욱 휘청거린다. 이런 곳에서부터 자원이 빠져나와야 한다. 이는 가격 조정을 통해 가능해진다. 예를 들면 서브프라임 모기지 사태에서 촉발된 미국발 국제 금융 위기에서 보듯이 주택부문에 자원이 너무 많이 투입되었으므로 자원들이 주택부문으로부터 다른 곳으로 옮아가야 한다.

　그러려면 경제 주체들에게 주택 가격이 떨어지는 신호를 지속적으로 보내야 한다. 그래서 집값이 떨어지지 않도록 억지 개입을 한다면 가격의 정보전달 기능을 왜곡하는 셈이다. 물론 사람들의 불안감이 지나쳐 주택 가격이 개입하지 않을 경우에 비해 더 떨어질 수도 있다. 그러나 이런 이유로 주택 가격에 개입하는 것이 정당화되지는 않는다. 1940년대에 있었던 사회주의 경제 계산 논쟁과 사회주의의 실패로부터 우리가 배우는 교훈은 정부가 시장에서 나타나야 할 '올바른' 시장가격을 미리 과학적으로 정할 수 없다는 점이다.

가격은 사람들의 주관적 판단들이 상호작용하여 만들어진다. 사람들 각자가 그 시점과 장소에서 처한 상황과 주관적 판단에 기초하므로 불안을 반영한 가격도 엄연한 시장가격이다.

A가 만들어낸 주택의 적정 가격 지표가 B가 만들어낸 적정 가격 지표보다 높다 할 때 A와 B의 상대적 우월성을 판단할 과학적 근거는 존재하지 않는다. 만약 적정 가격을 '과학적으로' 측정할 수 있다면 사회주의 계획 경제는 가능하다. 적정 가격이 시장의 경쟁과정을 통해 비로소 드러난다는 바로 그 이유로 인해 시장이 필요하다. 시장가격에 상응하는 가격을 행정적인 방법으로 만들어낼 수 있다고 과신한 사회주의 계획 경제는 실패하였다.[41]

자칫 경기침체의 국면을 산업구조의 왜곡이 드러나는 순간으로 파악하지 않고, 단순히 유효수요가 부족한 상황으로 판단하여 주택가격을 부추기려 주택부문에 추가적 재원을 투입하면 향후 더 큰 구조조정의 필요성을 심는 셈이 된다. 주택

---

41 Mario, R. (2009.2.19). 역사적 추세선을 통해 적정 가격을 추정하고 주택가격의 안정을 시도하자는 주장에 대해서는 Hubbard, G., & Mayer, C. (2008.10.2) 참고.

가격에 개입하지 않아야 하는 것과 마찬가지로 임금에 대해서도 간섭하지 말아야 한다. 그 어떤 사람도 경제 구석구석에서 어떤 정도로 어떤 변화의 필요성이 발생하였고 이것이 서로 연관된 경제 전체에 어떤 파급효과를 서로 미칠 것인지 미리 알 수 없다. 이는 결국 노동에 대한 수급의 조정도 임금이라는 신호의 변화를 통해 이루어지도록 할 수밖에 없다는 의미이다. 이 신호가 잘 작동하지 않으면, 결국 노동이 재배치되기까지 걸리는 시간과 비용은 늘어나고 그만큼 노동자들은 고통받게 된다.

왜 이런 가격의 정보전달 기능을 최대한 활용하는 정책이 바람직한지 제 2차 세계대전 직후의 미국의 경험을 살펴보자. 세계대전이 곧 끝날 것으로 예상되면서 케인지언 경제학자들은 종전(終戰)으로 군인들이 돌아오면 인력이 넘쳐날 것으로 걱정했다. 전쟁 수요가 사라져 유효수요는 줄어들 것이어서 대공황에 버금가는 극심한 공황이 올 것으로 우려했다.

그러나 1946년의 대공황은 없었다.[42] 1929년 대공황 때처럼 증시폭락 이후 대규모 재정을 투입하지 않았는데도 1946년의 불황은 없었다. 1929년 증시 붕괴 이후 대규모 재정을 투입한 것이 오히려 산업의 구조조정을 지연시키는 부작용을 빚었다. 결국 당시의 불황을 장기화, 심화시켜 짧은 경기침

---

42 이에 대해서는 Vedder, R., & Gallaway, L. (1991) 참고.

2 자유주의가 만악(萬惡)의 뿌리? 97

체에 그쳤을 일을 대공황으로까지 악화시켰다. 반면, 이런 조치가 없었던 1946년에는 유효수요의 부족이 예측되었는데도 1929년의 대공황과 같은 사태는 발생하지 않았다.

1929년에는 유효수요를 늘리려 화폐임금이나 소득이 내려가지 않도록 하는 정책들이 시행되었다. 1946년에는 그러지 않다. 불황기에는 물가가 전반적으로 하락하므로 노동자들 역시 낮아진 화폐임금 아래에서도 견딜 만하다. 임금이 낮아지면 기업들도 다투어 고용을 시작한다. 그러므로 불황기일수록 실은 임금이 유동적으로 변화할 수 있어야 한다. 그럴수록 고용 회복은 더 빨라진다. 1946년 미국의 경험은 이 점을 말하고 있다. 1946년에 있어야 할 대공황이 없었던 것이다.

억지로 낮춘 이자율 때문에 겉보기의 활황과 과오 투자가 발생해서 과오 투자의 청산과정으로서 경기침체를 겪는 경우를 따져 보자.

침체기더라도 임금이 충분히 가변적이라면 정보 부족, 이직, 전직에 따른 거래비용 등으로 인한 마찰적 실업 이외에는 실업이 발생하지 않을 것이다. 물론 여기에서의 실업의 발생 자체는 마찰적 원인 때문이 아니라 인위적 저금리라는 구조적 원인에 의한 것이다.[43]

경기침체기에 추가적인 팽창적 통화정책이 실행되지 않으

---

43 임금이 가변적일 때 경기변동과 관련하여 마찰적 실업과 구조적 실업의 분류라는 흥미로운 문제를 제기해준 전용덕 교수님께 감사드린다.

면, 물가가 떨어지는 디플레이션 현상이 찾아온다. 이때 화폐임금이 하락하지 않으면 실질임금은 높아진다. 사용자로서는 큰 부담이 된다. 노조가 임금 인하 반대를 외치면 기업은 지급 능력이 모자라 마침내 가격(임금) 조정이 아니라 수량(고용량) 조정을 하지 않을 수 없게 된다. 정부는 민심을 달래기 위해 화폐를 증발할 유혹에 빠진다. 돈을 마구 풀면 인플레이션이 나타나고 근로자들은 예전의 임금을 받을 수 있게 된다. 그러나 이 월급은 과거 가치와는 다르다. '화폐 착각'으로 예전과 마찬가지로 여겨지지만 실제 가치는 떨어진다. 결국 과오 투자의 청산이 지연된 채 향후 더 큰 구조조정의 필요성을 배태(胚胎)한다.

2) 노동 시장 유연화와 비정규직 문제

자유 시장 비판가들은 "노동계급, 특히 비정규직과 같은 불안정한 취업계층의 삶이 피폐해진 것은 노동 시장 유연화 탓에 저임-해고-저임의 악순환이 만들어졌기 때문"이라 주장한다. 어떻게 노동 시장이 경제 환경의 변화에 적응하기 쉬울수록 취업 희망자의 삶이 더 어려워지는가? 이들의 주장은 경제학 상식을 벗어났다.

노동 유연화가 이루어질수록, 즉 해고가 쉬울수록 노동자에게 불리할까? 그 대답은 단기적으로는 그 노동자가 이미 고

용된 노동자인가, 아니면 새로 노동 시장에 진입하려는 노동
자인가에 달려 있다. 신규 진입자에게는 해고가 쉬워서 고용
자가 신규 인력의 채용을 망설이지 않을수록 유리하다. 이미
고용된 근로자라도 장기적 관점에서 자신의 회사가 도산할
가능성을 감안하면 신규 진입자와 비슷한 입장이 된다. 즉,
변화(도산 가능성)에 따른 적응의 필요성을 감안하면 노동 유
연화는 신규 진입 노동자뿐만 아니라 이미 고용된 취업자들
에게도 유리하다.

(1) 노동 유연화 탓에
　　비정규직의 저임 – 해고 – 저임의 악순환이 계속되는가?
자유 시장 비판자들의 주장처럼 노동 유연화 때문에 미국에
서 비정규직 저임금-해고-저임금의 악순환, 즉 '빈곤의 악순
환'이 계속되는지 살펴보자. 자유 시장 비판자들은 미국 대표
기업 월마트 노동자들을 이런 악순환의 사례로 든다. 이들은
저소득층으로 덜 받고 쉽게 잘리는 '나쁜 일자리'를 얻는 악순
환 아래 있다는 것이다.
　　비판자들은 이들이 쉽게 해고될 수 있다는 측면만 보며 그
대신 월마트의 고용자가 해고하기가 어렵지 않기에 채용도
망설이지 않는다는 점을 애써 감춘다. 이런 시장 비판자들의
주장에 직면해 우리가 잊지 말아야 할 사실은 해고가 쉽지 않
았더라면, 취업도 쉽게 하지 못했을 것이라는 점이다.

미국에서 주로 흑인 빈민층이 겪는 빈곤의 악순환 현상은 어디에서 비롯되는가. 미혼모 보호, 최저임금법, 마약금지법 등의 합작품이라는 설명이 노동 유연성에 따른 설명에 비해 훨씬 더 설득력이 있다. 미혼모들에 대한 연방정부의 지원은 미혼모들이 그럭저럭 생계를 이어갈 수 있게 하여 특히 미국의 10대 흑인 미혼모들이 급격히 늘어나는 계기가 되었다. 최저임금법은 흑인 소년들이나 미혼모들이 낮은 임금에서라도 일자리를 시작할 기회를 박탈하였다. 이런 와중에 마약거래 금지로 인해 마약가격이 천정부지로 치솟자 마약거래는 아버지가 없는 상태에서 자라난 10대 흑인 소년들에게 위험하지만 '할 만한 일'로 만들었다. 연방정부는 엄청난 재정을 투입했지만 흑인 빈민층의 빈곤율과 범죄율은 오히려 악화되는 조짐을 보인다. [44]

미국에서 빈곤을 탈출하는 가장 확실한 방법은 고등학교를 졸업하고 취업을 시작하는 것이라고 한다. 일단 낮은 임금으로라도 취업하고 계속 직업을 유지하면 경력에 따라 임금이 올라가서 빈곤을 벗어날 가능성이 높다고 한다.

[44] Boaz, D. (1997/2009), p.8.

(2) 비정규직 양산이 노동 시장 유연화 때문인가?

자유 시장 비판자들은 "일본에서는 1990년대 말 노동 시장에 대한 규제 완화가 비정규직 양산의 주범"이라고 주장한다. 이들의 주장을 다르게 표현하면, 이런 규제 완화가 없었더라면 비정규직도 양산되지 않았을 것이고, 따라서 노동자들이 정규직 취업으로 높은 복지를 누렸으리라는 것이다.

비정규직 고용을 못하도록 규제하면 비정규직 노동자가 생기지 않을 것이다. 맞는 말이다. 그러나 그렇다 해서 이들 대부분이 정규직으로 고용된다는 보장은 없다. 비정규직 근로자들은 노는 것보다는 비정규직으로라도 일하는 게 낫다고 판단했으리라.

이는 마치 제3세계에서 아동고용을 금지하면 아동 복지가 높아진다고 순진하게 생각하는 것과 다를 바 없다. 그러나 실제로는 아동고용을 막으면 그 아이는 푼돈마저 못 벌어 굶어죽을 위기에 빠진다. 물론 아동고용을 규제하면 불법에 따른 처벌을 감수할 배짱이 있는 고용주를 제외하고는 아이들을 고용하지 않을 것이므로 아동고용은 현저하게 줄어들 것이다.

그러나 그 아동에게 벌어질 다음 일은 무엇일까? 일부 국가에서는 이들이 매춘, 구걸에 내몰린다는 점을 기억해야 한다. 매춘보다 아동노동이 더 낫다고 보았기에 매춘이 아닌 다른 직종의 아동노동에 고용되려고 하지 않았겠는가?

물론 신규 채용인력을 대부분 비정규직으로 고용하는 이유가 이미 고용된 정규직의 임금 조정이나 해고가 법규정상 혹은 노조의 강력한 저항 등으로 인해 쉽지 않아, 임금 총액을 줄이고 나중에 고용규모를 재조정할 필요성에 대비하기 위해서일 수 있다. 그렇다면 비정규직의 증가는 비정규직을 허용하는 규제 완화 때문이 아니라 오히려 정규직 노동 시장의 경직성 때문이라 봐야 한다.

3) 임금 상승의 근본적 원인: 노조 강화인가, 자본 축적인가?

⑴ 노조의 약화가 문제인가 ─ 노조가 할 수 있는 일, 없는 일

자유 시장 비판자들은 "미국에서 레이건 대통령 시절에 노조가 약화된 탓에 노동자의 삶이 악화되었다"고 주장한다. 레이건 시절 노조가 약화된 것은 주지의 사실이다. 조종사들의 파업에 레이건이 강력하게 대처함으로써 노조가 약화된 바 있다. 이보다 더 잘 알려진 사례는 대처 영국 총리가 당시 가장 강력한 노조였던 석탄노조의 파업에 대해 강력하게 대처한 것이었다.

노조 약화가 사실이라 하더라도 이 때문에 노동자의 삶이 악화되었다는 주장이 뒷받침되려면 추가적으로 노조 약화로 인해 한계노동 생산성이 낮아졌다는 근거를 제시하여야 한다. 시장에서 고용 계약은 노사 모두 이득을 볼 때 성사된다. 이런 점에서 노동은 여타 재화들에서의 거래와 마찬가지이

다. 노동자의 한계 생산성(다른 말로는 한계가치생산) — 즉, 그 사람을 고용함으로써 더 생산하는 재화의 수량에 그 재화의 시장가격을 곱한 것 — 은 그 사람을 고용함으로써 추가적으로 얻는 수익이다. 고용주는 이것이 임금보다 높을 때 그를 고용한다. 노동자도 다른 곳에서 받을 수 있는 임금이나 그가 여가에서 누리는 가치보다 임금이 클 경우에만 고용 계약을 할 것이다.

노조 약화가 노동자의 삶을 악화시켰다면, 먼저 노조가 이 한계 생산성과 노동자의 여가에 대한 가치나 다른 고용에서 얻을 임금에 영향을 미칠 수 있어야 한다. 노조가 노동 생산성에 영향을 미칠 수 있는가? 매우 제한적으로만 영향을 미친다. 노조 활동이 일자리를 보장할 수 없으며, 노조가 노동자 전체의 임금 수준을 올릴 수 없다. 노조는 신규노동자들의 진입을 차단하는 다양한 방안을 강제하도록 정치적 압력을 행사함으로써 이들의 희생 아래 이미 고용된 노조원의 임금 수준에 일정한 영향력을 줄 수 있을 뿐이다.

노동의 한계 생산성은 무엇보다 한계 생산성의 정도에 따라 영향을 받는다. 장기적으로는 이것이 가장 중요하다. 중국에서 해안 도시들에서 임금이 급격히 올라간 것은, 노동의 공급을 제한해서가 아니라 중국의 해안도시에 투입된 투자가 급증했기 때문이다.

자본 축적이 노동 생산성에 미치는 영향을 상징적으로 설명하자면 다음과 같다.

수산업체가 물고기 잡는 창을 생산 수단으로 쓴다고 해보자. 노동자가 이 창으로 잡을 수 있는 물고기가 하루 10마리라면, 이 업체는 물고기 10마리보다 임금이 저렴해야 일꾼을 고용할 것이다. 그러나 자본이 축적되어 이제 수산업체들이 그물을 생산 수단으로 써 노동자가 하루 500마리를 잡을 수 있다면, 업체는 최고 500마리까지 일당을 지급할 것이다.

그러나 앞서 말한 것처럼 노동 생산성은 자본 축적뿐만 아니라 노동 공급량에도 영향을 받는다. 노동 공급이 많아질수록 노동의 한계 생산성은 낮아진다. 이것은 이렇게 설명할 수 있다. 물리적 재질이 특별히 구별되지 않는 통나무 2개가 있다 치자. 통나무 지붕에 비가 줄줄 샌다면 15만 원이라는 비싼 값을 주고서라도 통나무를 사서 지붕 고치기에 쓸 것이다. 이 돈을 주고는 난방용 땔감으로는 사용할 수 없다. 6만 원이라면 몰라도.

시장에 공급된 통나무가 하나뿐일 때, 통나무 가격이 15만 원 아래라면, 예를 들어 10만 원이라면 그 통나무 하나를 살 것이다. 물론 다른 구매자들이 있다면 최대 15만 원까지는 지불하겠지만 더 비싸면 지붕 고치기를 포기할 것이다.

산에서 주운 통나무 하나씩을 가진 두 사람이 시장에서 팔려고 나왔다. 하나는 10만 원, 다른 하나는 5만 원에 사는 것이 아니라 두 개의 통나무를 각각 5만 원에 구입할 수 있다. 통나무 주인들은 서로 팔려고 경쟁을 벌여 통나무 값이 같은 수준으로 결정되기 때문이다. 통나무 주인 가운데 한 사람만이 통나무를 판매하면 나는 지붕수리용으로 15만 원에 살 것이다.

이제 당신이 사람을 하루 고용해서 지붕고치기 서비스를 제공하면 15만 원을 벌 수 있고, 난방서비스를 제공하면 6만 원을 벌 수 있는 기업가라고 상상해 보자. 통나무 주인을 노동자라고 생각하고 통나무를 하루 노동이라고 해보면, 노조가 노동 공급을 조정함으로써 하루 노동에 대해 더 높은 임금을 받을 수 있음을 금방 깨달을 수 있다.

이미 고용된 노동자로서는 노동의 신규공급이 제한될수록 높은 임금을 받을 수 있다. 고용자는 노동자를 더 높은 수익이 나는 일에 우선 배치할 것이므로 더 많은 노동자들이 노동시장에 진입할수록 노동의 한계 생산성은 떨어진다. 그래서 노조가 하는 일은 바로 노동자의 공급을 제한해서 임금을 올리는 작업이다.

청년들을 군대에 보내 노동 시장에 나오는 시기를 늦추게 하거나, 외국인 노동자들이 국내 노동시장에 진입할 수 있는 조건을 까다롭게 만듦으로써 노조는 기존에 고용된 노동자들, 그리고 내국인 노동자들의 임금을 높이는 데 기여할 수 있다. 그러나 이렇게 할 수 있는 부분은 지극히 제한적일 뿐 아니라, 기본적으로 자신보다 더 열악한 형편의 노동자의 희생을 요구하여 얻는 이득이다.

그래서 노조, 특히 해고의 위험이 상대적으로 더 적은 공공 부문이나 대기업의 노조가 정규직의 해고나 임금 조정은 어렵게 만들고, 비정규직법처럼 일정 기간을 비정규직으로 일하면 무조건 정규직으로 전환하도록 하는 입법을 추진한다. 이는 자신의 이익에 부합하는 행동이다. 비정규직법은 비정규직으로 2년을 경과하면 자동적으로 정규직으로 전환하도록 하였다. 기업들은 정규직으로 전환했을 때의 부담을 피하려 2년이 되기 전에 이들을 해고하려 했고 이에 따라 2년을 채워가는 비정규직 직원들의 강력한 저항을 받았다.

이런 일이 벌어지고 나면 고용자로서는 형식적인 이름은 비정규직이지만 실질적으로는 해고가 어렵게 된 비정규직의 고용 자체를 꺼리게 되거나 아예 1년씩으로만 비정규직을 채용하려고 한다. 고용자가 이런 결심을 하는 순간, 이미 정규직으로 고용된 노동자들의 가치가 상대적으로 높아진다.

그래서 노조를 강화해 상대적으로 취약한 미취업 노동자들이나 신규진입 노동자들의 처지를 강화할 수 있는 것처럼 주장하는 것은 옳지 않다. 노조가 강해지면, 외국인 노동자를 포함한 취약한 노동자들의 이익은 악화된다. 노조가 할 수 있는 일은 이들의 희생을 통해 이미 취업된 조합원들(비조합원들)의 기득권을 강화하는 것뿐이다. 노조가 강할수록 불평등과 빈곤의 비율이 낮아진다는 주장은 근거가 없다. [45]

앞에서 살펴본 것처럼 노조가 강할수록 외국인 노동자, 노동 시장 신규진입 계층 등 취약계층의 삶은 더 나빠질 것이다. 특히 이들 취약계층에게는 더 많은 돈을 주는 일자리라면 금상첨화겠지만, 많지 않은 돈이라도 꾸준히 받을 수 있는 일자리는 매우 소중하다. 그런데 강한 노조가 강한 규제적 성격을 띠는 비정규직법을 추진하거나 최저임금법 상의 최저임금을 높게 책정함으로써 이들이 낮은 임금에라도 일자리를 얻는 것을 방해한다.

이처럼 노조는 노동공급에 일부 영향을 주는 방법 이외에는 임금 수준에 영향을 줄 수 없다. 만약 노조가 노동자들의 임금 수준을 원하는 대로 끌어올릴 수 있다면, 자본 축적 수준이 낮은 저개발국에서의 저임금이라는 경제문제에 대한 해법은 너무나 간단할 것이다. '강한 전투적 노조를 설립하라.'

(2) 자본 축적으로
    노동 생산성 향상해야 임금 올릴 수 있어

긴 역사적 안목으로 보면, 노조가 임금에 미칠 수 있는 영향은 그야말로 한계가 있다. 아무리 노사협상을 잘 해도 무한정 올릴 수는 없는 법이다. 임금은 노동 생산성에 따라 결정되며, 장기적으로 노동 생산성은 자본이 축적될수록 더 높아진다. 힘들여 생산하고 또 그 일부를 축적하여 자본재를 만들어 생산성을 높이려는 노력이 배제된 상태에서 그저 강한 노조

45 경향신문 특별취재팀 (2012).

를 만들고 더 많은 임금을 주도록 법규를 만들고 해고하기가
어렵도록 만든다고 해서 노동자들의 경제적 삶이 더 나아지
지는 않는다.

그런 환상의 세계는 지상에 존재하지 않는다. 그렇기에 우
리는 앞에서 말한 것처럼 '강한 전투적 노조의 설립'이 저개발
국의 저임금을 올리는 길이라고 믿지 않는다.

임금 수준은 노동 시장 유연화 수준에 따라 결정되지 않는
다. 다른 모든 재화나 서비스에 대한 시장에서와 마찬가지로
노동에 대한 가격인 임금도 노동 시장에서 팔려는 사람은 되
도록 많이 받고 싶지만 고용주가 주려고 하는 임금 이상을 받
으려 한다면 고용 계약이 이루어질 수 없다. 고용주가 주겠다
는 임금의 한계가 바로 한계노동 생산성이다.

이 한계노동 생산성은 자본 축적을 통해 노동과 함께 생산
에 투입되는 생산재들이 더 많아지고 고도화될수록 커진다.
즉, 기업의 투자를 통해 일자리가 만들어지고 일자리를 채울
근로자를 기업들이 더 뽑으려고 경쟁할수록 임금은 높아진
다. 높아지는 최대한은 그 노동을 고용해서 그 노동이 투자된
자본과 함께 생산해낸 재화를 시장에 팔 때 추가적으로 더 벌
어들일 수 있는 수익까지이다. 기업으로서는 이보다 더 적게
주고 싶을지 모르지만, 낮은 임금을 고집하면 고용 계약이 이
루어질 수 없다. 노동을 고용하려는 기업 간 경쟁은 임금의
수준을 한계 생산성까지 끌어올리는 경향이 있다.

자본 축적은 노동 생산성을 향상시켜 임금 수준을 전반적으로 더 높게 만든다는 의미에서 바다에 물을 더 많이 채워 넣는 행위와 비슷하다. 물이 찰수록 뱃머리뿐 아니라 배의 바닥을 포함한 배 전체가 해저에서 더 높게 떠서 항해한다. 한 사회의 상위 소득계층뿐 아니라 다른 계층도 자본 축적의 혜택을 간접적으로 본다.

경영 참여까지 주장하는 강성 노조가 확대될수록 투자하려는 유인은 약화된다. 기업들이 투자하지 않는 한 일자리는 마련될 수 없다. 기업 투자는 노동에 대한 추가 수요를 창출함으로써 기존에 고용된 노동자들에게도 임금 상승 압박으로 작용하므로 유리하다. 이런 원리를 깨우친 노조는 외국인 투자 유치를 위해 경영자와 함께 해외투자유치 길에 나선다. 강성 노조로 인한 골칫거리가 다른 기업에는 있을지 모르지만 우리에겐 없음을 과시하기 위해서이다.

강성 노조는 해외 투자가 들어오는 것을 막는 역할을 하는 동시에 국내 자본이 강성 노조가 없는 해외에 투자하도록 만든다. 노조가 과도한 주장으로 국내외 자본이 투자를 꺼리게 만들어서는 노동자 이익에 봉사하지 못한다. 국내외로부터 투자가 더 잘 이루어질 수 있는 환경을 만드는 것이 취업 노동자와 미취업 노동자 모두의 복지를 향상시키는 길이다.

규제 철폐를 외치며 자유 시장을 존중하는 노조 활동을 기대하는 것은 현실을 모르는 어리석은 기대일까? 좌파 지식인

110

들이 진정 노동자의 복지, 특히 취약한 처지의 노동자들의 복지에 관심이 많다면 노조에게 규제 완화를 외치고 해외 직접 투자 유치를 위해 노력하라고 설득해야 한다.

(3) 정부나 노조의 간섭 통로를 열어둔
'조정 자본주의'라는 괴물

노동문제에 대한 잘못된 인식 가운데 하나는 임금 결정에 정부 또는 노조가 간섭하면 더 많은 고용 혹은 더 높은 경제성장이 이뤄질 수 있다는 생각이다. 아울러 노동부문에서는 노동이 일반 상품과는 달라서 임금이라는 가격을 통해 수요와 공급이 조정될 수 없다는 생각도 꽤 널리 퍼져 있다. 그러나 그렇지 않다.

자유 시장 비판자들이 내세우는 조정 자본주의라는 이상한 개념도 이런 잘못된 인식으로부터 비롯됐거나 이런 오류를 알면서도 기업을 장악하려는 의도에서 나온 것이다.[46] 만약 법으로 노동자의 처지를 개선할 수 있다면, 왜 최저 임금제에서 최저 임금을 예를 들어 시간당 4천 원 수준에서 협상하는

---

46 혹은 이는 노조의 간부나 정부관료, 정치인 등에 대한 낭만적 관점, 즉, 특정 시간과 장소의 현장 지식(*knowledge of time and place*)을 알고 있다는 잘못된 인식에 근거하고 있을 수 있으며(Hayek, F.), 정치인이나 정부관료가 자기 자신의 이익이 아니라 "사회" 후생함수의 극대화를 도모한다는 '낭만적' 정부관에 근거하고 있을 수도 있다(Buchanan, J.). 이런 문제의식으로 뷰캐넌이 정치적 의사결정 과정을 탐구하여 더 좋은 정치적 의사결정을 내릴 수 있는 방법에 대해 연구한 분야가 공공선택론이다. 이에 대해서는 김이석 (2004.2) 참고.

2 자유주의가 만악(萬惡)의 뿌리?　111

가? 왜 시간당 50만 원으로 하지 않나? 그럼 당장 모든 노동자들의 처지가 개선되지 않겠는가? 임금은 앞에서 설명한 것처럼 자본 축적, 투자, 투자한 기업들의 고용 경쟁, 스카우트 경쟁 등을 통해 실현된다. 법으로 정한다고 해서 사용자가 이런 임금을 감당하고도 이윤을 남기지는 못한다.

자유 시장 비판자들은 이렇게 주장한다. "노동자의 경영 참여를 보장하고, 경제민주화를 실천하여 노동을 배제하지 말라. 노동의 배제는 경제파탄을 초래한다." 그럴 듯하게 들리는 말이지만 노동자의 경영 참여는 시장 경제를 제대로 이해하지 못한 주장일 따름이다.

재산권은 그 재산과 관련된 결정을 하고 그 결과를 좋든 나쁘든 재산권 소유자가 받는 권리이다. 재산권이 주는 유인 효과에 대해서는 옛 소련의 농장을 방문한 미국 농민들에 관한 이야기에서 충분히 설명하였다.

노동자들이, 즉 노조가 경영에 참여하겠다는 것은 다른 사람의 재산권을 침해하겠다는 말과 다름없다. 내 돈을 투자했는데, 그 돈이 어떻게 쓰일지 나 자신 또는 내가 권한을 넘긴 대리인(경영자)이 아니라 여기에 전혀 투자하지 않은 제 3자인 노동자들이 결정한다는 것은 재산권에 대한 심각한 침해이다. 이것이 허용된다면 누가 마음 놓고 투자할 것인가?

예를 들어, 노조의 경영 참여가 보장돼 노동자 복지를 충분히 늘려주도록 결정하였다면, 그 결정에 대한 책임을 노조가

112

어떻게 질 것인가? 노조가 아닌 회사 주인이나 경영자가 그렇게 했다면, 비록 그 결정이 사후적으로 잘못됐다고 판명되더라도 그 자신이 손실을 봄으로써 책임진다. 그러나 노조가 이런 식으로 책임질 방법은 없다.

우리가 기억해야 할 것은 이런 식의 경영 간섭을 '조정 민주주의'라는 이름으로 허용한다면 체제 불확실성(regime uncertainty) 때문에 기업가들은 투자를 꺼린다는 점이다. 미국에서 1944년 4월 루스벨트 대통령이 별세한 이후에야 투자가 진작되었던 원인도 사회주의적 색채를 지녔던 루스벨트 정책으로 기업가들이 체제 불확실성을 느꼈기 때문이다.[47]

노조 참여가 극대화된 형태가 바로 옛 소련의 집단 농장이다. 소유자는 없고, 국가가 임명한 관리인이 노조 대표로서 경영에 직접 참여하는 셈이다. 그 결과는 참담하였다.

노조의 경영참여는 엄청난 가치를 지닌 재산권을 얻게 된 것이기에 노조 대표에게는 매우 반가운 소식일지 모른다. 특히 손실이 나더라도 세금으로 손실이 보전될 수 있는 공기업의 경우라면 더욱 그렇다. 그러나 보통의 노동자들에게는 노조의 경영 참여는 달갑지 않은 소식이다. 이제 기업에 대한 신규 투자가 없어져 임금을 올릴 요인이 사라지고 일자리도 언제 어떻게 될지 알 수 없게 되기 때문이다.

---

47 이에 대해서는 Higgs, R. (1997) 참고.

⑷ 경제 전체의 공공사업화?

자유 시장 비판자들의 노동 문제, 노조 문제, 노동 시장 등에 대한 논의를 따라가 보면 느끼게 되는 것이 하나 있다. 바로 이들이 꿈꾸는 이상향이 공공부문의 '철밥통' 같은 체제를 경제전체로 확대하고 싶은 게 아닌가 하는 의구심이다.

직업과 소득을 보장하는 체제는 시장 경제 체제로 볼 수 없다. 가격에 의한 자원 배분이 멈출 것이기 때문이다. 더 많은 부문을 공공사업처럼 만들면 시장 활력은 크게 저상된다. 공공부문에서는 사람들이 무엇을 원하는지 별로 상관하지 않더라도 직업과 소득이 보장된다. 그래서 자원이 낭비되곤 한다. 이는 이윤과 손실, 가격기구가 주는 이점을 스스로 포기하는 셈이다. 시장의 활력과 규율은 이익에 대한 기대, 손실에 대한 긴장에 의해 유지된다. 손실의 두려움이 사라진 곳에서는 안일과 비효율, 권한을 이용한 비리와 부패가 자라난다.

시장의 경쟁 과정에서는 변화에 대한 창조적 적응이 쉼 없이 이루어진다. 달리 말하자면 시장 경제 체제 속의 특정 부문은 크고 작은 종류의 조정을 해야 함을 의미한다. 모든 경제 주체는, 투자자이든 노동자이든, 어느 정도의 불확실성은 피할 수 없음을 뜻한다. 이런 불확실성 자체를 모두 제거하고자 경제시스템 속에 과다한 '보장'을 확보하면 이윤과 손실, 가격기구가 주는 이점을 제거하여 전체 시스템이 잘 작동되지 않도록 만드는 셈이다.

예를 들어 보자. 경쟁을 허용한다는 것은 경쟁의 결과를 미리 알 수 없을 때 의미가 있다. 누가 소비자들의 선택을 받을지를 미리 안다면, 자원을 절약하기 위해서라도 소비자의 선택을 받을 사람에게 생산하도록 하면 된다. 그러나 이는 불가능하다. 소비자들이 무엇을 원하는지, 어떤 방식으로 그것이 더 잘 충족되는지 알 수 없기 때문이다.

경쟁은 시장을 통해 사업 가설(假說)들이 실험되는 과정이다. 이 사실을 하이에크는 '발견적 절차로서의 경쟁'이라는 개념을 통해 "시장경쟁을 통해 그것이 없었더라면 미리 알 수 없는 정보들이 창출된다"고 말한다. 누가 소비자의 선택을 받을지 미리 알 수 없어 경쟁자들은 불확실성 속을 헤맨다.

이런 불확실성을 없애려 '보장'을 도입한다면 시장체제는 작동을 멈춘다. 시장에서는 생산자 이외에도 많은 사람들이 이런 소비자 선택의 과정 속에 직·간접적으로 연결돼 있다. 예를 들어 특정인의 소득을 불확실성으로부터 보호하여 보장한다는 것은 앞에서 묘사한 경쟁 과정이 제대로 작동하지 않도록 만드는 것과 다르지 않다.

물론 여기에서 필자가 시장에서 개별 경제 주체들이 불확실성을 줄이려 노력하지 않는다거나 하지 말아야 한다고 주장하지는 않는다. 정부가 특정인들의 소득을 보호하려고 나서지 말라는 의미일 뿐이다.

시장에서 나타나는 그 불확실성의 원천은 다양하다. 사람

들은 불확실성에 대비해 장기계약을 맺고, 재고를 준비할 뿐
아니라 기본적으로는 자신들이 이해하기 어려운 정보를 의도
적으로 무시하는 "규칙을 따르는 행위"를 취한다. 예를 들어
개구리가 앞에서 움직이는 물체가 있다는 정보가 있더라도
자신보다 더 큰 것인지 작은지 확신할 수 없을 때 비록 그 물
체가 실제로는 먹잇감인 파리였을지라도 그것이 자신을 노리
는 뱀일 수 있으므로 그 정보를 무시하고 일단 피하는 규칙을
따를 수 있다. 사람들도 마찬가지이다.

　이처럼 사람들이 불확실성에 대처하는 과정을 통해, 규칙을
따르는 행위를 함으로써 불확실성의 원천 가운데 하나인, 무
수한 개인들의 예측할 수 없는 행동들의 파장으로 인한 불확실
성은 일정하게 제약되는 경향이 있다. 그래서 시장의 불확실
성은, 정부의 개입이 없다면, 개인들이 대처할 수 없을 정도로
확대되는 경향은 크게 제약될 것으로 추론할 수 있다. [48]

---

[48] 이에 대해서는 Yisok, K. (1998) 참고.

3. '입시지옥'과 교육 서비스 불만,
   자유주의 때문인가?

1) 입시지옥은 평준화라는 경쟁지연 정책의 결과

한국에서 대입수험생들은 흔히 '입시지옥'이라 표현되는 극심한 경쟁에 내몰리고 있다. 명문 대학에 합격하려면 학교 공부만으로는 부족하다며 방과 후에 학원에서 늦은 밤까지 과외공부에 매달린다. 교육감 후보들은 누구나 공교육 정상화를 공약으로 내건다. 자녀들이 과외교습을 받지 않고도 대학에 들어갈 수 있도록 해서 학부모의 사교육비 부담을 없애겠다는 것이다. [49]

학부모의 이중 부담을 더는 가장 좋은 방법은 공교육 정상화가 아니다. 단도직입적으로 밝히자면 고교평준화를 철폐하는 것이 해결책이다. 취업전망이 매우 불투명한 대학에 가게 하기보다는 처음부터 자기 적성에 맞는 길을 찾아가게 해주어야 한다. 또 학부모들이 내는 교육세를 비롯해 교육에 투입되는 각종 세금을 학부모에게 돌려주어야 한다. 학부모들이 이렇게 돌려받은 돈으로 서로 선의의 경쟁을 벌이는 사립학

---

[49] 공교육 정상화 주창자들은 규제와 감시를 통해 현재 엉망인 공교육을 정상화시킬 수 있다는 가정을 그 주장의 밑바탕에 깔고 있다. 완전한 지식과 도덕성으로 무장한 정부나 관료를 암묵적으로 가정하는 이와 같은 낭만적인 정부관에 대한 공공선택학파의 비판과 관련해서는 김이석 (2004.2) 참고.

교들 사이에서 선택할 수 있게 해주어야 한다. 그렇게 해야 학부모들은 자녀들의 교육을 위해 지출한 돈이 전혀 아깝지 않고, 2중, 3중의 부담에서도 벗어날 수 있다.

그래야 학생들이 학교에서는 수준에 맞지 않는 수업 때문에 잠을 자고 학원에 가서 공부하는 어처구니없는 상황이 사라진다. 과외 교습은 학교에서 배울 수 없는 더 전문적인 분야로 국한될 것이다. 교육을 정상화시키려면 반드시 공교육이 정상화되어야 한다는 좁은 시야에서 벗어나야 한다.

이런 점을 염두에 두면서 입시 지옥 문제로 돌아가 보자. 우리나라 중고등학생들이 직면한 치열한 대입 경쟁에 대해, 자유 시장 비판자들은 "정글에서의 약육강식과 비슷한 경쟁이 학교 교육에서 벌어지고 있다"면서 이것이 자유주의의 결과인 양 주장한다. "왜 죽어라 공부하느냐"면서 이런 공부가 필요 없는 핀란드처럼 공교육체제로 바꾸어야 한다고 외친다.

이는 사실과 거리가 먼 주장이다. 한국 교육은 어느 나라에 뒤지지 않을 정도의 공교육 중심의 체제이다. 따라서 입시지옥은 공교육체제가 아니어서 벌어지는 사태가 아니다. 같은 공교육 체제이면서도 핀란드와 한국이 특정 부문의 교육 성과에 차이를 보인다면 그 원인에 대해서는 별도로 연구해야 할 것이다. 한국의 입시지옥이 핀란드만큼 강한 공교육 체제가 아니어서 생겼다는 주장은 근거가 모호하다. 입시지옥은 자유주의 정책을 따른 결과가 아니라 교육에 대한 반(反)자유주의적인 간섭인 평준화정책 탓이다.

(1) 희소성과 평준화로 인한 경쟁 지연

자원이 유한할 때 경쟁은 불가피하다. 전망 좋은 위치의 집에서 살려는 사람의 숫자가 이 집보다 더 많으면, 이 집에 살 권리를 두고 경쟁이 생긴다. 그 권리가 더 많은 돈을 지불하겠다는 사람에게 배정될 수도 있고, 아니면 권력자의 결정에 따라 특정인에게 배정될 수도 있다. 아니면 또 다른 기준 — 예를 들어 귀족이라는 신분이어야 한다거나 소득이 얼마 이하여야 한다는 것과 같은 기준 — 에 따라 배정될 수도 있다.

일반적으로 시장에서는 그 집 주인은 자신이 평가하는 가치보다 더 높으면서 가장 높은 가격을 지불하려는 사람에게 권리를 넘긴다. 그렇게 되면 그 집은 집 사용으로부터 가장 높은 가치를 느끼는 사람에게로 이전된다. 거래되는 것이 최종적인 소비가 아니라 생산 요소인 경우, 예를 들어 토지라면 그 토지를 가장 높은 수익을 내도록 사용할 사람에게로 사용권이 넘어간다. 권력자가 결정하거나 또 다른 기준에 따라 권리가 배정되면, 그 토지가 가장 높은 가치를 지니도록 사용될 가능성은 별로 없어진다.

사람들은 일반적으로, 아무리 많은 돈을 벌더라도 처음부터 그 집을 살 기회가 막힌 상태보다는 돈을 벌면 누구나 권리를 얻을 수 있는 상황을 선호한다.[50] 권력자가 멋대로 권리를 배분하는 행위는 정의감에 어긋난다.

입시 경쟁도 마찬가지이다. 학부모들이 자녀를 보내고 싶어 하는 대학은 한정됐다. 보내고 싶은 명문 중학교나 고등학교의 입학 정원도 제한됐다. 강제적인 평준화 정책은, 학부모들이 자녀들을 보내고 싶어하는 좋은 중학교, 좋은 고등학교를 없앤다. 그래서 평준화 정책은 이런 학교에 자녀들을 보내지 못했을 때 받을 상실감을 당장은 느끼지 않아도 되게 한다.[51]

그러나 문제는 이렇게 한다고 하더라도 명문대학의 입학 정원수가 늘어나지 않는다는 데 있다.[52] 고교 평준화로 인해 명문고 입학 실패가 없어지고 실패자의 좌절감도 없게 됐다. 하지만 평준화 정책은 경쟁을 지연시킴으로써 경쟁을 통해 자녀들이 어떤 분야에 경쟁력을 지녔는지 발견하는 기회를 잃게 만든다. 그 결과 더 많은 학생들로 하여금 한꺼번에 더 치열하게 대학 입시에 몰두하게 내몬다.

물론, 학생들이 치열한 경쟁 속에 내몰리는 현상에 대해서도 부작용만 있는 것이 아니라, 경쟁 과정을 이겨내는 힘을 길러주기도 한다. 그러나 교육이 학생들에게 자신의 재능을 키워 적합한 일자리를 찾도록 기능하는 것이라면 현행 제도

---

50 이 점에 대해서는 Friedman, M. (1990/2009) 참고.

51 이에 대해서는 배진영 (2009. 11.19) 참고.

52 물론 다른 조건들이 같고 학부모들이 가장 선호하는 좋은 직장에 취업이 가장 잘되는 명문 대학교의 입학정원이 2배로 늘어날 수는 있으나, 가장 선호하는 순서로 본 그 정원까지의 경쟁이 완화되는 것은 아니다.

는 너무나 많은 시행착오와 비용을 들이고도 성과는 시원찮
다. 학생들은 자신의 재능을 발견할 기회를 얻기는 어려운 반
면, 당장 입시에 유리한 부분에 집중적으로 반복 훈련하는 일
에 너무 많은 시간을 투입해야 하기 때문이다.

그 결과, 평준화는 나중에는 더 많은 수의 학생들이 명문대
입학에 실패했을 때 새롭게 적응하기 어렵게 만든다. 그래서
숱한 중고등학생들, 특히 학업성적이 떨어지는 학생들에게는
학교생활 자체가 견디기 어려운 '창살 없는 감옥'이 된다. 같
은 학교에 다니는 상당수의 학생들이 동질성을 느끼지 못하
고 성취욕을 자극받지 못한다. 이런 소외감은 종종 언론에 보
도되는 학교 폭력과 무관하지 않다.

경제학은 비교 우위의 원리를 가르친다. 자신이 상대적으
로 잘하는 일을 찾을 필요성은 절대 우위가 부족한 사람일수
록 더 커진다. 교육 과정은 학생들로 하여금 자신이 지닌 상
대 우위를 발견하도록 도와주는 기능도 한다. 상대적 우위는
남과의 비교를 통해서만 발견되기 때문에 교육이라는 사회화
과정이 없으면 알기 어렵다. 평준화정책은 이런 교육의 기능
을 방해한다.

그러다보니 전체적으로 학교교육은 과잉이 되는 반면, 현
장교육(education on the spot)은 너무 늦게 시작된다. [53] 인재들

---

[53] 고속도로 개찰구에서 표를 받는 단순 직업에도 지원자가 몰려 합격자를 가려내기 위
해 어려운 영어시험을 치른다고 한다.

이 적재적소를 찾아가는 선별 과정(*selection process*)을 지연시킬수록 적재적소를 찾아가는 데 드는 비용은 높아진다. 평준화 정책 등으로 자신의 적재적소를 발견할 기회를 지연당한 많은 사람들은, 사후적으로 실패할 일에 더 매달리게 된다. 평준화 정책으로 많아진 고등학생들의 대학입학 수요를 충족시키려고 대학은 늘어났고 그러다보니 이제 막상 취업할 때 다시 한 번 입시지옥에 버금가는 취업 지옥을 겪는다.[54]

(2) 평준화 철폐를 넘어선
    공교육 체제 자체의 개혁 필요

앞에서 언급했듯이 평준화는 교육규제의 한 단면일 뿐이다. 그래서 우리의 논의를 입시지옥에만 한정시키면 왜 공교육 체제 자체가 심각한 문제점을 안고 있는지 잘 알 수 없게 된다.

학교 교육에 대한 정부 간섭이 왜 많은 문제를 초래하는지 알려면 가치관의 전수, 보조금, 학교 폭력 문제, 교원 평가제 등에 대해 함께 검토해야 한다. 그래야 우리의 교육 문제를 풀어가는 올바른 방향을 잡을 수 있다. 현재의 공교육 체제가 지닌 근본적 문제들은 단순히 평준화 정책을 폐지하여 명문 공립학교가 재탄생한다고 해서 해결될 수 없기 때문이다.

---

54 이런 치열한 취업경쟁 속에서 지방을 지역구로 둔 국회의원들은 지방대생의 취업을 돕기 위해 입사원서에 졸업한 대학을 기재하지 않도록 하는 법안 (2004. 8. 9. 염동연 의원 대표발의 의안번호 170262)을 제출하기도 하였다. 이에 대해서는 김이석 (2004.11.19) 참고.

2) '자유주의를 따르는 한국의 교육시스템'이라는 허구

서구에서도 교육분야는 자유주의 이론가들조차 그 어느 분야에 비해서도 국가 간섭을 가장 많이 용인했던 분야이다. 그 이유는 자유주의자들도 교육을 통해 어려운 계층을 돕겠다는 의지가 있었고, 일부 보수주의자의 경우에는 국가에 의한 공교육을 보수주의적 가치를 세뇌시키기 위한 최적의 도구로 보았기 때문이다.

한국의 교육도 그 어느 분야보다도 국가 간섭이 심한 분야이다. 따라서 한국의 교육에서 불만족스런 부분이 자유주의 정책 탓이라는 주장은 터무니없다. 이런 주장은 '한국 교육 = 자유주의에 따른 교육'이라는 존재하지도 않는 허수아비를 만들어 놓고 한국 교육에서 불만족스러운 점들, 예를 들어 입시지옥의 원인이 자유주의 때문이라고 우기는 셈이다.

교육이 자유주의 정책을 따르는지를 가늠해 보는 한 가지 방법은 교육과 관련된 중요한 결정이 누구에 의해 내려지는지 살펴보는 것이다. 한국에서 교육은 간섭이 심한 의료보다도 더 간섭이 심한 분야이다. 자유로운 교육이 허용되었다면 중요한 가치를 자녀들에게 전수해주는 다양한 교육기관들이 출현했을 것이다.

우리의 공교육 체제 아래에서는 학부모가 아니라 교육 관료가 일률적으로 커리큘럼을 정하고, 어느 학교에 갈 수 있는지, 진학이 가능한 학교를 학구별로 정하고, 학교가 학생을 선발할 방법을 통제한다. 이를 따르면 사학재단이 설립한 사립학교에도 각종 보조금을 지급하고 불응하면 보조금을 주지 않거나 교육기관 인가를 취소한다. 그런데 어떻게 한국의 교육이 자유주의 정책을 따른다고 할 수 있는가.

한국이 자유주의 교육 정책을 따른다면, 어떤 학생에게 어떤 교육방법이 좋을 것인지, 또 어떤 가치관을 전수해야 하는지가 교육 관료나 교육 정치가가 결정하지 않을 것이다. 학생, 학부모, 학교 등, 즉 교육의 수요자와 공급자들이 자유롭게 선택해야 한다. 그 결과에 대한 책임도 각자가 질 것이다. 그렇게 함으로써 다양한 교육의 방법, 예를 들어 공식적인 학교 교육 이외에, 홈스쿨링, 대안학교 등이 모두 실험되고, 다양한 커리큘럼과 활동들이 경쟁적으로 실험될 것이다. 이 중에 어떤 학교는 실습시간에 학생들이 만든 물건, 예를 들면 목공예나 의자 등을 실제로 시장에 내다 팔도록 하여 시장에 대해 배우는 기회를 제공하는 곳도 있을 것이다.

(1) 학부모가 중시하는 가치관을 학교에서 존중하는가?
현재 한국에서는 특정 종교의 교리 전수를 목적으로 설립된 종교재단 소속의 고등학교에서조차 종교 교육을 포기했다. 종교 교육을 고집했던 한 학교는 최근 대법원으로부터 종교 교육이 불법이라는 판결을 받았다.[55] 왜 그렇게 되었을까? 우리의 교육이 자유주의 원리를 따랐다면 이런 일이 생기지 않았을 것이다. 그 사립학교에서 정부로부터 학교운영비의 60％를 보조받지 않았더라면, 그리고 학생이 자발적으로 입학시험을 치르고 합격했다면, 당연히 학생들은 종교 교육을 스스로 선택한 셈이었을 것이다. 문제가 된 그 학교는 앞으로 자율고등학교로 바꾸어 종교 교육을 하겠다고 밝혔다고 한다. 올바른 선택이다.

앞의 사례는 현재의 공교육 체제가 안고 있는 갈등 요소를 잘 드러낸다. 이 사례는 왜 현행 교육 체제 아래에서 종교 교육을 함부로 시켜서는 안 되는지 설명해 주지만, 동시에 종교 교육을 중시하는 부모들은 그런 교육을 해주는 학교를 찾지 못하는 불이익을 당함을 알게 해준다. 프로테스탄트의 가치를 자녀들에게 전수하고 싶은 부모는 이런 공립학교를 앞으로 찾을 수 없게 됐다.

그 학부모는 공립학교 운영비를 세금으로 내는 데도 그런 가치를 자녀들에게 공립학교를 통해서는 전수해줄 수 없다. 혹시 그런 사립학교가 있더라도 추가적인 부담을 지든지 아니면 그런 교육을 포기해야 할 것이다. 그런 부모들은 공교육

---

55 2010년 2월 대법원 전원합의부는 "미션스쿨 대광학원이 학생들에게 특정 종교교육을 사실상 강제했고, 종교수업 강요에 반대했다는 이유로 퇴학처분까지 한 것은 위법하다"고 판결했다.

에 들어간 그들의 세금을 되돌려달라고 외치는 운동이라도 벌여야 할지 모른다.

종교 이외에도 교육을 통해 전수되기를 기대하는 가치관들은 많이 있다. 한국의 학부모도 다른 나라 학부모 못지않게 자녀에게 특정한 가치관을 심어주고 싶어한다. 신용불량자가 된 아들에게 근검과 자립의 정신을 가르치기 위해, 한 어머니는 아들로 하여금 신문배달을 하게 권하고, 그 일을 끝까지 해내도록 하려고 아들과 함께 매일 아침 일찍 집을 나섰다고 한다. 이 어머니의 이야기는 어머니가 아들에게 베푼, 가치관 전수 교육의 좋은 사례일 것이다. [56]

이런 교육이 학교에서도 이루어지면 학부모로서는 매우 감사하겠지만, 얼마나 어느 정도로 행해져야 할지, 또 어떤 가치관을 더 중요하게 가르칠지 등에 대해 납세자들이 서로 다른 생각을 지니는 한, 이것이 새로운 사회적 갈등을 초래할 가능성이 있고 그래서 공교육을 통해 그런 가치관이 전수되기를 기대하기는 어렵다.

가치관의 전수가 영어 단어 하나를 암기하는 것보다 더 중요하다고 생각하는 올곧은 교육자가 있다면, 그는 자유교육을 주창해야 한다. 만약 그가 후세대에 반드시 전수해야 할 중요한 가치가 무엇이냐에 대해 사람들의 생각이 다를 수 있

---

56 이는 작고하신 고려대 신일철 교수님께서 뉴라이트에서 발간한 책에서 언급했던 사례이다.

음을 인정한다면, 그는 교육에 정부재정이 투입되는 것을 격렬하게 반대하여야 한다. 그 교육자 자신의 교육관에 따른 교육에 세금이 지원되는 순간, 그는, 그와 다른 생각을 가졌으면서 그 세금을 낸 사람들의 돈을 그들의 동의 없이 가져다 쓰는 염치없는 일을 저지르기 때문이다.

공교육 체제에서 인성 교육이 더 잘 될 것으로 생각한다면, 이처럼 막연한 기대도 별로 없을 것이다. 그 이유는 첫째, 사회적 갈등을 피하기 위해 "식사 전 음식을 만드는 데 기여한 사람들에 대한 그리고 조물주에 대한 감사 기도가 인성발달에 좋을 뿐 아니라 좋은 가치관을 가지게 한다"는 조금이라도 종교적 색채를 띠는 내용은 공교육 아래에서 실행될 수 없기 때문이다.

둘째, 공교육 자체에 인성 교육을 잘해 고객을 감동시키려는 유인이 없기 때문이다. 학생들은 평준화 정책으로 대학 입시에 내몰리고 그래서 학부모들이 학교에서 자녀들의 인성교육에 많은 시간을 투입하기를 요구하기가 어렵지만, 비록 학부모들이 인성 교육에 관심이 많다고 하더라도 공립학교 체제에서 이것이 잘 이루어지길 기대하기 어렵다.

우리나라 사람들은 공립학교보다는 사립학교가 인성 교육을 포함해서 교육을 더 잘 시키고 있음을 안다. 그래서 중학생 자녀를 둔 중산층 부모는 대부분이 자녀를 일반고에 비해 학비가 비싼데도 자율고, 외고, 과학고에 보내려고 애를 쓴다. 이는 미국에서도 마찬가지이다. 많은 미국인 학부모들은 아이들을 공립학교 대신 사립학교에 보내며 그런 선택을 함에 따라 교육비를 갑절이나 쓴다. 일부 부유하지 않은 가정에서도 그런 이중적 부담을 충분한 가치가 있는 것으로 여긴다고 한다.

자신의 아이를 미국 학교에 유학 보내면서 자본주의 미국이 사회주의 구소련보다 나쁜 체제라고 선전한다면, 그의 말을 신뢰하기는 어렵다. 마찬가지로 학부모들의 필요에 잘 반응하지 않는 공립학교 체제가 이에 잘 반응하는 사립학교 체제보다 낫다고 주장하면서 자신의 자녀는 비싼 등록금을 감수하면서까지 사립학교에 보낸다면 그는 위선적인 인물이다. 그런데 흥미롭게도 미국에서나 한국에서나 이런 경우가 적지 않게 발견된다. [57]

---

57 "그런 부모들 속에는 클린턴 대통령, 고어 부통령, 에드워드 M. 케네디 상원의원, 제시 잭슨 목사, 마리안 라이트 에델만 아동보호기금 창시자 등이 들어있는데 이상하게도 그들은 모두 학부모가 학교를 선택하는 것에는 강력히 반대한다." Boaz, D. (1997/2009) 참고. 이와 관련해 좌파 지식인들의 솔직함을 촉구한 글로는 공병호 (2010.6.16) 참고.

(2) 의료분야보다 더 많은 규제,
    더 못한 교육 서비스: 고객 감동이 있나?

교육 서비스는 정부 규제로 통제되는 대신 세금(교육세)으로 거둔 돈으로 지원된다. 의료 서비스도 규제되는 반면 건강보험기금(강제 건강보험료)에서 치료비의 일부 또는 전부를 제공받는다. 이런 방식으로는 교육 서비스와 의료 서비스가 자유 시장 아래에서의 서비스 질(質)을 기대할 수 없다.

  교육 서비스와 의료 서비스를 비교하면 교육 서비스가 고객에게 더 열악하다. 자유로운 시장 경쟁 아래에 있었더라면 받았을 서비스를 기준으로 판단할 때 그렇다는 의미이다. 이렇게 추론하는 이유는 의료 서비스는 내가 마음대로 원하는 의원에 가서 진료 받을 수 있는 데 비해 학교의 교육 서비스는 내(나의 자녀)가 사는 지역의 학구(學區)에 있는 학교들 가운데에서만 선택할 수 있고 이것도 지원자가 많으면 다른 학교로 배정되기 때문이다.

  사실 학군제로 학교를 배정하는 것은 환자에게 그들이 가야 할 병원을 미리 지정하고 이를 바꾸지 못하게 하는 것과 다를 바 없다. 학교교육의 제공을 식료품 공급에 빗대어 비판한 웨스트(West, E. G.)의 글은 어느 나라 할 것 없이 교육부문에서 얼마나 많은 규제들이 존재하는지를 일깨워준다.

한 아이를 기아(飢餓)와 영양결핍으로부터 보호하는 것은 무지(無知)로부터 보호하는 것만큼이나 중요하다. 그렇지만 그 아이가 최소한의 기준을 넘어서는 음식과 옷을 확보하도록 보장하려고, 세금을 더 걷어 지역단위의 '무료' 급식소들을 운영하는 법률을 통과시키는 정부를 상상하기란 어렵다. 더 나아가 '행정적 편의' 등을 이유로 집에서 가장 가까운 급식소로 배정되는 단계로까지 전개된다면 대부분의 사람들은 이 시스템을 흔쾌히 받아들이기 어려울 것이다. … 그러나 그와 같은 가상적 조치들이 음식이나 의류에 적용되면 매우 이상하게 비칠지 모르지만, 이는 바로 … 국가 교육체제의 전형적인 모습이다.[58]

환자에게 진료받을 수 있는 병원을 자신의 집에서 가까운 몇 곳, 아니면 자신의 동네에 속한 의원으로 제한한다면 그는 크게 반발할 것이다. 교육 서비스는 그렇게 정해진다. 교육 소비자들은 어느 학교나 똑같은 서비스를 제공한다고 느끼지 않는다. 그래서 교육여건이 좋은 서울 강남 8학군이나 중계동의 학군에 속한 학교에 배정받으려 애를 태운다. 그곳에 사람들이 몰리다보니 집값과 전세 가격이 상대적으로 비싸다. 교육여건이 좋아서 명문대학 진학률이 높은 고교 숫자는 흔하지 않다. 즉, 희소하다. 공급은 희소한데 이를 원하는 수요자들이 많으면 불가피하게 쟁탈전이 발생한다.

학교로서는 어떤 기준으로든 누군가를 선택해야 한다. 입

58 West, E. G. (1965), pp. 13~14.

학 지원자를 대상으로 선발시험을 치를 수도 있고, 아니면 교육 여건이 좋은 지역에 살 수 있는 능력이 있는지를 기준으로 할 수도 있다. 8학군 학교에 다니려는 학생이 많으면 어떤 기준으로든 골라내지 않을 수 없다. 평준화 정책을 주장하는 사람들은 학생의 수학 능력보다는 그 부모의 경제적 능력을 선별 기준으로 제시한 셈이 된다.

얼핏 보기에 상관없을 것 같은 도시구획제도(zoning law)와 학군제는 일정한 관련을 맺고 있다. 미국에서 교외에 일정한 규모 이하의 집을 짓지 못하게 하는 숨은 이유는 일정 이하 규모의 집을 허용하면 좋은 학군에 매우 작은 규모의 집을 짓고 거기에 살면서 아이를 그 학군의 학교에 다니게 할 수 있는 반면, 학교 유지를 위해 필요한 비용은 재산세로 충당되므로 큰 규모의 집에 사는 사람들에 비해 상대적으로 거의 내지 않아도 되기 때문이다.

이런 규제로 인해 구(舊)도심의 빈민들은 도심을 벗어나기도 어려워지고 교외의 일자리를 얻기에 더 불리하게 되었다고 한다. 이는 하나의 규제가 예상하지 못했던 또 다른 파급효과를 불러오는 또 하나의 사례이다. [59]

많은 나라에서 교육은 가장 규제가 심한 분야이다. 국가가

---

[59] 이와 관련해서 그리고 공교육에 내재된 역진성 등 교육문제 전반과 관련한 다양한 이슈에 대해 명료하게 자유주의의 입장에서 서술한 글로는 Rothbard, M. (1973/ 2006) 속 교육에 관한 장을 참고.

직접 학교를 운영하지 않아도 정부가 정한 커리큘럼을 따르지 않으면, 보조금을 받지 못하게 되므로, 비록 형식적으로는 사립학교라 하더라도 학교들은 마치 비슷비슷한 물건을 만드는 '국영 공장'으로 전락했다. 인생에서 무엇이 중요하며, 또 그 나이에 무엇을 반드시 익혀야 좋은지에 대한 가치관은 개인마다 다를 수 있다.

공립학교 체제에서는 개인적 신념이나 선호가 서로 다를 수 있다는 사실이 무시된다. 또 특정한 능력을 갖추게 하기 위한 가장 효과적인 교육 방법이 무엇인지에 대해 정확한 정보가 발견하기 위해서는 다양한 교육의 방식이 실험되고 전파될 필요가 있다는 사실도 경시된다. 각 학교는 상부에서 내려오는 교과 과목을 수동적으로 받아들일 뿐이다. 어떤 교과를 어떤 방법으로 이수시킬지 등에 대해 실험적으로 더 나은 대안을 발견하려는 유인이 별로 없다.

평준화 지역의 일반 중고등학교에서는 전혀 비슷하지 않은 수준의 학생들을 한 교실에 몰아넣고 가르친다. 높은 수준으로 가르치면 열등생이 못 알아듣고, 낮은 수준으로 강의하면 우등생이 하품을 한다. 특정 수준에 적합한 학생들을 제외한 다른 아이들은 시간을 허송하는 셈이다. 이런 문제점의 심각성은 잘 알려져 있다. 그래서 일부 학교에서는 과목별, 수준별 강의를 제공하기도 한다.

그러나 학생들이 눈높이에 따라 수준을 선택할 수 있는 곳은 학교가 아니라 학원이다. 돈을 벌어야 하는 학원은 학생들을 고객으로 대접하며 이들 입맛에 맞게 반응하지만 학교는 팔짱을 끼고 있음을 보여주는 사례다.

(3) 보조금 지급 : 공교육화

우리나라에서 사립학교들은 대부분 그 이름과는 달리 정부의 보조금을 받는다. 대신에 각종 규제를 수용한다는 점에서 엄밀하게 따지면 사립학교라고 볼 수 없다. 모두 정부의 한 공장이나 다름없는 일종의 공립학교이다. 교육 모델이 자유주의를 따른다면 당연히 교육 관료가 아닌 학부모가 중요한 결정을 해야 한다. 그러나 현실은 전혀 그렇지 않다. 그런데도 "한국의 교육이 신자유주의 이념을 따른 탓에 여러 문제점들을 양산한다"고 비판하면 이는 사실관계를 잘못 판단하거나 현실을 의도적으로 왜곡하는 행위로밖에는 볼 수 없다.

3) 학교 폭력, 공교육 체제에서 더 잘 해결될까?

(1) 학교 폭력 공포를 없애려는 학교의 고객 감동 노력

한 치과 의사는 "치료받으러 온 아이들이 치과분위기에 자칫 공포를 느낄 수 있다"는 생각에 착안해 병원 천정을 형형색색의 재미있는 만화 캐릭터들로 치장했다. 그렇게 하자 흰 페인트의 천정과 강한 전구 불빛 아래 놓이게 될 때와는 전혀 다른 분위기가 연출되었다. 과연 어린 환자 손님들은 거기에 정신을 빼앗겨 무서움을 느끼지 않았다고 한다.

학교 폭력은 학교로서는 숨기고 싶은 일인데도 언론에 꾸준히 보도된다. 학교 폭력은, 학교가 창살 없는 감옥처럼 갑갑하게 느껴지는 아이들과 그렇지 않은 아이들을 강제로 한자리에 모아 놓는 데서 벌어지는 문제 가운데 하나이다. 최근 어느 심약한 여중생이 "맞짱을 뜨자"는 주먹 센 동급생들의 위협을 못 견뎌 자살이라는 극단적 선택을 하는 사건이 벌어졌다. "힘으로는 어쩔 수 없으니 나중에 귀신이 되어 복수하겠다"는 유언을 남겼다고 한다. [60]

또 얼마 전에는 대구에서 친구들의 상습적인 폭력과 금품 갈취, 고문과 협박에 견디다 못해 "살아 있으면 더 불효"라며 부모님께 죄송하다는 유서를 남기고 죽은 심성이 고운 한 중학교 2년생 사건도 사회에 커다란 충격을 주었다. [61]

그렇다면 지금의 공교육 체제에서 자살이라는 극단적 선택을 했던 여중생이나 대구의 중학생이 느낀 공포를 없애려고 앞서 예를 든 치과 의사처럼 궁리하는 유인이 있을까?

학교 폭력이 벌어지면 현행 체제에서는 학교는 그 사건이 폭력이 아니라 단순한 싸움에 불과했다고 축소·은폐하거나 교육청 등에서 정한 학교 폭력 관련규정 — 예를 들어 1주일

---

60 이에 대해서는 아시아뉴스통신 (2010.6.24) 참고.
61 우리는 같은 학교에서 같은 해 7월에도 유사한 자살사건이 있었으나 유야무야된 적이 있었음에 주목할 필요가 있다. MBC 뉴스 (2011.12.30) 참고.

에 한번 이상 폭력 자제 훈화를 한다는 규정 — 을 잘 지켰기에 학교가 책임질 일이 없음을 증명하기에 급급할 것이다. 큰 사고로 이어지지 않은 폭력에 대해서는 유야무야 넘어갈 가능성이 크다.

그것이 규정 준수 여부와 집계 가능한 통계로 고과를 정하는 관료체제의 속성이다. 공교육은 바로 그런 관료체제에 속한다. 사정이 이렇다면, 자살을 택했던 그 여중생이 "맞짱을 뜨자"거나 "고문을 하겠다"는 두려운 말을 학교에서 듣고 학교의 누구와 이 문제를 어떻게 상의해서 자신의 문제를 해결할 수 있었을까?[62]

폭력의 위협이 있었을 뿐 폭력이 실제로 일어나지 않은 사건이었기에 혹은 폭력이 있었더라도 증명할 수 없는 형태로 이루어졌기에 아마도 그 여중생은 학교로부터 해결책을 구할 수 없었을 것이다. 교사들은 고객 감동을 위해 총력을 기울일 이유가 별로 없기에 다양한 방법을 시도하지 않았으리라. 각 경우에 어떤 방법이 효과적인지에 대한 지식도 거의 축적하지 않았을 것이다.

시장에서 기업이 고객 감동을 실천하려는 이유는 고객 감

---

62 로스버드는 "이윤-손실의 동기가 작동하지 않아서 고객 감동의 필요성이 없다"는 미제스의 관료주의에 대한 통찰의 핵심을 Rothbard, M. (1973/2006)의 7장에서 간결하게 잘 묘사한다. 이것을 읽어보면 공립학교에서 학교 폭력 사건의 처리를 관료주의적으로 할 것임을 쉽게 짐작할 수 있다.

동이 매출증가로 이어지기 때문이다. 고객 만족을 위해 노력할수록 자신도 유리해지도록 인센티브를 일치시켜 놓았다. 시장에서 고객은 구매한 물건의 값을 모두 치른다. 고객이 직접 치르는 비용이 많을수록 고객 감동을 시킬 유인이 더 많이 존재한다.

강제 건강보험이 적용되는 질병을 다루는 병원에서는 고객이 일부 진료비만 부담하므로 시장에서만큼 고객 감동을 위해 노력할 유인이 없다. 그러나 고객이 다른 병원을 찾을 수 있다는 점에서 고객을 감동시킬 필요성이 어느 정도는 남아 있다. (치과 임플란트 시술을 보자. 고객 호주머니에서 전액이 나오므로 치과 의사는 고객 감동을 위해 더 노력한다.)

학교는 의사에 비해서도 고객을 감동시킬 유인이 없다. 서비스의 고객인 학부모는 자녀의 교육 서비스에 대해 교육세를 내지만 교사나 교장에게 직접 쌈짓돈을 건네주지는 않는다. 그래서 학교는 학부모를 감동시키려고 노력할 유인이 별로 없다. 교장이나 교감은 학부모나 학생보다는 자신의 고과를 결정하는 규제 기관인 교육청 눈치를 살피게 돼 있다.

구소련의 집단 농장에서 중앙계획 당국이 정한 통계적인 배추생산량을 맞추려 성한 채소와 상한 채소를 같은 상자에 포장했듯이, 교육청에서 '학교 폭력 반으로 줄이기 운동'을 벌이면, 학교에서 발생한 폭력 사태 가운데 도저히 숨길 수 없는 것을 빼고는 폭력 사건도 단순한 싸움으로 축소 보고될 가능성이 높아진다. 통계적 성과를 내야 하기 때문이다. 집단 농장에서는 최종소비자들이 그 채소를 얼마나 가치 있게 여길지에 대해 관심이 없다. 공교육 체제의 학교에서도 학생들이 얼마나 폭력을 멀리 하는 품성을 가지는지에 대한 관심보다는 통계적 성과가 더 중요해질 가능성이 높다.

4) 교사 채용 비리, 사학 비리

사학(私學) 비리(非理)가 터지면 이것이 마치 공교육을 해야하는 중요한 증거인 듯 다루어지곤 한다. 그러나 사학 비리는교육에 대한 정부 간섭 때문에 발생했기에 공교육 강화를 정당화하는 이유가 될 수 없다.[63] 사학 비리 가운데 대표적 유형인 교사 채용 비리를 생각해 보자.

미장원 주인이 자신에게 뇌물을 준다고 해서 머리 손질하는 능력이 떨어지는 미용사를 채용한다면 고객이 줄어 그 미장원은 곧 망할 것이다. 미장원 주인이 뇌물을 받으면 뇌물보다 더 많이 자기 살을 베어 먹는 꼴이 된다. 그래서 시장 경제의 틀에서 활동하는 미장원에서는 채용 비리는 잘 발생하지

---

63 부패와 나태는 언제나 경쟁이 배제된 채 무엇인가를 누릴 수 있게 될 때, 혹은 그런 누림을 얻고자 하는 수요와 공급이 만나서 이루어진다. 권력이란 경쟁을 배제하여 인위적으로 특정인에게 유리하게 할 수 있는 힘을 말하므로 권력은 부패를 동반한다. 그래서 자유주의자들은 액튼 경의 경구인 "절대 권력은 절대적으로 부패한다"는 말을 자주 인용한다.

않는다.

여기에서 미장원은 물론 민간 기업을 대변한다. 기업들은 더 유능한 인재를 가능하다면 더 낮은 임금으로 확보하고자 하는 반면, 그런 인재들은 더 많은 혜택을 주거나 장래성이 있는 직장을 선호할 것이다. 그런데 채용에 대한 대가를 요구한다는 것은 좋은 인재를 뽑지 않겠다고 선언하는 것과 다름없다.[64]

그러나 시장 경제를 벗어난 규제된 시장인 공교육 구조에서는 채용비리가 발생한다. 지금의 한국의 공교육 체제 속에서 내가 어떤 중고등학교 사학재단의 이사장이라고 가정해보자. 나는 '학교 발전 기금'에 더 많은 돈을 기부하겠다는 교사를 채용하려는 유혹을 받게 된다. 받을 수 있는 학생 수는 거의 고정됐고, 학비도 규제된 데다, 학생 수에 비례해 학교 운용비를 지원받기에, 그 교사 지망자가 특별한 문제를 일으킬 사람이 아니라면, 내가 어떤 교사를 채용하든 내가 이사장으로 있는 재단의 총수입은 거의 불변이다.

그렇다면 나는 드러내놓고 말할 수는 없지만 어떤 사람을 뽑을 것인가는 그 교사가 얼마나 학생들을 잘 지도할 수 있느냐가 아니라 얼마나 큰 금액의 학교 발전 기금을 제시하느냐를 고려하려는 유혹을 받지 않을 수 없다. 자유 시장에서 경쟁하

---

64 경영진이 강성노조와 쉽게 타협하는 길을 택함으로써 이를 잘못 허용한 결과, 노조가 신규직원을 채용할 때 개입하고 채용비리에 연루되는 경우가 있었다.

138

는 기업들은 더 좋은 인재를 확보하려고 심지어 다른 기업에서 일하는 인재를 더 많은 돈을 주고 스카우트하기도 한다. 이는 학원가에서도 종종 일어나는 일이지만, 공교육 체제의 사학 재단에서는 거의 일어나지 않는 일이다. 이런 전후맥락이 바로 채용 비리와 관련된 사학 비리가 빚어지는 배경이다.

거래는 쌍방을 만족시킬 때 성사된다. 그래서 이런 비리는 평소에는 잘 드러나지 않고 물에 잠긴 빙산(氷山)처럼 보이지 않는다. 그러나 거래되는 물건에 대해 거래 당사자들이 오해하고 있는 경우, 예를 들어 A라는 물건을 샀다고 생각했는데, A에 비해 못한 B라는 물건을 받으면 분쟁이 발생한다. 물론 이런 거래는 반드시 금품을 매개로 하는 것은 아니다. 교육청이나 다른 권력 기관과의 연줄은 금품 제공과 다름없는 역할을 할 때가 많을 것이다. 마침내 수면 아래의 엄청난 규모의 빙산 중 그 일각이 수면 위로 올라와 신문지상을 장식한다.

문제는 이런 구조 아래에서 이런 비리를 저지르지 않으면 '바보'일 뿐, 사학재단을 위하는 사람이 아니게 된다는 데 있다. 지금의 공교육 체제 아래에서는 사학재단이 유능한 교사를 채용하려고 노력하지만 학교 발전 기금이 별로 없는 가난한 사학이 될지, 아니면 이런 데 전혀 신경을 쓰지 말고 평판에 약간의 손상은 입겠지만 부유한 사학이 될지 선택하도록 강요한다. 이런 공교육 구조를 청산하면, 이런 유형의 도덕적 갈등도 사라지고 부패의 한 유형인 사학 비리도 발생하지

않는다. [65]

5) 재정 부담과 보조 문제 :
   자유 교육으로 가는 징검다리로서의 바우처 제도

앞에서 종교 교육을 시킬 공립학교를 거부당한 학부모 중 종교 교육을 원하는 사람의 경우 자신이 낸 세금 가운데 교육에 들어간 부분을 돌려받기 위한 노력이 필요하다고 말했다. 이 점은 사립학교의 우월성을 믿지만, 별도의 추가 지출에 따른 부담이 너무 커서 이를 실행하지 못했던 부모에게도 그대로 적용된다. 그들도 세금 반환 운동에 나서야 한다.

아주 부유한 학부모는 자녀 교육의 선택에서 중산층이 직면한 이런 문제에서 비교적 자유롭다. 그러나 앞에서 살펴본 것처럼 자립형 사립학교가 공립학교에 비해 인성 교육을 포함해서 학부모와 학생들의 필요에 더 잘 반응한다고 믿는다 하더라도, 공교육 체제가 아닌 사립학교에 자녀를 보내기는 쉽지 않아서 포기하는 사람들이 적잖다. 이들은 아마도 대부분 중산층일 가능성이 높다. 그들은 교육세를 내지 않았더라면 그 돈과 자신의 쌈짓돈을 조금만 더 보태어도 자녀를 사립학교에 보낼 수 있었을 것이다.

---

65 모든 규제는 이런 도덕적 문제를 수반한다. 임대료 규제로 인해 임대건물 자체가 부족해지면, 이 규제를 무시할 배짱이 있는 사람들이 더 유리해지는 이상한 사태가 발생한다. 이에 대한 설명으로는 Sowell, T. (2000/2002) 참고.

세금반환에 버금가면서, 학부모들의 학교 선택권을 회복시
켜주는 방안이, 프리드먼이 제안한 바우처 제도이다.

학교 바우처 (*school voucher*) 란 정부가 학부모들에게 제공하
는 증서이다. 학부모들은 자녀를 공립학교에 보내지 않기로
결정한 경우 이것을 사립학교 등록금의 일부 혹은 전부로 사
용할 수 있다. 이것을 받은 사립학교는 이 증서를 제출하면
정부로부터 그 금액만큼 받게 된다. 이 제도는 하이에크가 지
적했듯이 비록 정부의 재정으로 특정 사업을 하기로 결정하
였더라도 그것을 반드시 국영 기업이 공급하여야 할 필요는
없다는 데 착안한 것이다.

주인이 없고, 손실이 나더라도 세금으로 그 손실이 보전되
는 국영 공기업은 수요자들의 필요에 잘 반응하지 않는다. 따
라서 비록 재원이 세금으로 마련된다 하더라도 그 재원을 수요
자가 직접 사적 공급자들에게 사용하고 이 사적 공급자들은 이
윤과 손실의 환경에 직면해 있다면 수요자들은 훨씬 더 그들의
필요에 맞는 재화와 서비스를 공급받을 가능성이 높다.

학교 바우처 제도는 바로 교육이란 서비스에 정부의 재원
을 투입하기로 하였더라도 그 공급을 반드시 공립학교가 맡
지 않아도 되도록 하는 제도이다. 만약 학부모가 자녀를 홈스
쿨링을 하기로 했다면, 학부모는 학교 바우처의 금액만큼 환
불받을 수 있다.

이 학교 바우처 제도는 현대에 와서 주로 자유주의 경제학

자 밀턴 프리드먼에 의해 주창되었는데 그 취지는 앞에서 언급한 공립학교들이 지닌 인센티브상의 문제, 즉 학부모와 학생들의 필요에 적극적으로 대응하지 않는다는 문제점을 현행 공립학교 체제 속에 경쟁을 도입하고 학부모와 학생들의 선택 폭을 넓힘으로써 해결하자는 것이다.

흔히 복지국가의 전형으로 알려진 스웨덴도 이런 바우처 제도를 교육에 도입하였다. 그렇게 함으로써 학교 교육자들이 교육 수요자들의 필요를 다른 곳보다 먼저 알아내고 더 효과적으로 채워주고자 노력하는 학교 간 경쟁이 불붙게 되었다. 이제 스웨덴에서는 학교 폭력을 방치하는 학교는 금방 도태될 것이고, 인성을 포함해서 인생을 더 잘사는 데 필요한 것들을 잘 공급하고 있다는 평판을 얻는 학교는 번성할 것이다.

스웨덴을 우리가 따라야 할 모형이라고 외치는 사람들이 왜 이런 스웨덴의 노력은 소개하지 않는지 안타깝다.[66]

앞에서 우리는 현재의 공교육 체제에서는 학교가 치과 의사보다도 수요자의 필요에 반응할 필요가 없음을 지적하였다. 아울러 국영 공장처럼 변한 사학재단이 저지르는 교직원 채용상의 비리도 결국 그 뿌리를 찾아보면 더 유능한 교직원을 채용하지 않더라도 배정받을 학생 수나 재정수입에 별다른 영향이 없다는 사실에 있음을 살펴보았다.

---

66 이에 관해서는 김이석 (2013.2.8) 참고.

바우처 제도가 도입되면 이제 학교들이 학부모의 필요를 외면할 수 없게 된다. 이에 따라 사학 비리의 근본적인 뿌리도 학부모들이 자녀들을 보낼 학교를 선택하는 행위를 통해 그 학교를 평가할 것이며, 당연히 학부모와 학생들의 필요를 잘 파악하고 충족시키는 학교일수록 학부모들의 선택을 받을 가능성이 높아진다. 공교육에서 발생할 수 있는 종교 교육이나 인성 교육에 대한 의견의 충돌 문제도 학교 바우처 제도 아래에서는 사라진다.

더 나아가 교육세를 내고 있으면서 자신의 자녀를 사립학교에 보내고자 하는 중산층은 교육세와 사립학교 등록금을 이중으로 부담하게 되지만, 학교 바우처 제도 아래에서는 그런 이중 부담의 문제가 해소된다.

자녀가 다닐 공립학교가 강제로 배정되는 것이 아니라, 학부모가 원하는 공립학교에 우선 배정하는 개방형 등록제(open enrollment)는 학교 바우처 제도와 구별하는 것이 보통이다. 그러나 학부모의 공립학교의 선택에 대해서도 공립학교들 사이의 경쟁을 유발시키기 위해 학교 바우처 제도를 응용할 수 있다. 예를 들어, 만약 학부모가 자신이 교육세를 내는 A지역이 아닌 B지역의 공립학교에 자신의 자녀를 보낸다면, A지역에서 B지역으로(혹은 B지역의 그 학교로) 학교 바우처에 해당하는 만큼 교육세 재원을 이전시키면 된다.

현재 한국에서 학교에서 시행되는 방과 후 교실에서 제공

하는 수업에 대해 일종의 바우처를 제공하고 있다고 한다. 그
러나 방과 후 학교에 대한 바우처 제공은 학부모들의 학교 선
택을 회복시켜주지 않고 있고 그래서 학교 간 경쟁도 유도할
수 없다. 그래서 이를 두고 한국에서 학교 바우처를 이미 도
입했다고 말하는 것은 심각한 왜곡이 아닐 수 없다.

　바우처 제도를 제대로 도입하면, 학교에 학생들이 배정되
는 것이 아니라 학부모의 학교 선택권이 제한적으로 부활할
것이므로, 일정 정도까지는 차별화된 서비스를 제공하는 학
교를 기대할 수 있을 것이다. 어쩌면 종교 교육을 할 것임을
학교 측에서 미리 공표하는 경우에도 이 학교를 학부모와 학
생들이 스스로 선택할 것이므로 종교의 자유를 침해할 가능
성은 없어질 것이다.

　학교는 더 많은 학생을 유치하려 경쟁을 벌이게 된다. 무엇
을 어떻게 가르치는 것이 좋을지에 대한 서로 다른 생각들도
실천에 옮겨져 실험적 선별과정이 작동하게 될 가능성도 커
진다. 이런 실험적 방법에서 실패한 학교들은 지원자들이 줄
어들어 자연스럽게 문을 닫을 것이고, 여기에 성공한 학교는
더 많은 학생들이 몰려와 교사의 수와 교실 수를 늘려갈 것이
고, 그 학교의 교사들의 봉급과 보너스도 다른 학교들보다 더
높아질 것이다.

　물론 바우처 제도를 관리하기 위해 현재 공교육 체제 속의
교육 관료들이 일부 온존된다는 점에서 바우처 제도는 가장

자유주의적인 제도는 아니다. 그러나 학부모들에게 이중적인
부담을 덜어주면서 학교 선택권을 회복시켜주므로 매우 자유
주의적인 제도라고 할 수 있다. 소득 재분배적 기능을 그대로
두었기에 비록 바우처 제도는 자유주의의 이상에 가장 부합
하지는 않는다 하더라도, 바로 그 점 때문에 정치적으로 실천
될 가능성은 상당히 높다.

6) 자유교육 시스템이
교육문제에 대한 해결책

우리는 입시지옥의 '주범'인 평준화 제도를 폐지하지 못하고
있다. 간간이 학원 수강료나 학비를 통제하고 학원의 수업 시
간을 제한할 뿐이다. 이런 와중에 사교육비 절감, 공교육 정상
화가 우리 교육을 개혁하는 가장 중요한 목표로 부상하고 있
다. 전교조를 비롯한 교원단체들의 반발을 불러일으켰던 교원
평가 제도도 공교육 정상화의 한 방편으로 추진되었다.[67]

그러나 지금 같은 구조에서 이런 임시변통들로는 사교육비
가 줄어들지 않을 것이다. 학부모는 자녀를 명문 학교에 보내
고 싶어 한다. 평준화된 상황에서 명문 학교 지망자는 선발고
사를 치르던 때에 비해 훨씬 더 많아졌다. 하지만 명문교의
입학 정원은 거의 그대로여서 입시 성공은 학부모들로서도

---

67 교원평가제도에 대한 필자의 견해에 대해서는 김이석(2006. 8.16) 참고.

절박한 수요가 아닐 수 없다.

이런 상황에서 고객 감동을 위해 노력할 유인이 없는 공교육 체계의 학교보다는 학원이 절박한 학부모와 학생의 수요를 파악하고 이에 부응한다. 그런 유인을 가진 학원이 학부모를 더 만족시킬 것으로 기대되므로[68] 현재와 같은 구조를 그대로 둔 상태에서는 어떤 조치를 취하든 사교육비는 줄지 않을 것이다.

말로는 쉽게 공교육 정상화를 외치지만, 어떤 방법으로 그런 것을 이루겠다는 것인지, 왜 그런 조치를 취하면 공교육 체제에서 종전에 없던 유인구조가 생기는 것인지 전혀 설명이 없다. 입시지옥 없애기, 사교육비 감소, 공교육 정상화 등이 흔히 듣는 교육문제 핵심 단어들이다. 그러나 교육 개혁에서 가장 중요한 것은 학부모들의 진정한 관심사는 무엇인지 파악하고 어떻게 하면 더 적은 돈으로 고객들(학생과 학부모)을 만족시킬지에 대해 수많은 교육자들이 서로 건전한 경쟁을 벌이도록 하는 데 있다. 교육자가 고객 수요를 잘 충족시키면 물질적·비물질적 보상을 받게 해야 한다.

어떻게 하면 자녀가 직업세계에 나설 준비를 잘 할까. 인생의 성공에 중요하다고 여기는, 또 인생을 더 행복하게 사는 데 중요한 가치들을 물려받게 하려면 어떻게 해야 하나. 이것

---

[68] 이른바 명문학원의 진학지도 담당자들은 학교보다 어떤 수능성적을 얻었을 때 어떤 학교를 지원하는 것이 유리한지에 대해 더 잘 안다.

들이 진정한 관심사인 학부모에게 해결책을 제안한다면 그 교육자는 매우 중요한 서비스를 제공한 것이다. 교육자라 하더라도 모두가 공무원처럼 똑같은 급여를 받아야 하는 것이 아니다. 교사는 학부모와 학생에게 기여하는 기업가적 기민성(*entrepreneurial alertness*)을 발휘할 기회를 가져야 하며 또 그만큼 보상을 받아야 한다.

유인의 문제를 어떻게 바꿀지 고민하지 않은 채, 현재와 같이 공교육 정상화나 사교육비 축소를 우리 교육 개혁의 초점으로 삼아서는 우리의 교육 문제는 제대로 풀리지 않을 것이다. 심지어 학교 폭력과 같은 문제조차도 언론에 집중적으로 조명되는 동안에만 사람들의 관심사가 될 뿐 시간이 흐르면 관심사에서 벗어나면서 다시 문제가 누적될 것이다.

대구에서 학교 폭력으로 인한 자살 사건 이후 각 학교에 CCTV가 설치되었지만, 올해에도 경북 경산에서 "CCTV가 없는 곳에서 폭행을 당했다"는 유서를 남긴 자살사건이 벌어졌었다. 이제 CCTV 화질이 높아지고 더 많은 대수가 설치되겠지만 그것으로 학교 폭력 문제가 종전에 비해 크게 줄어들 수 있을까? 우리의 논의는 그렇게 기대하기가 어려움을 말해 준다.

그렇다면 어떻게 해야 할까? 그 대강만을 살펴보자면 다음과 같다.

첫째, 평준화 정책을 폐지하여야 한다. 그래야 비슷한 수준의 학생들이 모여 눈높이에 맞지 않는 수업을 받는 비효율을 줄인다. 당연히 학교를 창살 없는 감옥으로 느끼고 비행 충동에 빠지는 학생들의 숫자도 크게 줄어들 것이다. 그리고 학생들이 적재적소로 찾아가는 데 교육이 도움을 줄 수 있을 것이다. 평준화 정책이 폐지되면 경쟁을 미루었다가 한꺼번에 경쟁이 더 치열하게 되는 입시지옥, 입사(入社) 지옥의 문제도 완화될 것이다.

둘째, 바우처 제도를 특정 지역에서 먼저 시험적으로 적용해야 한다. 이어 이른 시일 안에 전국적으로 확대하여 실시해야 한다. 바우처 제도 아래에서도 여전히 교육 관료를 통한 의사결정이 남을 수 있다는 점에 유의할 필요가 있다. 그런 의사 결정의 범위가 광범위할수록 바우처 제도는 각 개인의 다양한 필요에 부응하기가 어렵게 된다.

그래서 바우처 제도를 설계할 때 '자유주의의 지혜'를 최대한 활용해야 한다. 예를 들자면 바우처 제도 아래에서도 공립학교가 여전히 많은 구조가 있을 수 있고, 사립학교가 중심이 된 구조가 있을 수 있다.[69] 앞에서 말한 종교를 포함한 다양한 가치관의 전수가 가능하려면, 그리고 종교와 국가가 분리되어야 하므로, 아울러 더 나은 교육 서비스를 제공하려는 유인

---

69 물론 이 과정에서 자선적 목적으로 자발적 기부를 받는 다양한 교육기관들이 설립될 수 있으며, 이런 기관들도 교육에서 특히 강제적인 소득 재분배가 없는 상태에서 중요한 사회적 기능을 수행할 것이다.

을 살리기 위해서도 사립학교가 주류를 이루도록 해야 한다. 물론 극소수의 공립학교는 필요에 따라 남겨야 할 것이다.

바우처 제도만 하더라도 고교 평준화의 폐지에 비해 교육 서비스 제공자들의 유인 구조를 더 올바르게 만들어 준다. 고객을 만족시킬수록 자신들도 번영할 수 있기 때문이다. 바우처 제도가 먼저 공교육체제 안에서 시행된다면 긍정적 효과가 곧바로 드러날 것이다. 흔히 공교육 정상화, 교원 평가제도 등의 도입에 대해 열정을 보이면서도, 왜 공교육 정상화에 크게 기여하는 바우처 제도를 도입하지 않는지 이해하기 어렵다.

바우처를 도입하면 최종 소비자들이 학교와 교원을 평가한다. 이러면 교원들은 '평판'을 얻기 위한 선의의 경쟁을 벌인다. 이처럼 학부모의 만족을 크게 높이는 방안이 있고 또 스웨덴 같은 곳에서는 실제로 적용하고 있다. 선거철마다 공교육 정상화를 내세우지 않는 정치인들은 없는데, 왜 그 방법으로 바우처 제도를 도입하겠다고 공약을 내세우는 정치가들은 없는가?

셋째, 앞에서 이미 설명한 것처럼 바우처 제도도 어떤 방식으로 운용되느냐에 따라 관료주의적 잔재가 남는 정도는 천차만별이다. 공립학교보다는 진정한 사립학교 중심체제가 될 때 관료주의적 잔재가 미치는 부작용이 최소화될 수 있을 것이다.[70] 왜 그래야 하는지 다음의 로스버드의 글은 잘 요약하

2 자유주의가 만악(萬惡)의 뿌리? **149**

고 있다.

정부 관료는 언제나 규정에 목을 맨다. 그들은 이 규정을 통일적으로 그리고 아주 엄격하게 적용하려 한다. 그렇게 하지 않고 관료 각자가 개별 사례에 대해 임의적으로 결정하면, 각 납세자와 시민을 통일된 방식으로 다루지 않았다는 비난에 직면할 것이다. 물론 이 비난은 정당하다. 그렇게 하면, 그는 누구는 차별하고 누구는 특권을 부여했다는 비판을 받는다. 더구나 관료로서는 현직에 있는 동안 통일된 규정을 확립해두는 게 행정적 편의성도 준다. 사적인 이윤추구 기업과는 달리, 정부 관료는 효율성이나 자신의 최고 능력으로 고객에게 봉사하는 데에는 별로 관심이 없다. 이윤을 벌 필요가 없고 손실을 볼 염려로부터도 안전하므로 그 관료는 소비자(고객들)의 수요와 필요를 외면할 수 있고 또 실제로 외면한다. 그의 주된 관심사는 '일반인의 괜한 관심을 불러일으키지 않는' 것인데 그는 바로 이 통일된 규정들을 고르게 적용함으로써 평지풍파를 일으키지 않으려 한다. 그는 특정 사안에 대해 이 규정을 적용하는 것이 얼마나 터무니없는지와 같은 문제는 개의치 않는다.[71]

바우처 제도는 학교 교육 이외의 다양한 교육, 예를 들면 홈스쿨링, 대안학교 등을 차단하거나 그런 교육이 이루어지는데 불리한 환경을 만들어줄 수 있으므로 대안학교, 홈스쿨링 등

---

70 물론 우리는 바우처 제도가 정착되기 이전에는 자유교육을 향해 나아가지 않아야 한다는 것은 아니다.

71 Rothbard, M. (1973/2006), p.155.

에 자신의 자녀를 보내기로 결심한 부모들에게는 교육세를 면제해줄 필요가 있으며, 특히 이 제도가 가난한 계층에 불리하게 작동하지 않도록 세심하게 배려해야 할 것이다.

세금으로 충당되는 바우처 제도를 통해 학교 교육에 대해 지원하는 경우, 특히 중학교 이후의 교육에 대해 지원할 때, 교육에 대한 과소비를 조장할 수 있다. 특히 소득이 높은 계층일수록 자녀들에게 더 많은 교육을 시키고 그 자녀들이 노동 시장에 늦게 진출하는 경향이 있음을 고려할 때, 이 제도가 소득이 낮은 계층을 불리하게 할 수 있음에 유의해야 한다. 더구나 국민연금 체제 아래에서 노동 시장 진출 시점이 늦어지면 연금 적립의 시기도 더 늦어지지만 연금 지급은 특정 연령 이후 시작된다는 점을 감안할 때, 연금에서도 소득 역진적인 현상이 발생할 수 있다. 그래서 바우처 제도는 최대 중학교(혹은 고등학교)까지 등의 방식으로 한정될 필요가 있다.

4. 미국의 너무 비싼 의료비,
자유의료시장 때문인가?

자유 시장 비판자들은 "미국 의료 서비스 체제가 지닌 문제점들은 자유주의를 따른 결과"라면서 "민간주도인 미국 의료 서비스 체제가 실패했으므로 한국은 유럽식 공공주도 의료 서비스 체제를 채택해야 한다"고 주장한다. 의료 서비스의 제공을 '장터에서처럼 돈을 주고 거래하지 말고' 사회주의화해야 한다고 강조한다.

미국에서는 직장을 잃으면 의료보험까지 잃기에 "실직자는 아프지도 말아야 한다"는 말이 나온다. 이런 불행한 미국 사회에서는 의료보험 미가입자가 4천6백만 명에 이르는데다 의료비가 비싸고 민간보험이 제공하는 의료보험료도 엄청나게 높다.[72] 이것이 자유 시장 비판자들이 강조하는 미국의 의료 서비스 상황이다. 과장되거나 왜곡된 부분도 없지 않지만,[73] 크게 보아 대부분 올바른 사실관계에 해당한다.

왜 이렇게 되었는가? 자유 시장 비판자들은 여기에 대해 침묵한다. 미국 의료 서비스 제도의 전개 과정을 검토하면, 이들의 결론이 잘못됐음이 밝혀진다. 의료 서비스도 다른 재화

---

[72] 이에 대해서는 Boyapati, V. (2010.5.26) 를 참고.

[73] 그런 과장의 하나가 미국에서는 '돈이 없으면, 병원에서 아이를 낳기도 힘든' 것처럼 묘사되기도 하지만, 사실은 그렇지 않다. 저렴하게 혹은 무료로 이용할 수 있는 곳들이 있다.

들과 마찬가지로 자유로운 시장에서 수급이 이루어질 때 소비자 후생을 가장 높이는 방향으로 공급될 것이다. 의료공급자는 새로운 치료술을 개발해 손님들을 끌어들이면 자신에게도 유리하므로 그런 노력을 기울일 것이다.

자유 시장 비판자들의 의료의 사회화 주장에 대한 근거로 내세운 미국의 의료 서비스 체제를 검토하기에 앞서 의료에 대한 보편적인 권리를 부여하는 것이 소비자들의 후생을 높이는 것인지, 기본적인 사실부터 검토해 보자.

1) 의료에 대한 보편적 권리, 소비자 후생을 높이는가?

어떤 정책이 좋은 의도에서 비롯됐다 하더라도, 그 정책이 잘못된 이론에서 나왔다면, 의도한 결과를 가져올 수 없다. 우유를 강제로 반값에 팔게 하는 가격통제 정책은 가난한 계층의 아기들을 돕겠다는 선한 의도에서 비롯된 것일 수 있다. 이 정책 덕분에 소비자들은 단기적으로는 이미 생산된 우유를 반값에 사먹을 수 있겠다. 그러나 반값 우유 정책은 장기적으로 우유 공급을 줄이게 해 우유 품귀현상을 초래한다. 결국 암시장에서 종전보다 더 많은 돈을 주려고 해도 우유 사기가 더 어려워지는 더 '나쁜 결과'를 만들어낸다.

좋은 의도가 좋은 결과로 연결되지 않을 수 있는데도 너무

2 자유주의가 만악(萬惡)의 뿌리? 153

나 많은 경우에 특정 정책들은 그것이 좋은 의도에 근거하고 있다는 사실만으로 정당화되고 실천된다. 그 대표적인 사례가 의료 서비스다.

'아프면 부축해주는 사회'. 얼마나 듣기 좋은가? 그래서 아프면 누구라도 의료 서비스를 받을 수 있는 '의료 서비스에 대한 보편적 권리'를 보장하는 정책은 매력적 제안으로 비친다.

오바마 미국 대통령의 의료개혁 정책은, 특히 과거 병력과 상관없이 보험료에 차별을 받지 않으면서 의료보험에 들 수 있도록 해서, 과거의 병력 때문에, [74] 의료보험이 없어서 혹은 의료 서비스 비용을 낼 여력이 없어서 의료 서비스를 받지 못하는 사람들이 한 사람도 없도록 하려는 '좋은' 의도를 가졌다. 그러나 오바마의 의도의 선함이 결과의 선함까지 보장하지 않음은 물론이다.

의료와 교육, 식료품, 의류 등은 모두 인간에게 필요한 것들이다. 어떤 재화나 서비스의 소비를 늘린다는 것은 다른 재화나 서비스에 쓸 돈이 줄어든다는 의미이다. 모두가 우리에게 가치가 있는 재화(가치재)이기에 생산되고, 거래된다. 소

---

74 과거 병력이나 현재 특정 질병을 앓고 있음을 알리지 않고, 그 질병이 발병하면 보험금을 타는 보험에 가입할 경우 사기죄로 처벌을 받았다. 이는 마치 주사위를 던지면 6이 나올 수밖에 없는 주사위로 던지면서 6이 나오는 데 돈을 걸고 건 돈의 6배를 타가는 것과 같기 때문이다. 오바마 대통령이 의료보험 가입조건으로 병력 등을 따지지 않도록 한 것은 그 사람에게 타인의 돈을 가져다 자신의 질병 치료에 쓰라고 말하는 것과 다름없다. 타인은 병들면 남은 돈이 줄어 충분한 치료를 못 받는다.

비자는 자신의 소득 범위 안에서 자신의 처지에서 가장 바람직하다고 여기는 재화와 서비스의 묶음을 선택한다. [75]

어느 악덕 의사가 나타나서 강제로 과잉 진료를 한다고 가정해 보자. 환자가 '보편적 권리'를 인정받아 큰 돈 들이지 않고도 치료받는다 해도 쓸데없는 곳에 돈을 쓴 셈이 된다. 이때문에 다른 재화나 서비스에 대한 소비를 줄여야 한다면 환자의 만족도는 줄어든다. 그의 만족도가 올라갈 수 있는 경우는 다른 사람이 의료비를 대신 지불해 줄 때에 가능해진다.

정부가 공공의료보험을 제공하면 그 비용은 결국 세금에서 충당할 수밖에 없다. 소득이 많을수록 더 많이 거두어들이므로 강제 건강보험료를 많이 내는 사람은 대부분 만족도가 줄어든다. 자신이 의료비로 지출하는 만큼 동일한 금액을 세금으로 내는 사람이라 하더라도 강제적인 건강보험제도를 운영하는 데는 행정 비용이 들어가므로 자신이 쓸 수 있는 비용은 종전보다 줄어들므로 만족도는 줄어들 것이다. [76]

의료 서비스에 대한 보편적 권리를 제공하면 의료보험료를

---

75 국방이나 치안 등 공공재에 해당하지 않으면서 정부가 공급하거나 재정을 부담하는 경우가 있는데, 이론가들은 이를 가치재라 불렀다. 그러나 가치가 없으면 시장에서 거래 자체가 되지 않을 것이므로 의료 서비스는 가치재인데 비해 우유는 아니라고 할 수 없다.

76 여기에서는 제 3자 지불에 따른 의료과소비와 의료 서비스 질의 저하 문제를 일단 논외로 하고 내고-되돌려 받기(*churning*) 문제만 고려하고 있다. 제 3자 지불 문제가 있다는 사실은 소비자들의 후생손실이 훨씬 더 커질 것임을 의미한다.

2 자유주의가 만악(萬惡)의 뿌리? 155

치료비보다 많이 내는 대부분의 중산층과 고소득층들은 후생의 감소를 겪는 셈이다. 저소득층 일부는 의료비를 다른 사람들로부터 지원받을 수 있으므로 후생의 증가를 누릴 수 있다. [77]

그렇다면 전(全) 국민 건강보험 제도를 시행하는 것보다는 전국민 건강보험제도에서 중산층 이상을 배제하고 빈곤층에게 국한된 의료부조(醫療扶助) 제도만 시행하는 것이 더 바람직하다. [78] 물론 이런 제도는 극빈자들로 하여금 의료에 대해 과잉 지출할 가능성이 있다. 이를 감안하면 빈곤층에 대한 지원들을 모두 철폐하고 이것들을 국민기초생활 보장제도 아래 통합하되 프리드먼이 제안한 음의 소득세(negative income tax)를 활용해서 각자의 필요에 맞게 지출하도록 하는 것이 경제학 논리로 볼 때 타당하다. [79]

'음의 소득세제'란 빈곤계층에게 최소한의 소득을 보장하면서도 현재 복지 제도에서 가장 골치 아픈 문제인 복지 제도에

---

[77] 보편적인 강제건강보험에는 소득 재분배적 요소 이외에 역선택과 도덕적 해이의 문제가 함께 포함되어 있다. 자신의 건강을 돌보지 않고 무절제하게 살수록 건강보험 재정에서 더 많은 재원을 지원받는 사람이 되는 것이 역선택에 해당하고, 무절제하게 만들 유인을 제공하는 것이 도덕적 해이의 문제이다. "의사의 충고를 무시하고 음주를 해서 신장이 못쓰게 된 여동생에게 자신의 신장을 떼어주어야 하는가? 이를 실천하지 않으면 비도덕적인가?"라는 질문이 가능하다.

[78] 복지국가의 개혁 방안의 하나로 현재 서구에서 논의되는 중산층의 복지수혜 배제 방안에 대해서는 이성규 (2010.6) 참고.

[79] 이에 대해서는 Friedman, M. (1990/2009) 참고, 이런 요지의 칼럼으로는 김영용 (2010.7.1) 참고.

내재한 인센티브의 왜곡을 바로잡기 위해 고안된 제도이다. 최근의 언론보도는[80] 현행 국민기초생활 보장제도가 빈곤으로부터 탈출하려는 유인을 약화시키는 반면, 이에 안주하려는 성향을 온존시켜 사람들을 이른바 복지함정(welfare trap)에 빠지게 한다는 점을 잘 보여준다.

현재와 같은 취업난 아래에서 아들이 취업했지만 그가 벌어오는 월급(210만 원) 때문에 그 가족이 기초수급자에서 탈락하면(기준소득 117만 원) 이에 따라 잃는 것, 즉 생계 지원금(96만 원)과 기타 의료비면제 등이 더 커서 아들의 취업을 말리는 상황이 나타나고 있다.

당장 급한 딱한 처지 때문이겠지만 이로 인해 자칫 기초수급 대상이 한 세대에 머무르지 않고 대물림될 수 있다. 실제로 기초생활보장 수급가구의 보장 기간별 현황을 보더라도 2010년 12월 30일 기준으로 총 기초생활수급가구 약 87만9천 가구 중 10년 이상 장기간 수급대상자로 머무르는 가구가 26.6%인 23만 4천 가구로 가장 비중이 높다. 기초수급에서 벗어난 사람도 급격하게 줄어들고 있다. 2011년에는 그 숫자가 30만 명을 넘어 섰으나, 2010년에는 17만여 명인데, 이는 현재 수급자가 147만 명 수준임을 감안하면 매우 낮은 비율일 뿐 아니라 그 비중이 크게 줄어들고 있는 점도 문제이다.

---

80 중앙일보 (2012.1.25)와 4, 5면의 관련기사 참고.

2008년의 국제 금융 위기에 따라 발생한 경기 침체를 감안하더라도, 이 통계수치는 추세적으로 볼 때 우리나라 복지 제도가 빈곤의 탈출을 지원하지 못하고 있으며 빈곤에 안주하게 하는 부작용이 매우 크다는 것을 보여주고 있다. 기초생활수급자 예산은 2001년 4조 원을 약간 상회하는 수준에서 2012년 9조 5천억 원을 넘어섬으로써 2배 이상 증가하였다(2012년 1월 기준). 이 예산이 147만 명의 수급자에게 집중되는 반면 수급자에서 벗어나는 순간 이런 혜택을 전혀 받지 못하게 되는 것이다.

이런 상황에서 가장 흔히 접하게 되는 제안은 소득을 얻더라도 여러 가지 혜택을 줄이지 말도록 하자는 것이다. 물론 그렇게 하면 사람들은 아마도 빈곤탈출을 위해 더 노력할지 모른다. 그러나 이것은 차상위 계층으로 보호의 범위를 계속 확대하는 것을 의미한다. 이는 전반적으로 복지에 기대어 살아가는 사람들이 늘어남을 의미하므로 결코 바람직한 해결책이라고 보기는 어렵다.

이는 마치 미국에서 실업자들을 위해 의료보호 제도를 만들었더니 이들이 직업을 가지려고 노력하지 않으므로 직업을 가지더라도 의료보호 혜택을 유지시키자고 하려는 것과 같은 맥락의 정책이다. 경제학적 관점에서 보면 이는 의료 과소비를 확대하는 것이어서 좋은 해결책으로 볼 수 없다.

이에 비해 음의 소득세제는 국민기초생활 보장제도 등 빈곤충을 위해 마련된 모든 예산들을 모두 합계낸 다음 이 자금들을 특정 소득 이하인 사람들에게 소득에 따라 재분배하는 정책이다. 음의 소득세라고 불리는 까닭은 특정 소득 이하인 사람들이 소득세를 내는 것이 아니라 거꾸로 보조금(음의 소득세)을 받기 때문이다.

그 기준이 되는 특정소득이 예를 들어 2백만 원이라고 해보자. 소득세율이 20%라면 월 5백만 원을 버는 사람은 소득 중 2백만 원을 상회하는 3백만 원에 대해 20%인 60만 원을 세금으로 낸다. 월 2백만 원인 사람은 소득세를 전혀 내지 않지만 국방과 치안 등의 공공재 서비스를 누린다. 이에 비해 월 소득이 100만 원이면 100만 원의 20%인 20만 원을 보조받게 된다. 소득이 전혀 없다면 2백만 원의 20%인 40만 원을 매달 보조받는다.

음의 소득 세제 아래 중요한 사실은 자기의 소득이 얼마이든 상관없이 더 많이 버는 것이 유리하다는 점이다.[81] 그래서 현재처럼 수급자에서 벗어나면 52가지 혜택이 거의 사라지는 이른바 '전부(All) 아니면 전무(Nothing)' 방식의 복지 제도로

---

81 소득을 y, 세금 총액 T를 낸 후의 가처분 소득을 y^d, 하고 세율을 t, 그리고 세금을 내지 않는 기준소득을 y^0라고 해보자.

$$y^d = y - T = y - (y - y^0)t = y - [yt - y^0 t] = y - yt + y^0 t = y(1-t) + y^0 t$$

제일 마지막 식을 살펴보면 소득이 0이어도 최소소득 $y^0 t$를 얻으며 소득이 높을수록 세후 가처분 소득이 높아짐을 알 수 있다.

인해 근로 의욕이 상실되는 모순이 사라진다.

음의 소득세제 아래에서는 모든 의료부조 등이 철폐되고 그 재원들을 빈곤층의 소득에 대한 보조금으로 지불한다. 이들은 보조금을 포함한 가처분 소득을 자신들의 필요에 맞추어 지출한다. 그래서 공공의료제도 아래에서 나타나는 의료 과소비와 같은 현상도 나타나지 않을 뿐 아니라, 빈곤에 안주하려는 유인도 사라진다. 그 외에도 정부의 다양한 소득 이전 프로그램들이 철폐됨에 따라 이에 수반되던 행정 비용도 감소할 것으로 기대되고 있다.

물론 음의 소득세 제도도 장점만 있는 것이 아니다. 어쩌면 엄청난 감시 비용이 들지 모른다. 그래서 자유 사회의 이상과는 괴리가 있다. 그렇지만 현행 제도보다는 장점이 많다. 현행제도에서도 감시 비용은 마찬가지로 드는 반면 복지의 덫에 걸리게 할 수 있기 때문이다. 정치적 반발도 극복해야 할 과제이다. 기존에 혜택을 많이 보던 계층이나 정치권, 이 제도의 확장이 자신의 이해관계와 부합하는 관료계층이 반발할 수 있다.

그러나 영국에서 민영화에 반대하는 세력들을 극복한 사례들이 있으므로 이런 반발은 극복할 수 없는 문제가 아니다. 정말 필요한 것은 문제에 대한 정확한 이해, 그리고 진정으로 빈곤의 대물림을 걱정하는 정치인들, 실제로 정치적으로 수용될 수 있는 정책을 고안해내는 정책 공학자들, 이들의 진정성을 지원하는 여론이다.

음의 소득세 제도를 현행 복지 제도를 개혁하는 방안으로 제안하는 취지는 프리드먼이 제안한 것과 똑같이 하자는 것이 아니다. 그 취지는 우리 현실에 맞게, 우리의 현실에서 복지 제도를 확장하지 않으면서 정치적으로 가능한 동시에 잘못된 인센티브 구조를 바꿀 방법인지 세밀한 미시정치학적 연구를 할 때 기본적 아이디어를 얻자는 데 있다.[82]

그런 치밀한 연구와 정치적 실행의 성패는 향후 대한민국의 국민들이 선진국들이 앓았던 '복지병'의 전철을 밟을 것인지 아니면 이에서 벗어나 새로운 자유의 길을 개척할 것인지를 가늠할 것이다.

물론 경제학적 논리로만 볼 때 가장 바람직한 방법은 국가가 강제로 세금을 거두어 빈곤층에게 시혜를 베푸는 것보다는 선행(善行)이 가족, 종교공동체, 청년의사회 등의 소규모 공동체에 의해 이루어지도록 하는 것이다. 이 경우에도 복지 제도가 없어질 때 생길 공백을 임시적으로 메워줄 중간단계로 음의 소득세 제도가 채택될 수 있다.

---

82 아담 스미스 연구소 소장 피리(Pirie, M) 박사는 그의 책 《미시정치》에서 "미시정치"의 필요성을 강조하였다. 그에 의하면, 민영화 정책은 영국과 미국에서 히스 정권과 닉슨 정권에서도 각각 시도되었지만, 정치적 지지를 확보하면서 민영화 정책을 확보해나갈 미시정치학적 정책들을 확보한 상태에서 민영화를 추진하지 않았기에 국영 공기업의 민영화에 실패하였다. 이에 반해 그런 미시정치학적 정책들을 가진 상태에서 민영화를 추진한 대처와 레이건은 민영화에 성공할 수 있었다고 한다.

2) 미국의 의료 서비스에 대한 불만, 자유주의를 따른 결과인가?

미국의 의료보험 시장에서 민간보험의 비중은 67.4%로 공적 의료보장의 비중 29.0%에 비해 훨씬 높다. 민간보험 시장에서는 고용자-지원 건강보험이 86.8%로 거의 대부분을 차지하며, 현재 4천 6백만 명이 무보험자로 추정된다. 미국 정부는 세금으로 65세 이상의 노령 인구(장애인 포함)에 대해서는 메디케어(*Medicare*)를, 저소득층(임산부 포함)에 대해서는 메디케이드(*Medicaid*)를 제공한다.

흔히 사회전체의 의료비 지출이 주로 어떤 재원으로 충당되느냐를 기준으로 의료 서비스 체제를 분류하므로 미국의 의료 서비스는 민간부문 주도형, 혹은 시장 주도형으로 분류된다. 이는 재원이 거의 세금 등으로 충당되는 영국 등 유럽의 의료 체제가 공공부문 주도형으로 분류되는 것과 대비된다.[83]

이런 분류 자체에는 특별한 문제가 없지만, 여기에서 우리가 주의해야 할 점이 있다. 즉, 충당 재원의 성격에 따라 이렇게 분류한다 하더라도 이 분류가 미국에서 의료 서비스의 공급과 수요가 자유 시장 원리에 따라 이루어진다는 증거가 될 수 없다는 점이다.

이 점은 제3자 지불 문제(*3rd party payment problem*)를 기준

---

83 윤희숙 · 고영선 (2009).

으로 의료 서비스 체제를 분류해 보면 금방 드러난다.[84] 제 3자 지불 문제란 남이 대신 나의 비용을 지불할 때 발생하는 문제이다. 의료비용 대부분을 다른 사람들이 내주는 공공부문 주도형에서의 문제를 지칭한다. 제 3자가 지불한다면, 자유로운 의료 서비스 시장에 비해 의료 수요 급증으로 의료 과소비가 초래된다. 당연히 의료비가 급증한다. 이 때문에 의료 이외에 교육, 주거, 문화, 생필품 등에 투입될 자원이 감소한다. 이는 앞에서 설명한 것처럼 소비자 후생의 감소를 의미한다.

의료 과소비는 의료비에 충당될 정부 지출을 크게 늘려, 재정 적자의 원인이 된다. 이러면 정부는 의료비 지출 증가를 억제하려고 진료비 총액 제한, 이용 제한 등 다양한 규제에 나서게 된다. 우리나라에서 정부가 건강보험 재정의 급속한 악화에 대응하기 위해 약가 통제, 진료 범위에 대한 통제, 이용 병원의 종류에 대한 규제 등에 나서고 표준 수가제 등을 도입하는 것도 똑같은 이유에서이다.[85]

미국의 의료 서비스 체제에서 제 3자 지불은 어느 정도일까? 민간주도형이라고 분류했으므로 제 3자 지불의 비율이 30% 정도, 혹은 최소한 50%보다는 낮을 것으로 추정된다.

---

84 의료비 급증의 근본적 원인은 고가 장비를 쓰는 진료(예를 들어 MRI 검사) 때문이 아니라 이를 가능하게 하는 제 3자 지불에 따른 수요의 급증에 있다. 이에 대해서는 Rothbard, M. (1995) 참고.

85 강남성모병원과 건강보험공단 사이의 과잉진료와 관련된 분쟁에 대해서는 월간조선 (2009.9) 참고.

하지만 아니다. 미국의 의료 서비스체제는 의료 서비스 1달러 가운데 76센트가 환자가 아닌 다른 제3자(정부·보험회사·고용주)가 지불한다는 점에서 공공 주도형 의료 서비스체제와 다를 바 없다. 재원을 중심으로 한 분류가 주는 착시현상에 유의해야 하는 이유가 바로 여기에 있다.

어떤 일이 있었기에 미국의 민간보험 시장에서, 자유로운 의료 서비스 시장에서는 나타나지 않는 제3자 지불 문제가 이렇게 광범위하게 나타나 사람들의 유인 구조를 왜곡시킨 것일까? 그 과정은 정부가 행한 하나의 간섭이 또 다른 엉뚱한 곳에 왜곡을 불러온 사례로서 다음과 같다.

연방정부는 제2차 세계대전 중 화폐 증발에 따른 대규모 인플레이션을 감추기 위해 임금-가격 통제를 실시하였다. 기업들은 이 규제를 회피하면서 유능한 인재를 확보하려고 임금 대신 건강 보험을 제시했다. 이는 기업들의 보편적 관행이 되었다. 의회는 투표자의 표를 얻으려는 경쟁 과정에서 건강 보험에 대해 과세하지 않기로 결정하였다. 이제 피용자들은 고용주가 보험을 지불했으므로 의료 비용에 무관심해지고 의료 소비를 늘려 의료 비용은 계속 높아졌다.[86]

이에 보험회사들과 고용주 측은 비용 통제에 나섰는데 선거에서 표를 의식한 정치인들이 앞장서 고용자-지원 의료보험

---

[86] 1965년 환자들은 병원비용의 17%, 1997년에는 5% 정도를 본인이 부담한다고 한다. 자세한 내용은 Boaz, D. (1997/2009) 참고.

의 커버리지가 확대되도록 강제하는 정부 규제를 도입하였다.

이런 과정을 거쳐 미국의 의료 서비스체제는 공적 의료보장 부문인 메디케어와 메디케이드뿐만 아니라 민간보험 시장에서도 '제3자 지불 문제'라는 잘못된 유인 구조가 널리 자리 잡았다. 이것이 미국에서 의료 서비스의 가격과 의료비 지출이 급증한 근본 이유이다. 이렇게 되자 민간보험 시장에서 직업을 가진 사람은 세금-지원을 받는 고용자-지원 건강보험을 가지게 된 반면, 무직자는 커다란 불이익을 안게 되었다.

제3자 지불 문제가 야기한 의료 서비스에 대한 수요 급증에 따라 의료 서비스 가격은 급등하였고, 의료보험의 보험료가 특히 세금의 지원을 받지 않은 상태에서는 너무 높아졌던 것이다. 그 의료보험료가 너무 높아진 결과 무보험자 역시 급증했으며, 직장인들은 직장을 잃으면 '마음대로 아플 수 없는' 처지가 되고 말았다.

자유 시장 비판자들은 이런 현상을 두고 "미국에서는 직장을 잃으면 아프지 말아야 한다"면서 마치 이것이 자유로운 의료 서비스 시장을 따른 결과인 듯 설명한다. 하지만 이는 미국의 의료 서비스체제의 정착 과정과 인센티브 구조 등을 살펴보지 않은 잘못된 결론이다.

"미국에서는 실직하면, 아프지 말아야 한다"는 아픈 현실은 왜 의료 서비스 시장에서도 자유 시장의 원리를 따라야 하는지를 웅변적으로 말해준다. 선진국인 미국에서 4천만 명 이

상의 인구가 의료보험을 가지지 않다는 놀라운 사실의 배경에는 이런 이유가 숨어 있다. [87]

미국 의회는 고용자-지원 건강보험에 대해 소득세를 면세해줌으로써 (그런 혜택을 받을 수 없는) 무직자로부터 직장인에게로 소득을 이전시킨 것이다. 이 사례도 전반적으로 세금은 적은 것이 좋고 그런 점에서 면세를 비판할 필요는 없지만, 이 경우 면세는 인센티브의 왜곡을 불러왔다. 과거에 벌어진 일들을 되뇌어보면 이렇다.

임금 통제, 이를 회피하기 위한 임금을 대신한 고용자-지원 건강보험의 제공, 고용자-지원 건강보험에 대한 면세의 강화, 의료 수요 급증, 의료비(의료보험료) 급증, 4천 6백만 명 규모의 무보험자들과 "직장을 잃으면 아프지 않아야 하는" 미국 시민들.

참으로 역설적인 것은, 이처럼 미국의 의료 서비스와 의료보험 시장에서 불만스러운 측면들은 분명 정부의 간섭과 지원 등이 어우러져 나온 결과인데도 의료비가 비싸다보니 '보편적 의료(수혜)권'과 같은 정치적 슬로건이 상당수 유권자들

---

87 무보험자가 4천 6백만 명이라는 사실을 자유 시장 제도의 실패인 양 오도하거나 과장할 필요가 없는 이유는 이런 배경 이외에도 더 있다. 무보험자의 40%는 35세 이하이고 무보험자의 20%는 연소득이 7만 5천 달러 이상의 고소득자였다. 무보험자의 상당수는 보험을 들 여유가 있으나 이를 들지 않기로 선택한 사람들이며, 젊고 건강해서 보험이 필요하지 않다고 생각한 사람들이다. 이에 대해서는 Boyapati, V. (2010.5.26)를 참고.

의 지지를 받는다는 점이다. 이런 정치적 지지가 오바마가 좀
더 사회주의적 방향으로 의료 서비스체제를 고치는 정책을
추진한 배경이 되고 있다.

아마도 더 이상 손을 댈 수 없을 정도로 문제가 심각해진 이
후에 진정한 의미의 자유 시장 의료 서비스체제로 돌아올 수
있을지 모르겠다.[88] '간섭은 더 큰 간섭을 낳는다'는 미제스의
경고는 여기에서도 적용된다. 이는 작은 간섭에 대해서도 좀
더 분명하게 반대 목소리를 낼 필요성이 있음을 의미한다.

3) 의료의 사회화가 불러온 비극:
  환자 내다 버리기

의료의 사회화가 가져온 비극은 '환자 내다 버리기'에서 그 극
치를 보여준다. 이런 극단적 사례를 다루기에 앞서 보편적 의
료권(의료의 사회화)을 추구할 때 어떤 문제들이 생기는지 따
져 보자. 의료의 과소비, 의료 부정, 과잉 진료, 진료 내용 규
제 등을 통한 관료주의 등 수두룩하다. 이에 대해 좀더 냉정
하게 다룰 필요가 있다. 그런 다음 구(舊) 소련에서 벌어졌던

---

88 그러나 미국의 의료 서비스가 불만족스럽다고 해서 유럽의 공공의료 체제가 미국에
  비해 만족스럽다는 의미는 아니다. 엄청나게 긴 대기 시간, 낮은 질의 서비스, 의료
  진에 대한 금품제공 등 공공의료 서비스의 문제점은 널리 알려져 있다. 미국에 비해
  공공의료 서비스 체제로 운영되는 캐나다에서 미국으로 치료를 받으러 무수한 환자
  들이 넘어오고 있다.

환자 내다 버리기에 대해 살펴보고, 왜 미국에서도 이런 일이 벌어진 적이 있는지 알아보겠다.

(1) 과소비와 선별 기능의 장애에 따른 왜곡

강제적 보험을 들게 하고 의료에 대한 보편적 접근권을 허용할 때 가장 먼저 닥치는 문제가 의료의 과소비이다. 예를 들어, 특정 의료 서비스의 비용은 총 11만 원인데 실은 모두 내가 모두 부담하는 경우라고 해보자. 10만 원은 내가 건강보험료로 낸 것으로 건강보험공단에서 내가 진료 받은 병원에 지급하는 금액이고, 나머지 1만 원은 내가 진료 받고 나서 그 병원에 지불한다.

처음부터 내가 모든 비용을 지불한다면 나는 조금 아프더라도 병원을 찾지 않고 병이 낫기를 기다렸을 수 있다. 그러나 이렇게 참는다고 해서 건강보험공단에서 내게 10만 원을 지불하는 것도 아니므로 나는 참는 대가가 1만 원을 넘기만 하면 병원을 찾을 것이다. 의료 서비스를 필요 이상으로 소비하는 셈이다.

여기에는 일종의 공유지 문제가 개재된다. 일단 세금으로 낸 돈은 공유지와 같은 성격을 띤다. 공유의 목초지인 경우, 각자는 자신의 소에게 공유지의 풀을 먼저 많이 먹이려는 유인은 있는 반면, 공유지가 황폐화되는 문제를 고려하지 않는다. 마찬가지로 사람들은 건강보험재정이 적자가 될 수 있다

는 문제는 고려하지 않으면서 서로 먼저 건강보험의 기금을 빨리 쓰려는 유인이 발생한다. [89]

그러다 보니 자잘한 질병까지 모두 건강보험의 재정을 쓰려는 유인이 생겨 기금을 축낸다. 정작 적은 돈으로는 감당할 수 없는 중병에 걸렸을 때 건강보험이 별 도움을 주지 못할 수 있다. 물론 큰 병이 났을 때도 충분한 보험금이 지급되도록 할 수 있지만 이렇게 하면 재정 적자 문제가 더욱 빨리 심각해질 것이다. 이를 자동차보험에 비유하면 자동차 사고에 보험금을 쓰는 것이 아니라 주유나 튜닝에 보험 재정을 씀으로써 막상 사고가 났을 때 별 도움을 얻지 못하게 되는 것과 같다. [90]

각자가 보험료를 내면서 드는 민간 의료보험에 비해 전국민 건강보험은 또 다른 측면에서 과소비를 일으킨다. 대개 보험은 특정 사건이 발생하면 확정 금액 얼마를 지불하는 식으로 설계된다. 암이 발병하면 얼마를 지불한다와 같은 방식이다. 보험에 가입하는 개인의 행동이 그 사람이 받을 보험금 총지급액에 영향을 주어서는 보험이 성립되기 어렵다. 그런

---

89 이런 건강보험기금의 공유지적 성격에 사유지의 성격을 좀더 부여하는 방법이 의료저축계좌 제도의 도입이다. 이 제도는 병원에 가지 않음으로써 건강보험기금을 아낄 경우에는 이 아낀 금액에 대해 일정한 인출권을 부여한다. 싱가포르가 이 제도를 도입하여 건강보험의 재정 안정성을 높였다.

90 자동차보험에서와 같은 방식으로 강제 건강보험을 다시 설계할 수 있겠지만 이렇게 하면 아마도 평소에 건강보험의 혜택을 느낄 수 없게 된 무수한 사람들이 강제 건강보험료 납부에 대해 반발할 것이다. 정치권이 그런 반발을 불러올 개혁을 할 가능성은 높지 않다.

데 병원에 여러 번 방문하는 보험가입자의 행동은 분명 건강
보험 재정에서 더 큰 액수의 보험금을 그 사람에게 지불하게
하는 셈이 된다. 그런데 누구든 '아프면 부축해주는' 사회를
약속하고서 어떻게 아프다면서 찾아오는 환자들을 통제할 수
있겠는가?

과소비라는 현상 이외에도 또 다른 문제가 도사리고 있다.
앞의 가상적 사례에서 나는 11만 원을 모두 낼 때라면 어느 병
원이 더 좋은 서비스를 제공하는지 알아보겠지만, 1만 원만
내기에 아무 병원에나 간다. 일반적으로 다른 상품은 공급자
들이 소비자의 선택을 받으려 질을 높이고 가격을 낮추려 기
를 쓴다. 감기 같은 가벼운 질병의 경우 환자는 의료 서비스
질에 그렇게 민감하지 않으므로 아무 병원에나 간다. 의사 역
시 환자들의 선택을 받으려는 노력을 별로 기울이지 않는다.

시장의 경쟁 과정이란 평판을 얻으려는 경쟁이다. 이 과정
에서 누가 어떻게 얼마나 잘하는지 평판이 형성된다는 점을
감안할 때[91] 이런 문제는 장기적으로 의료 서비스의 질을 낮
추는 요인으로 작용한다.

<hr>

91 이와 관련해 하이에크는 "발견과정으로서의 경쟁"(*competition as a discovery procedure*)이라는 개념을 처음으로 제시하여 정태적 경쟁개념이 파악하지 못한 경쟁의 중요한 기능을 우리에게 가르쳐주었다.

(2) 관료화 : 의료 부정, 과잉 진료, 진료 규제 ―
　　의사와 건강보험공단의 갈등

의료의 과소비가 빚어지면 재정 적자 문제가 부상한다. 그러면 건강보험공단은 서비스의 내용을 규격화하고 의료비를 통제함으로써 비용 증가를 최대한 억제하려고 한다. 의사의 판단이 아니라 규정집에 의해 어떤 질병에 대한 진료가 어느 수준을 넘어서면 과잉 진료로 판정을 받고 제재를 받는다.

　의사로서는 환자 각자에 따라 다른 처방을 내리고 새로운 치료술을 적용하려 하지만, 규정집은 이런 질병에는 이런 정도만 진료해야지 그 이상 하면 과잉 진료라고 규정한다. 비용 통제가 너무나 절박하면 의사의 요구는 묵살된다. 의사가 순진하게 규정집을 보지 않은 채 치료에 최선을 다하면 금전적 불이익을 받게 된다. 이 규정집을 세세하게 알지 못하는 의사는 언제든지 자기도 모르게 규정을 위반할 수도 있다. 그래서 때로는 억울하게 느끼더라도 의사로서는 '국세청보다 무서운 심사평가원'이 조사 나오지 않도록 대개 그 처분을 따른다.

　시장에서는 평판을 위한 경쟁이 작동한다. 소비자들로부터 과잉 진료를 한다는 평판을 얻으면 병원은 생존하기 어렵다. 이런 사실이 과잉 진료를 막는 기능을 한다. 전국민이 공적 의료보험제도 아래에 있을 때는 과잉 진료 여부는 심평원 직원들이 규정집에 근거해서 판단한다. 흥미로운 점은 이 직원들이 의사보다 전문성이 떨어지는 사람들로 충원된다는 사실이다.

이 규정집은 모든 세세한 경우를 다 담을 수 없으므로, 의료소비자는 자신의 처지에 맞는 의료 서비스를 받을 확률이 낮아진다. 이런 규정집의 세계에 들어서는 순간, 의료소비자는 최고의 의사가 그 질병에 필요하다고 판단하는 치료가 아니라[92] 규정집에서 지정하는 치료를 받게 된다. 규정집은 변화하는 의료기술 같은 공급측 변화 요인이나 수요에서의 변화를 제때 제대로 반영할 수 없다.

더구나 일부 의사는 치료에 특별한 재주가 있는 게 아니라 규정집의 허점을 잘 파악하고 이를 '악용'하여 규정집을 만족시키면서도 실제로는 과잉 진료를 함으로써 돈을 잘 번다. 환자를 잘 치료하고 잘 보살피는 소비자 만족이 아니라 형식적 규정집 만족이 어느 의사가 더 많이 버는지 기준이 되는 어처구니없는 상황이 발생한다. 심지어 경우에 따라서는 부정이 저질러질 수 있다. 이를 감시, 감독하는 데 또 추가 비용이 든다.

강제적인 전국민 건강보험이 도입되면서 점차 의원이나 병원들이 관료적 통제 아래 놓이면서 의료 서비스체제가 점차 관료화된다. 이런 관료화가 극단에 도달한 상태가 바로 사회주의 계획 경제 아래에서의 의료 서비스체제이다.

---

92 시장에서 최고의 의사가 하는 처방은 시간이 지나면서 시장 전체로 빠르게 확산된다.

(3) 의료의 사회화의 결과 :
　구(舊)소련에서의 환자 내다 버리기

사회주의 중앙계획 당국이 목표 환자-회생(回生) 률을 특정 병원에 하달하면, 병원 관리인은 이 할당량을 채워야 한다. 이 목표의 비현실성을 지적하면 경제 전체에 대한 계획을 세우지 못하므로 이의 제기는 반동으로 취급된다.[93] 병원은 목표를 채워야 한다.

　소련에서 직접 사회주의 의료체제를 경험했던 말체프는 미국과 같은 나라에서 의료 서비스체제를 구소련에서처럼 사회화하려는 노력이 얼마나 위험한 것인지 다음과 같이 말한다.[94] "병원 밖에서 통증을 이기지 못한 채 죽고 싶다면 사회주의 계획 경제 아래에 있던 구(舊)소련처럼 전면적인 공공의료제도를 지지하라."

　전면적인 공공의료 제도가 실시되고 의료 서비스에 대한 보편적 권리가 확보되었던 구소련의 공공병원들은 성공한 치료가 많다는 통계적 목표치를 달성하려고 병원에서 죽어가는 사람의 수를 최소화시켜야했기에 시급한 치료를 받아야 할

---

93 왜 사회주의 계획 경제에서 이런 이의 제기가 불가능한지, 하이에크는《노예의 길》에서 갈파했다. 사회 전체에 대한 계획을 짜기 위해서는 우선순위에 대한 선호가 필요한데, 민주주의 의회라는 '말 가게'(*talk shop*)에서 그 선호에 대해 이러쿵저러쿵 말하는 것을 허용하면 합의에 이를 가능성도 없고 합의된 계획을 집행해낼 가능성은 더 없어진다.

94 Maltsev, Y. N. (2009.8.21).

2 자유주의가 만악(萬惡)의 뿌리?　173

중환자일수록 오히려 병원 밖으로 추방하였다. 이들에게 통증 완화제조차도 제대로 공급되지 않았다. 무슨 말이 더 필요한가?

이런 환자방기(patient dumping)는 미국에서도 벌어졌던 적이 있다. 의료 서비스에 대한 보편적 권리를 강화하여 응급실 환자는 환자의 지불 여력과 상관없이 반드시 치료하게 하자 생긴 일이었다.[95] 환자 치료를 거부했다가는 '보편적 의료 접근권'이라는 기본권을 침해한 범죄로 처벌을 받게 되었다.

도심 늦은 밤에 벌어지는 각종 사고에서 다친 환자들이 응급실로 몰리자 병원마다 이들을 다른 병원으로 떠넘기려 안간힘을 쓰는 일이 벌어졌다. 이것마저 여의치 않고 응급실로 몰려오는 환자가 많아지자 병원들은 자신을 보호하는 방편으로 아예 응급실을 폐쇄하였다. 응급실이 없으므로 응급실로 실려 오는 모든 이에게 보장되어야 할 '의료 접근권'을 침해할 일도 없게 된 것이다.

의회의 의원들의 입법에 대해, 의회 소속기관이 그 잘못을 지적하기는 쉽지 않겠지만 우리의 감사원에 해당하지만 미국 의회에 소속된 기관인 정부책임처(Government Accountability Office)는 이런 입법의 폐단을 지적한 바 있다.[96]

---

95 이에 대해서는 다음 문헌들을 참고. Hall, M. A. (1998); Epstein, R. (1997/2006).
96 GAO (1991).

174

(4) 의료 서비스 제공과 수익성의 장터

의료 분야에서 수익 추구를 죄악시할 이유는 없다. 이를 죄악시하거나 보상해주지 않으면서 무조건 치료를 강제하면 오히려 환자 방기 현상이 벌어질 수 있다. 생명 유지에 필수적인 식품도 가격 기능과 이윤 동기에 의해 공급돼야 식량배급제 때보다 더 잘 공급된다. 정신적 건강에 필수적인 문화 상품인 시집, 철학서적, 음악 등도 이윤 동기가 있어야 잘 공급된다.[97] 이런 점들을 고려할 때, 의료 서비스의 경우에도 이윤 동기에 의해 더 소비자들의 필요에 맞게 공급될 것이다.

의료분야를 장터처럼 만들지 않겠다는 것은 의료 서비스 수급에서 가격 기능을 막는다는 의미이다. 이는 실패가 보증된 정책이 아닐 수 없다. 그러나 의료 서비스의 공급도 여타 다른 재화의 수요와 공급과 마찬가지로 가격을 인위적으로 통제하는 순간 시장의 공급 자체가 감소하거나 사라질 수 있다.

의료분야를 장터로 만들지 않으면서 의료 서비스에 대한 가격 통제를 통해 가난한 사람에게도 충분히 치료받을 수 있도록 하려는 생각은 발상하기 쉬울지 모른다. 그러나 이런 정책을 실행한다면 프랑스혁명 당시 로베스피에르가 우유 가격을 절반으로 인하해서 빚어진 우유 품귀현상과 유사한 사태를 일부러 촉발하는 셈이 된다.

---

97 이와 관련해서는 김이석 (2001) 참고.

　요즘 흥부외과 의사를 찾아보기 어렵다. 꼭 필요한 전문의이지만 강제로 책정된 진료비가 너무 낮아 버티기 힘들다. 의료 서비스 공급도 우유 공급과 다르지 않다. 어떤 사람들은 의료 서비스는 장터에서처럼 거래되도록 해서는 안 된다고 주장하지만, 돈을 많이 벌 것으로 기대되는 성형외과로 의사들이 몰려드는 반면, 환자에게 절실히 필요한 흥부외과에 전공의를 구하기 어렵다는 것은 무엇을 의미하는가? 의료 서비스분야에는 장터의 논리가 적용되지 않는다거나 적용되지 말아야 한다는 주장이 담고 있는 위험이 얼마나 큰지 깨달아야 한다. 이는 삶과 죽음과 관련된 문제이다.

(5) 투자 개방형(영리) 의료법인의 허용 문제

우리가 앞의 논의들을 진지하게 받아들인다면, 우리는 의료 서비스를 흔히 주장되는 것과는 반대로 장터의 수익성 논리로 공급하여야 한다. 그것이 수요자에게나 공급자 모두에게 바람직하다. 물론 우리가 의료 서비스에 장터논리가 이미 들어가 있고, 이를 거스르지 않게 의료 서비스 정책을 펼쳐야 한다고 하더라도, 시장에서도 소규모 공동체에서 유대감을 누리고 싶은 욕구가 존재한다. 이런 유대에 관심을 가진 의사들이 장터의 논리가 아닌 동감(同感)과 선행(善行)의 논리를 실천하면 된다.

　우리를 감동케 했던 기록영화 〈울지마 톤즈〉의 주인공이

자 의사이기도 했던 이태석 신부는 예수의 사랑을 실천하기 위해 그런 선행을 아프리카 남수단의 주민들에게 베풀다 떠나셨다. 모든 의사에게 이태석 신부처럼 행동하라고 강요하지만 않으면 된다. 강요에 의한 자선은 자선이라고 부를 수도 없을 뿐 아니라 실제 효과는 의료 서비스가 필요한 이들이 제대로 된 서비스를 더욱 얻기 어렵게 만들 수 있기 때문이다.

그래서 투자 개방형 병원을 허용하는 것을 두고 의료를 수익성의 장터로 만든다고 비난할 필요가 없다. 본인의 소신이 그렇다면 수익성이 아닌 방식으로 의료 서비스를 제공하면 된다. 의료 서비스가 인간의 생명을 다루기 때문에 수익성의 장터로 만들면 안 된다고 주장하기도 어렵다. 인간의 생명에 필수적인 식품은 왜 수익성의 장터에서 공급되는 데도 문제가 없는가? 의료분야의 문제는 의료를 수익성의 장터가 되게 하여야 제대로 해결된다.

이 점을 우리가 확신할 수 있다면, 현재 영리를 추구할 수 없게 되어 있으나 실은 수익에 신경을 써야 하는 병원에 대해 수익을 추구할 수 있는 투자 개방형 법인, 즉 주식회사로 만드는 것도 허용해야 한다. 투자를 유치하여, 수익을 추구할 수 있으면, 병원은 소비자의 필요에 더 민감하게 반응할 것이다. 의료 서비스가 특별히 더 중요한 서비스라고 주장하면서, 주식을 모집하여 의료공급이 더 경쟁적으로 잘 이루어지게 할 수 있는 길이 있는데도 이런 길을 봉쇄하려는 것은 모순이다.

병원 주식회사를 허용하는 동시에 의료 서비스 체제를 자유 시장에 적합하게 개혁해야 한다. 우리나라의 의료 서비스는 더 이상 엄밀한 의미에서 시장에서 공급되는 재화로 보기 어렵다. 건강보험 가입 자체가 선택이 아니라 강제되어 있다. 우리의 의료 서비스는 강제적인 전국민 건강보험 제도 아래에서 가격이 통제되고, 의료 서비스 범위가 심하게 규제되는 시장(hampered market)에서 거래되고 있다.

의료분야에 공공성이 강화될수록 더 좋은 것이라면, 당연히 계획 경제 아래에 있던 구(舊)소련에서의 의료 서비스가 가장 만족스러워야 했다. 그러나 앞에서 살펴보았듯이 현실은 이와 달랐다. 시장에서 가격이 지닌 유인과 정보제공 능력을 의료 분야에서도 발휘되게 하여 경쟁을 통한 발견 과정이 나타나도록 하면, 의료 서비스 공급자뿐 아니라 소비자들에게도 더 좋다는 이야기이다.

의료 서비스분야를 자유 시장 경제체제에 성공적으로 어울릴 정도로 변화시킨다면 이는 엄청난 낭비를 제거할 것이다. 또 의료 서비스가 필요한 중환자를 외면하거나 불필요한 과잉 진료를 함으로써 실제로 치료가 필요한 환자를 제대로 치료하지 못하는 이상한 일은 벌어지지 않을 것이다.

5. 공동체적 유대의 파괴, 자유 시장 때문인가?

자유 시장이 공동체적 유대를 파괴한다거나 심지어 인간의 도덕성을 파괴한다고 비판받기도 한다. 최근의 금융 위기를 통해 "세계화가 가난한 나라의 공동체적 유대를 파괴한다"는 주장들이 더 거세지고, "실업의 공포가 인간성을 파괴한다"거나, "탐욕이 금융 위기를 불러왔다"는 등의 주장들이 펼쳐지고 있다.

공동체적 유대의 파괴 주장과 관련해서 분명히 알아야 할 사실은 과거와 오늘날이 크게 다르다는 점이다. 분업을 통한 협업이 국제적 수준에 이른 도덕 규칙이 어찌 소규모 대면사회에서 요구되는 윤리와 같겠는가. 시장이 발전하기 이전의 '예전 공동체'에서와 같은 유대관계를 현재의 시장체제에서 요구하는 것은 마치 인구와 소득을 당시 수준으로 줄이자고 주장하는 것과 다름없다.

자유 시장 체제 아래에서도 가족을 비롯한 기초적 공동체가 있고 더 나아가 자발적으로 형성된 다양한 '현재의 공동체'들이 있다. 복지국가처럼 국가가 개인의 삶에 깊숙이 개입할수록 개인 사이의 유대가 국가와 개인과의 관계로 대체되어 개인의 원자화가 진행된다. 그 결과가 바로 현재의 공동체적 유대의 약화이다.

우리가 지키는 도덕 혹은 법과 관련된 행동규칙을 3가지로 분류해보자. ① 나의 성공에 필요한 행동규칙, ② 사회가 유지되기 위해 반드시 지켜야 할 정의의 규칙, ③ 타인에게 베푸는 행동규칙 등으로 나뉜다. 자유 시장에 대한 비판은 주로 타인에게 베푸는 선행의 규칙과 연관되어 제기된다. 시장의 발전과 더불어 정직성, 친절함, 신중함, 성실성 등 다른 이들을 유쾌하게 하고 자신의 성공에도 필요한 행동규칙들이 발전한다.

　정의의 도덕 규칙과 이타적인 선행도 국가와 개인 간에 어떤 방식의 분업이 바람직한지 고려해 보면, 국가에 의해 강제된 선행은 필연적으로 강제적 징세를 통해 구현되므로 남의 생명과 재산을 침해하지 않는다는 정의의 규칙에 손상을 가한다. 따라서 선행은 개인들이 동감(同感)하도록 하는 현재의 소규모 공동체 활동 속에서 자발적으로 구현되도록 하는 게 바람직하다. 국가는 정의의 규칙이 지켜지도록 보장하는 데 전념하면 좋다. 이러한 도덕 규칙의 분업 체계가 이상적이다.

1) 자유주의가 공동체적 유대를 파괴하는가?

앞에서 언급했듯이 자유주의 혹은 자유 시장 경제에 대한 가장 흔한 비판은 "이것이 기본적 공동체인 가족을 비롯한 공동체의 유대를 파괴한다"는 것이다. 우리는 먼저 이 비판자들이 어떤 공동체를 염두에 두고 자유 시장이 공동체적 유대를 파괴한다고 주장하는지부터 확인한 다음 그 대상에 따라 그런 주장이 의미하는 바를 드러낼 필요가 있다.

(1) '예전' 공동체에 대한 향수

어떤 경제가 분업과 협업의 정도가 낮은 전통적 농경사회에서 그 정도가 매우 높은 시장 경제로 이행하는 중이라고 해 보자. 농촌에서 도회지로 나온 사람들은 그들의 고향인 동성(同姓) 부락에서 느끼던 유대감을 도회지의 이웃으로부터는 못 느낀다. 그래서 자유 시장 비판자들은 "강한 공동체적 유대가 존재하는 과거의 농경체제에서 사람들이 오늘날보다 더 행복했다"고 말하며, 그 연장선상에서 "시장 경제가 공동체적 유대를 파괴한다"고 비판한다. 이 때 이들이 염두에 두고 있는 공동체는 시장 경제가 발달하기 이전의 농촌과 같은 공동체이다. 이를 '예전 공동체'라고 부르기로 하자.

농어촌 주민들은 주로 공동 생산을 하며 서로 자주 어울리므로 누구 집에 숟가락이 몇 개 있는지도 서로 알기에 동감(同感)하기가 쉽다. [98] 그래서 이웃에게 이타심을 발휘하기도 쉽다. 이들은 이 공동체 속에서 편안한 유대감을 느끼고 살았다. 한국에서 산업화가 빠르게 진행되면서 동족부락에서 살

---

[98] 이처럼 서로에 대해 잘 알 수 있을 때 동감(同感) 혹은 역지사지(易地思之)를 통해 남의 아픔을 나의 아픔처럼 느낄 수 있게 된다. 그 구성원 가운데 누가 어려운 처지가 되면, 그 사람을 돕고자 하는 마음(beneficence)이 우러난다. 이에 대해서는 민경국(2007)의 5장 "도덕의 문제와 자유주의의 지혜" 참고.

다가 현재 도시로 이주한 중노년층은 대개 과거의 공동체 생활이 주는 유대감에 대한 향수를 가진다.[99]

사회적 분업이 확장된 거대 사회로 들어서면, 분업의 이익에 따라 생산성이 높아지고 소득이 늘어나지만, 과거 농경생활에서처럼 생산뿐 아니라 거의 모든 활동을 함께하는 공동체적 삶을 사는 사람들은 크게 줄어든다. 대부분의 사람들은 같은 부서의 친한 직장동료들을 제외하고는 서로 잘 모르는 사람들과의 접촉이 잦아진다. 그러나 분업을 통한 협업이 국제적으로까지 확장된 오늘날 시장사회 사람들도 '부족사회의 정신구조'와 공동체적 유대에 대한 욕구를 여전히 지니고 있다. 이런 욕구를 가족과 친지들의 모임, 종친회, 동문회, 동호인 모임, 종교 활동, 학회 활동, 친목계와 같은 상호부조 모임 등 자발적으로 형성된 다양한 모임에 참여해 충족한다. 이런 공동체들을 '현재의 공동체'라 부르기로 하자.

자유 시장 비판자들은 '현재의 공동체'가 시장 경제 발전 때문에 파괴되어 간다고 주장하는 셈이다. 이런 주장을 면밀히 검토해 보려면 어떤 공동체를 말하는지 살펴보아야 한다. 그렇지 않으면 그 주장이 안고 있는 문제점들을 제대로 파악하

---

99 농어촌세와 같은 세금에 대한 저항이 별로 없는 것도 이런 향수에 기인하는지도 모른다. 당장 도시생활을 청산하고 전원생활을 시작할 생각은 없으나 퇴직 후 이를 꿈꾸는 사람들도 상당수 있으며, 일부 사람들은 마음이 맞는 사람들끼리 모여 전원생활을 실행하기도 한다.

기 어렵다.

먼저 시장 경제가 '예전 공동체'의 유대를 파괴한다는 주장을 살펴보도록 하자. 자유 시장의 발전에 따라 시장 경제가 본격적으로 발전하기 이전의 농촌에서 느낄 수 있던 — 비록 개인에 대한 집단주의적인 압력이 강하지만 동시에 소속감도 강하게 작용했던 — 구성원들 간의 유대감을 현재 세대들이 잘 느끼지 못하게 되었다고 주장한다면, 이는 아마도 사실일 것이다.

그러나 여기에서 한걸음 더 나아가 그렇기 때문에 지금의 세대가 더 불행하다거나 과거와 같은 사회로 회귀하여야 한다거나 그런 사회를 닮도록 전체 사회를 개조해야 한다고 주장한다면, 이는 논리적 비약이다. 예컨대 해방 직후와 같은 빈곤 상태로 돌아갈 수는 없다.[100] 과거 회귀 주장은 대다수 경제학자들에게는 '낭만주의적인 순진한 생각'으로 비친다.[101]

---

100 대부분의 사람은 이런 유대를 느끼기 위해 굶주림을 선택하지는 않을 것이다. 분업과 협력의 범위가 전세계적인 오늘날의 현실에서, 분업과 협력의 범위를 과거의 농경사회의 수준으로 줄이게 되면 소득의 급감, 생산의 급감을 초래하여 현재의 인구가 과거 농경사회 수준으로 줄어야 할 것이다. 아울러 상당수의 사람들에게는 그런 농경사회와 대면사회가 주는 유대감이 익명사회가 주는 편리함과 프라이버시의 확보에 비해 더 낮은 가치일 수도 있다. 실제로 모든 비용을 치르더라도 그런 유대감을 느끼고 싶은 사람들이 있다면, 다른 사람들에게 강요하지만 않는다면, 자유사회에서는 그들은 비슷한 생각을 가진 사람들끼리 공동체를 형성해 그런 삶을 추구할 수 있을 것이다. 이것이 자유주의의 또 다른 장점이다.

101 스티글리츠는 그의 저서인《세계화와 그 불만, 혹은 인간의 얼굴을 한 세계화》에서 세계화의 진전으로 공동체가 피폐해지고 있음을 지적한 바 있다. 여기에서 그가 말

(2) '현재의 공동체'의 해체

시장 경제가 공동체의 유대를 약화시킨다는 자유 시장 비판자들의 주장에서 공동체란 시장 경제 속에서 존재하는 '현재의 공동체'를 가리키는 것으로 볼 수 있다. 너무 과장할 필요는 없지만, 현재 공동체적 유대가 약화되는 것은 사실이다.

예를 들어, 가장 기초적 공동체인 가족의 유대는 과거에 비해 뚜렷하게 느슨해졌다. 이제 부모의 노후가 자신의 책임이라고 느끼는 자녀들은 흔하지 않으며, 자녀들에게 자신의 노후를 의탁하려는 부모도 별로 없다. 이처럼 공동체 가운데 가장 기초적인 가족은 말할 것도 없고 국가와 개인 사이에 존재하는 자생적인 조직이나 공동체도 약화되거나 사라지고 있다.

자유 시장 비판가들의 주장처럼 이런 현상이 자유주의가 기초로 삼는 개인주의와 자유 시장 때문일까? 필자는 이런 가족의 유대 약화가 자유 시장 때문이 아니라 국가의 가부장적 역할이 강화되었기 때문이라고 생각한다.

하는 것이 "예전의 공동체"가 시장사회의 분업의 진전으로 해체된다는 의미라면, 그는 여기에서 이 문제를 좀더 섬세하게 다루어야 한다. 물론 국가나 정부에 의해 지역공동체의 유대가 없어지는 경우도 있다. 예를 들어, 대규모 댐의 건설, 도시재개발 등은 대규모 이주를 불가피하게 하므로 기존의 지역공동체에 존재하던 유대를 없앨 수 있다.

(3) 가족의 해체

가족의 해체는 가족에 대한 책임감을 국가가 나서서 없애주면서 가속화하였다. 가족의 유대, 예를 들어 부모와 자식 사이의 유대는 일정 정도 인간의 천성 속에 포함되어 있다고 하더라도, 일정 부분은 부모가 자식을 낳아 정성을 들여 기르고, 또 잘 가르치려 애쓰는 과정에서 강화된다. 낳은 정, 기른 정에서 기른 정이 그런 과정에서 형성된다.

만약 자기가 낳은 자식인데도 양육의 책임을 국가나 사회에 미루는 상황에서, 또 노후에 대해서는 다시 국가가 책임져 주기를 기대하는 상황에서 어떻게 가족 간 유대가 약화되지 않을 수 있을까? 이렇게 되면 결혼하거나, 가족을 형성하려는 동기, 아이를 낳아 양(兩) 부모 아래에서 키우고자 하는 유인 등도 크게 약화된다.

복지국가는 가족 구성원 간에 존재하던 서로에 대한 책임의식을 약화시킨다. 대부분의 사람들에게는 가족이 정신적 물질적 지원과 함께 적당한 책망까지 가해줄 수 있는 최고의 사회복지사지만, 국가가 적극적으로 이런 가족의 역할을 맡으면서 가족의 의미는 복지국가에서 크게 줄어들 수밖에 없다. 부모가 아니라 국가가 나를 키웠고, 가르쳤고, 자식이 아니라 국가가 나의 건강과 노후의 소득을 보장해준다면 부모와 자식들 간에도 타고난 유대가 여전히 존재하겠지만, 서로에게 쏟는, 말이 아니라 행동으로 보이는, 관심의 정도가 약해질 것이고, 그래서 유대도 약해질 수밖에 없다.

가족의 해체를 자유주의 탓으로 돌리는 데 개인주의에 대한 오해가 있을 수 있다. 개인주의는 개인의 존엄성을 중시한다. 그런데 이를 흔히 '자기만 중시하는 태도'로 왜곡한다. 그러다보니 개인주의가 가족에 대한 책임까지도 부정하는 것으로 오해하는 경우도 많다. 그러나 개인주의는 개인의 자유뿐 아니라 그 결과에 대한 책임을 중시한다. 개인주의는 자기 자녀의 양육에 대해 그 자녀가 장성할 때까지 그 부모가 결정권을 가진다고 보며, 그 결정에 대한 책임도 그 부모가 진다고 생각한다. 따라서 개인주의로 인해, 혹은 그 개인주의가 내포하는 자유주의로 인해 가족의 유대가 약화된다는 주장은, 명칭에 따른 오해일 가능성이 크다.

현재 복지국가는 유모국가(nanny state)로 진화하고 있다. 국가가 아이를 낳는 것에 보조금을 주고, 우유 값을 보조하고, 유치원에 보낼 때 비용 일부나 전부를 지급한다. 이처럼 낳고, 기르고 가르치는 데 힘을 쓸수록 그리고 노후를 책임져 줄수록 실은 남에 대한 관심은커녕 자신의 부모에 대한 관심과 자식에 대한 관심도 점차 줄어들 수밖에 없게 된다. 가족 간의 유대는 국가와 개인 간의 유대로 대체된다. 여기서 국가란 사람이 아니므로 개인들은 원자화되는 것이다.

이런 상황에서는 사람들이 남에 대해서는 물론이고 심지어 가장 근본적인 공동체로 볼 수 있는 가족의 구성원에 대한 관심도 점차 줄어든다. 이와 같이 유모 국가, 복지국가가 진전될수록 사람들이 더 원자화되어 남에 대한 관심은커녕 자신의 부모에 대한 관심과 책임의식마저 희미해지는 풍조가 나타날 수 있다.

자유 시장 비판자들은 때로는 시장 경제가 부를 충분히 창출하지 못해 빈곤층이 가난에서 쉽게 벗어날 수 없다고 비판하면서도, 또 다른 한편에서는 시장 경제가 사람들에게 지나친 부를 가져다주기 때문에 문제라고 주장하기도 한다.[102] 후자에 속하는 인식의 한 예로는 사람들이 너무 부유해져서 오히려 이혼율이 높아지는 등 가족가치와 가족 간 유대가 훼손되고 있다는 주장이다.

그러나 이 주장은 상관관계와 인과관계를 혼동하고 있다. 소득 증가와 이혼율의 증가가 동시에 관찰된다고 하더라도 소득 증가가 가족으로부터의 의존은 줄이지만, 가족 간의 유대로부터 얻는 만족감에 대한 수요를 줄이지는 않기 때문이다.

부유해지면서 타인에 대한 의존의 필요성이 감소하는 것은 사실이다. 그러나 시장사회에서도 소규모의 공동체들이 자발

---

102 예를 들면, 갤브레이스(Galbraith, J. K.)의《풍요한 사회》가 후자에 속하는 인식으로 쓰인 책이다. 그는 부유한데도 공공시설이 충분히 깨끗하지 못한 것은 부유해지면서 공공정신이 약해서라고 생각한다. 그래서 갤브레이스는 공공시설에 대한 더 늘어난 투자를 요구한다. 공공시설이 왜 그럴 수밖에 없는지 이해하는 경제학자들은 이를 공유가 아닌 사유로 소유방식을 전환할 방법을 먼저 생각해 보았을 것인데 그는 이런 방법에 대해서는 전혀 검토하지 않았다.

적으로 만들어지는 것을 보면, 공동체적 유대에 대한 수요, 그리고 이타적 행위에 대한 수요 역시 존재한다. 부유해지면서 이런 공동체적 유대에 대한 수요도 늘어날 것이다. 그러나 만약 그런 목적으로 지출하고자 했던 부분을 국가가 세금으로 거두어 복지 지출을 크게 늘리면, 사람들은 그렇게 쓸 돈 자체가 줄어들고 그 일을 국가가 할 일로 미룰 것이다. 실제로 국가의 복지 지출이 늘수록 사람들은 사적 자선단체에 대한 기부를 줄인다.

(4) 복지국가의 구축 효과와 개인의 원자화

자유 시장의 등장으로 개인의 원자화가 초래되었다는 주장은 자유 시장에 대한 가장 오래된 비판 중의 하나이자 대표적인 오해 가운데 하나이다. 앞에서 설명한 것처럼 이 주장은 단순히 '예전 공동체'에서만큼 강한 유대를 현재의 시장 경제에서 발견하기 어렵다는 뜻으로 해석해본다면 앞에서 설명했듯이 우리는 이 주장을 사실관계의 측면에서는 받아들일 수는 있을 것이다. 그러나 이 주장은 자유 시장에서 여전히 존재하거나 새로이 형성되는 '새로운' 현재의 공동체들을 간과하고 있다. 현재의 공동체가 쇠퇴하고 개인들이 이 공동체 속에서 유대감을 나누지 않는 것은 국가개입의 구축효과 때문이다. '내 쫓는다'는 뜻의 '구축'(驅逐) 효과 때문에 개인의 원자화 현상이 초래된다.

자유사회가 개인을 원자화시킨다는 주장을 보통 사람들이 별 생각 없이 받아들이는 이유는 앞의 가족의 해체에 대해 설명했듯이 어쩌면 단순히 자유주의 속에 내재된 '개인주의'를 오해한 데서 비롯된 것일 수 있다. 다른 사람의 신체와 재산을 침해하지 않는 한, 자신의 신체와 재산에 대해 그 누구의 간섭도 받지 않고 이를 사용할 수 있다는 자유주의는 개인의 존엄성을 중시한다. 그렇기에 공동체 구성원들 가운데 다수의 의사라 하더라도 어떤 개인의 신체와 재산에 대해 함부로 침범할 수 없다고 본다.

그렇다고 해서 개인주의자는 서로 어울릴 필요성을 부인하는 원자주의자가 아니다. 개인주의자는 서로를 통해 배울 필요성을 인식하며, 서로 협력하고 상호작용할 필요성을 누구보다 잘 안다. 개인주의자는 이런 상호작용이 개인의 생존을 위해서도 필요하기 때문에 개인은 원자(原子)로 머물 수 없다고 생각한다. 그러나 어울릴지, 어울린다면 누구와 어떻게 어울릴 것인지, 무엇을 먼저 하고, 나중에 할 것인지 등에 대한 판단은 최종적으로는 제3자가 이를 각 개인에게 강요할 수는 없을 것이다. [103]

이것은 각 개인에게 맡겨야 한다. 개인의 자발적 의사를 존중하게 되면, 공동체 속의 다수가 원하지만 소수는 원하지 않

---

[103] 이에 대한 설명은 Rothbard, M. (1973/2006), p.33 참고.

는 일을 공동체 전체의 이름으로 소수의 동의 없이 강제로 추진할 수 없게 된다. 자유주의는 이처럼 개인 각자의 의사를 존중하는 개인주의를 포함한다.

이런 개인주의가 공동체의 유대를 약화시킬까? 공동체적 유대는 각자가 공동체에 대해 느끼는 연대감인데 공동체라는 이름으로 다수가 소수의 의견을 마음대로 무시할 수 있어야 공동체적 유대가 강한 것이고, 개인의 자발성을 최대한 수용하면 공동체적 유대가 약한 것일까? 오히려 반대일 수 있다. 강제로 공동체라는 이름으로 개인의 의사를 무시하는 공동체라면 겉보기와는 다르게 실제적 유대감은 취약할 것이다. 개인의 자발성을 기초로 각자가 자신의 선택에 대해 책임질 생각이 있는 구성원으로 이루어진 공동체가 그 유대 또한 강할 수 있다.

그런 점에서 자유주의 사회에서는 뜻 맞는 사람들로 이루어진 공동체를 형성할 수 있다. 사람들은 자유롭게 그 공동체에 진입하고 또 떠날 수 있다. 세부적 부분에 대한 생각이 다르면 그 공동체는 더 세분된 형태로 나뉠 수도 있다. 울타리 쳐진 사적 공동체(gated community)가 바로 이런 곳이다. 세계관의 특정 부분이 일치하는 사람들이 그 세계관에 맞는 공통의 규율을 자발적으로 지키도록 규제하지만 아무도 불만이 없을 것이다. 혹시 다른 세계관을 가지게 되었다면 좀더 자신의 세계관에 부합하는 그런 사적 공동체를 찾아가면 된다.[104]

개인주의는 각자가 자발적으로 어떤 공동체나 조직에 남아 있거나, 새로 가입하거나, 떠날 수 있는 자유를 가졌다고 믿는다고 해서, 자유주의가 공동체의 해체를 의미하지 않는다. 다만 자발적 의사에 기초하지 않는 조직들이나 공동체는 자유사회에서 쇠퇴하고 그 대신 자발적 조직이나 공동체가 발달할 것이다. [105]

실제로 국가와 개인 사이에 존재하는 무수한 자생적 조직들이 존재한다. 각종 자선단체, 동호회, 지역단체, 종교단체, 상호부조 단체 등은 모두 이런 성격을 지닌다. 이런 조직들을 통칭하여 시민사회라고 부르기도 한다. 국가가 복지국가, 유모국가(nanny state)로서 개인들의 삶에 깊이 개입할수록, 국가에 대한 개인의 의존성은 더욱 높아지고, 개인 간 상호 책임감과 상호 의존성은 반대로 약화된다. 즉, 개인은 더 원자화된다. 그 결과로 자생적 조직들은 오히려 더 빠르게 쇠퇴한다. [106]

이처럼 국가의 깊숙한 경제 개입으로 자생적 조직들의 활동이 쇠퇴한 극단적인 경우가 시장이 철폐된 중앙집권적 계

---

104 일부 사람들은 이런 울타리 쳐진 사적 공동체를 만장일치를 이룬 "일종의 헌법"을 지닌 공동체로 해석하기도 한다.

105 Boaz, D. (1997/2009) 역자서문 참조.

106 한때 흑인들 사이에 커다란 조직으로 운영되었던 전국적 규모의 상호부조 조직들인 형제회(Fraternal Society)는 국가에서 제공하는 각종 연금제도 등 복지프로그램들이 강화되면서 점차 사라졌다. 이에 대해서는 Beito, D. T. (1990) 참고.

획 경제이다. 이 경제 체제에서 무엇을 어떻게 생산할 것인지를 결정하기 위해서는 그 우선순위를 결정하는 공인된 '선호 체계'를 필요로 한다. 다시 말해 모두가 따라야 할 절대적 윤리 규범이 필요하다.

이런 '공인된' 선호 체계를 민주적으로 의회에서 상세하게 미리 규정하고 이에 맞게 생산과 소비 계획을 만들 수 없으므로, 결국 중앙계획 당국의 명령 그 자체가 절대적 선(善)으로 포장된다. 그래서 중앙의 계획에 어긋나는 윤리 규범을 지지하거나 만들어낼 위험이 있는 자생적 조직들은 철저히 통제되고 그대로 존속하는 경우에도 이들은 중앙집권적 계획의 달성을 위한 수단으로 그 성격이 변모된다.

하이에크는 1944년 발간된 불후의 고전 《노예의 길》에서 왜 계획 경제 체제 아래에서 사적인 공동체들이 말살되었으며 어떻게 변모했는지 자세하게 설명했다. 그래서 자유와 공동체를 약속했던 마르크스주의 아래에서 자생적 공동체는 더 억압되었고 이에 따라 개인의 원자화는 심화되었다.[107]

앞에서 설명한 것처럼 시장에서의 개인의 원자화를 주장하는 사람들은 어쩌면 앞에서 '예전의 공동체' 수준만큼의 유대감을 현 시장 경제에서는 가질 수 없다는 점을 개인의 원자화라는 용어로 지적하려는 것인지 모른다. 공동체주의자들은

---

107 Boaz, D. (1997/2009), p.217.

192

자본주의 이전의 공동체적 삶에 대한 향수로 자유 시장 체제를 비판하기도 한다.

그러나 우리가 잊지 말아야 할 점은 자본주의가 발전하기 이전의 소규모 대면사회에서 요구되던 유대감을 느끼고 싶다고 하더라도, 이런 유대감은 분업을 통한 협업의 규모가 전 세계에 이를 만큼 복잡해진 거대사회 (*the Great Society*) 에서는 '현재의 공동체'를 통해 실현될 수밖에 없다는 사실이다. 이런 유대감을 현재의 '거대 사회'에 국가를 통해 강제하려고 하면, '현재의' 소규모 공동체 속에 존재하던 유대마저 시들게 되어 오히려 개인의 원자화가 촉진된다. 자유 시장 비판자들은 이 점을 충분히 이해하지 못하고 있다. [108] [109]

---

108 이에 대해서는 민경국 (2007) 중 공동체주의에 해당하는 부분을 참고할 것.

109 자유주의(자유 시장)가 인간의 방종을 조장한다는 주장이 있을 수 있다. 근검절약과 금욕을 중시하는 보수주의자 가운데 일부는 자유주의가 개인들에게 자유를 너무 주어서 소득의 증가와 함께 방탕함이 조장되는 경향이 있으므로 국가를 통해 이를 적절히 제어해야 한다고 주장하기도 한다. 그러나 이는 사실과 다르다. 자유주의는 방종을 조장하지 않는다. 개인의 자유는 그렇게 하지 않을 자유도 있으므로 자유주의가 방종을 조장할 이유는 없다. 자유주의 아래 사람들은, 필요하다면, 다양한 제약을 가진 '울타리 친' 사적 공동체(*gated community*)에서 살 수 있다. 이런 제약 가운데는 사회 전체적으로 적용됐더라면 커다란 저항을 불러일으켰을 금욕적인 종교적 제약도 있을 수 있다. 우리는 '울타리 친' 사적 공동체를 선택함으로써 자기가 보기 싫은 다른 사람들의 '방탕한' 행동으로부터 벗어나 살 수 있다.

2) 자유주의가 도덕성과 인간성을 파괴하는가?

(1) 인간성을 파괴하는 퇴출 공포

자유 시장 비판자들은 '경쟁의 그늘'인 퇴출에 대한 공포로 하위 90%의 삶이 식민화되었고 인간성이 파괴되었다고 주장한다.[110] 삶이 식민화되었다는 것이 좋지 않은 방향으로 변했다는 의미겠지만 정확하게 어떻게 되었다는 것인지 알 수 없다. 인간성이 파괴되었다는 주장도, 인간에게 주어진 성질을 인간성이라고 할 때, 이 인간성에 대한 논의가 빠져 있어서 사람들이 어떻게 되었다는 것인지 알 수 없다.

아무튼 이 주장을 필자의 방식으로 번역해서 풀어보면, 다음과 같다. "현재 대다수의 근로자들이 혹시 퇴출되지 않을까 극도로 불안해하는 상태이다. 죽기-살기 식 경쟁(*dog-eat-dog competition*)을 특징으로 하는 시장 경쟁에서 승자가 되지 못하고 패자가 되었을 때 맞을 퇴출 가능성에 대해, 상위 10%를 뺀 나머지 90%의 노동자들이 공포를 느낀다. 이 공포감이 이들의 정서에 파괴적으로 나쁜 영향을 준다."

이런 주장을 다루기에 앞서 우리는 다음 몇 가지 사실을 미리 확립해 둘 필요가 있다.

첫째, 경쟁은 시장에서만 일어나는 현상이 아니다. 사회주의 국가에서도 일어난다. 자원이 희소하면 어디에서나 경쟁

---

110 김호기 연세대 교수는 경향신문 특별취재팀 (2010)에서 그렇게 주장하였다.

은 벌어지며 그 양상이 다를 뿐이다. 한국과 같은 시장 사회에서는 소비자들에게 누가 얼마나 직·간접적으로 잘 봉사하느냐에 따라 각자의 소득이 결정된다.

이에 반해, 북한과 같은 공산주의 국가, 사회주의 계획 경제에서는 중앙계획당국과 같은 국가권력을 쥔 권력층이 이를 결정한다.[111] 최고 권력층에 대한 충성경쟁, 그리고 충성경쟁에 성공한 당 관료들, 군인들, 정치적 권력을 쥔 사람들에 대한 비위 맞추기 경쟁은 시장에서 소비자들을 만족시키려는 경쟁보다 더 피곤한 일일 수 있다. 어쩌면 아예 지금 가진 도덕 관념을 버려야 더 쉽게 비위를 맞추고 더 높은 자리로 올라갈 수 있는지 모른다.[112]

시장에서는 사람들은 생산자로서 소비자들을 만족시키려는 경쟁에 직면하지만, 동시에 소비자로서 다른 사람들이 벌이는 경쟁의 혜택을 누린다. 그렇지만 사회주의 아래에서는 자신이 최고 권력층에 있지 않는 한, 그런 비위 맞추기를 누가 해주기를 기대하기는 어렵다.

둘째, 시장에서는 만인의 만인에 대한 투쟁과 같은 약육강식의 경쟁은 일어나지 않는다. 리카도의 비교우위론을 음미

---

111 정부나 정치권, 노조 등이 여러 가지로 간섭할 수 있는, 자유 시장 비판자들이 제안하는 ─ 규제된 시장(hampered market)의 일종인 ─ "조정 자본주의"에서는 그 결정에 정부나 정치권, 노조가 폭넓게 개입할 여지가 있다.

112 하이에크는 《노예의 길》에서 왜 도덕적으로 별로인 사람이 사회주의 계획 경제에서 최고 권력에 더 가까이 갈 수 있는지 설명하고 있다.

해 보면 이 속에 시장에서 왜 만인의 만인에 대한 투쟁, 약육
강식의 논리가 적용되지 않는지 깨닫게 된다.

변호사 리카도가 그의 비서 메리보다 변론도 잘 할 뿐만 아
니라 타이핑 속도도 2배 더 빠르다고 해보자. 리카도가 변론
을 맡으면 1시간에 10만 원을 벌 수 있고, 타이핑하는 일은 1
시간에 1만 원을 벌 수 있다면, 그로서는 2시간에 2만 원을 주
고, 메리에게 타이핑을 맡기고, 타이핑을 하지 않아 절약된 1
시간을 변론에 쓰는 것이 낫다. 그래서 비록 메리는 모든 면
에서 리카도보다 잘하는 것이 없더라도 약육강식의 밀림에서
처럼 리카도에게 잡아먹히는 것이 아니라, 당당하게 리카도
에게 도움을 주면서 돈을 벌 수 있다.[113]

이를 다르게 표현하면 시장에서 만인이 만인에 대해 죽기-
살기 식의 경쟁이 벌어지는 것이 아니라 각자가 자신의 니치
(niche)를 찾아가게 하는 경쟁 과정이 벌어진다. 물론 변호사
리카도가 자신이 메리에게 시혜라도 베푸는 것처럼 착각하며
행동한다면 그는 문제가 많은 전근대적 인물이며, 아마도 메
리는 다른 고용자를 찾을 것이다.

셋째, 한꺼번에 많은 사람들이 구조조정의 위험 속에 빠지
게 된 것은, 앞의 장에서 설명한 것처럼 자유주의의 원칙을
따른 결과가 아니라 인위적인 경기 부양에 따른 붐에 이어 나

---

113 미제스는 이를 사람들이 서로 어울리게 만드는 어울림의 법칙(law of association)
  이라고 불렀다. Mises, L. (1949/2011) 참고.

타나는 경기 침체의 결과이다. 동시다발적으로 기업가들이 과오 투자(mal-investment)를 함으로써 소비자들의 선호와 동떨어진 생산 구조가 만들어지고 아울러 이를 다시 소비자들의 선호와 맞도록 조정할 필요성이 생긴 것이다. 경기 활황에 이어 불황이 찾아오면, 인적 자원을 포함한 자원들이 너무 많이 투입된 부문으로부터 과소 배치된 부문으로 재배치될 필요성이 한꺼번에 나타나게 된다.

그러나 자원이 과소 투자되어 가격이 급등하는 분야에서는 새로운 인력이 필요할 것이므로, 이 분야에서 일하는 사람들은 퇴출될 가능성이 낮고 그래서 퇴출 공포를 거의 느끼지 않을 것이다. 물론 과잉 투자되었던 분야(주택건설 분야)에서 일했던 사람들 가운데 일부는 여기에서 계속 일할 수 없을 것이므로 퇴출될 가능성이 있고, 따라서 이 분야에 일하는 사람들 가운데 일부는 퇴출 공포를 느낄 수도 있다. 여기에서 우리는 일반적으로 경기 변동에 따라 동시다발적으로 인력을 재배치할 필요성이 발생하는 것은 자유주의 정책 때문이 아니라 간섭적인 통화 정책으로 인해 빚어진다는 점을 상기할 필요가 있다.

그렇다면, 경기 변동과 같은 특별한 경우를 제외하고 평상시의 시장에서는 대다수의 사람들은 인간성이 파괴될 정도로 퇴출 공포를 느끼지 않는다.[114]

물론 일단 퇴출이 되었을 때, 과소 투자된 분야에서 새로운 인력이 필요하겠지만, 다른 부문으로 이직한다는 것은 일반적으로 종전의 분야에서 쌓았던 경험이나 근무하던 회사에서만 쓸모가 있는 특수한 지식(*firm-specific knowledge*)이 대부분 쓸모없게 되는 것을 의미한다. 새로운 직장을 찾는 데 상당한 시간과 비용이 들 것이고, 아마도 더 낮은 임금을 감수해야 할 것이다. 임금이라는 노동 가격이 시장의 수요와 공급에 따라 변하지 못하게 규제되거나[115] 인력의 자연스러운 이동을 막는 법적 규제나 관행 등이 있으면, 새로운 직장을 찾는 데 더 많은 시간과 비용이 들 것이다.

　한마디로 말해 노동 시장의 경직성이 강할수록 재취업은 어려워진다. 노동 시장의 경직성은 반자유주의적 노동 정책에 의해 강화되는 경향이 있다. 실직에 대한 두려움은 재취업

114　심지어 동시다발적 구조조정이 필요한 경우에도 대부분의 사람들은 이 정도로 심한 공포를 느끼지는 않을 것으로 보인다. 극단적으로 불안해하는 비관주의자들보다는 신중성을 갖춘 낙관주의자들이 생존에 더 유리하다. 극단적으로 불안해하는 비관주의자들은 이윤-기회가 있더라도 실패에 대한 두려움 때문에 이를 과감한 투자를 통해 활용하지 못한다. 이에 반해, 지나친 낙관주의자는 손실을 볼 위험에 너무 쉽게 뛰어들 수 있다. 아마도 대부분의 사람들은 신중한 낙관주의자이며 신중한 낙관주의자들은 쉽게 공포를 느끼지 않는다.

115　예를 들어 경제 환경의 변화로 어떤 노동자가 생산에 기여하는 제품에 대한 수요가 줄어들어 그의 한계 생산성이 종전에 받던 그의 임금보다 낮게 되면, 그를 계속 고용할 수 있는 고용자는 존재하지 않는다. 그런 경우, 그의 임금이 그의 떨어진 한계 생산성만큼 낮게 조정될 수 있는 경우에만 그의 고용자는 그를 계속 고용할 것이다. 만약 임금을 하향 조정하는 것이 어렵거나 불가능하다면 결국 고용자는 그를 해고할 수밖에 없다. 그런데 이 해고 자체가 다시 어렵다면, 그 공장이나 회사는 폐쇄되는 수밖에 없다.

이 어려울수록 커진다. 반자유주의적 (노동) 정책은 재취업을 어렵게 하고, 결과적으로 실직에 대한 두려움을 더욱 크게 만든다.

자유 시장 경제에서 해고나 실직에 대한 막연한 두려움은 있을 수 있다. 그러나 이것이 일부 사람들이 아니라 10%를 제외한 대부분의 사람들에게 동시에 나타나는 일은 거의 없다. 더구나 이것이 인간스러움을 파괴하는 공포로까지 극단적으로 변하는 경우는 찾기 어렵다. 만약에 그런 일이 벌어진다면 이는 자유주의 정책을 따른 결과가 아니라, 예를 들어서 90% 이상의 산업을 갑자기 다른 방식으로 변경하려는 과격한 간섭주의 정책을 실시할 때에는 혹시 발생할지도 모를 것이다.

(2) 시장이 도덕성을 파괴하는가?[116]

자유 시장이 인간의 도덕성을 파괴한다는 주장도 가끔씩 제기된다. 금융 위기와 관련해서는 전염성 탐욕으로 인해 비이성적 광기(狂氣)가 시장, 특히 금융 시장을 지배하게 되었다는 주장도 여기에 속한다. 이는 자유 시장이 금전적 계산에 따른 이기심을 부추기며 칭찬받을 덕성인 이타심을 억제한다는 일반적 주장의 특별한 적용이다.

이런 생각을 보여주는 전형적으로 보여주는 것이 다음과

---

116 이 절은 민경국 (2007) 중 5장 "도덕의 문제와 자유주의의 지혜"를 주로 참고.

같은 마르크스의 말이다. "자본주의가 사랑, 가족, 애국심과 같은 전통적 가치와 제도를 침식한다. 모든 인간관계가 상업적 관계로 전환되고 사회적 결속은 해체되어 돈으로 귀착된다."[117]

자유 시장이 도덕성을 파괴한다는 주장을 검증하려면 먼저 일반적으로 사람들이 살아가는 데 필요한 도덕 규칙들에 대해 살펴보고, 그 다음에 자유 시장이 이런 도덕 규칙들에 미치는 영향과 관계를 검토해야 할 것이다. 사람들이 살아가는 데 필요한 도덕 규칙은 다음의 3가지 종류로 대별할 수 있다.

① 사회가 유지될 수 있도록 하는 필수적 규칙, ② 남에게 도움을 주는 규칙, ③ 나의 성공에 도움을 주지만 타인을 기분 좋게 할 때가 많은 규칙 등이 그것이다.

첫째 유형에 해당하는 것으로는, 특정 행동을 금지하는, 예를 들어서 타인을 해치지 말라는 내용을 가진, 도덕 규칙(정의의 규칙)이 있고, 둘째 유형에 해당하는 규칙으로는, 타인을 향한 이타적인 덕성을 가진, 예를 들어서 이웃을 사랑하는 선행의 도덕 규칙 등이 있다. 마지막 유형의 도덕으로는 신중의 덕, 신뢰를 지키는 덕, 근검절약의 덕성 등이 있을 것이다.

여기에 있어서 우리는 아담 스미스의 유명한 통찰을 기억

---

117 후쿠야마(2003); 민경국 (2007)에서 재인용. 여기에서 우리는 당장 자유 시장에서 모든 인간관계가 금전적 관계로 환원되지 않다는 점을 지적할 수 있을 것이다.

할 필요가 있다. 그는 《도덕 감정론》에서 사회를 건축물에 비유하면서, 정의의 규칙은 기둥에 해당하며, 선행(자비심)의 덕성은 건물을 꾸며주는 장식물에 해당한다고 설파하였다. 장식물이 없더라도 사회는 유지될 수 있으나 기둥이 없으면 사회는 붕괴되고 만다. 정의의 규칙은 국가의 강제력을 동원하여서라도 철저하게 지켜져야 하지만 이를 지킨다고 특별히 칭찬받지는 않는다. 그러나 이를 어겼을 때에는 타인들로부터 강렬한 공분을 야기한다. 선행의 덕성은 이를 지키지 않았다고 사람들로부터 공분을 일으키게 하지는 않지만 이를 실행하면 칭찬을 받는다.

이런 스미스의 통찰을 먼저 음미해보는 까닭은, 우리가 선행의 덕성을 중시한다 하더라도 이것이 정의의 규칙을 손상하도록 허용해서는 안 된다는 점을 미리 확인하기 위해서이다. 그래서 정의의 규칙은 반드시 지켜야 할 의무로서 이를 위반할 때 처벌이 따르는 법(法)이 된 반면, 선행의 규칙은 도덕으로 남게 된 것이다.

사람들은 남을 돕는 선행을 칭찬할 준비가 되어 있다. 그러나 누가 훔친 돈으로 남에게 베푼다면 사람들은 이를 선행으로 승인하지 않는다. 모두의 공분을 사는 일을 하면서 어떻게 칭찬을 받을 수 있는가? 사람들이 의적(義賊) 홍길동의 행동을 승인하는 것은, 다른 이의 것을 훔쳐서 자기들에게 주기 때문이 아니다. 탐관오리가 강탈해갔던 원래 자기들의 것을 홍길동이 회복해 주는 '정의의 규칙'을 실천한다고 생각하기 때문이다.

세 번째 자기 자신의 복지에 도움이 되는 도덕 규칙들은 시장 경제에서, 인간의 계산적 영리함 때문에라도 장려될 수 있다. 남으로부터의 평판을 중시하고 신뢰감을 주려고 노력하는 것들이 모두 이것이다.[118] 물론 이런 이해관계의 계산에 바탕을 둔 정직성, 신뢰감, 평판 쌓기는 그 의도의 순수하지 못함 때문에 덕성으로 볼 수 없다는 비판이 있을 수 있다. 또 반대로 그 의도와는 상관없이 이런 덕성들이 타인에게 편리함을 제공한다면 그것으로 충분하다는 반론이 있을 수 있다. 더 나아가 '정확성'이 처음에는 계산에서 비롯되어 나타나기 시작했지만, 어느 순간 체화되어 계산하지 않은 상태에서도 '정확성'이 유지된다는 주장도 가능할 것이다(시장과 행동 규칙의 공진화).

두 번째 도덕 규칙은 시장 경제에서 약화되고 금전적 계산관계로 대체되고 마는 것일까? 그렇지 않다. 앞에서 설명했듯이 시장 경제에서도 공동체적 유대에 대한 수요가 있으므로, 이런 덕성은 동감(同感)이 가능한 정도의 소규모 공동체 안에서는 여전히 발휘될 것이다. 다만 이런 덕성을 복지국가

---

118 '코리안 타임'은 약속시간에 조금씩 늦는 것을 의미했지만 언젠가부터 저절로 없어졌다. 아마도 늦을 때 받는 불이익으로 인해 사람들이 시간에 맞게 도착하기를 체화했을 수 있다.

를 통해 전 사회적으로 '강제로' 적용하려는 시도는 앞에서 설명한 것처럼 개인을 원자화할 가능성이 높을 뿐 아니라, 첫 번째 도덕 규칙인 정의의 규칙을 침해한다. 스스로 생산할 수 있는 능력이 없는 (복지) 국가가 개인들의 재산을 그들의 진정한 동의가 없는 상태에서 세금의 형태로 가져와 이를 이타적 '선행'에 쓰는 것은 그래서 진정한 의미의 선행이 될 수 없다는 것이다.

그래서 개인들로 하여금 이 두 번째 덕성인 선행을 소규모 공동체 속에서 실천하도록 맡기고, 국가는 정의의 규칙을 엄정하게 실천하는 데 전념하는 '도덕의 분업'이 필요하다. 이것이 바로 자유주의자들이 생각한 자유국가의 의무이다. 복지국가론자들은 이 자유국가를 야경(夜警) 국가라고 폄훼했지만, 그 야유와는 달리 야경국가야말로 도덕적 모순을 지니지 않고 있기에 복지국가에 비해 오히려 그 도덕적 기반이 훨씬 더 튼튼하다.

고대 중국의 철학자 노자(老子)는 《도덕경》에서 이상적인 사회를 '소국과민'(小國寡民)이라 제시했다. 작은 나라에 인구가 적어야 한다는 것이다. 큰 나라에 인구가 많아 권력자가 나라 전체를 통제하면 국민들의 행복한 삶이 침해된다는 의미다. 자유주의의 가치를 2,500년 전 노자의 철학에서도 발견할 수 있다.

결론적으로 상업의 발전은 최소한 첫 번째 도덕 규칙이 잘

준수될 수 있을 때 시작될 수 있으며, 세 번째 도덕 규칙들이 지켜지고 내면화될 때 더 빠르게 이루어진다. 이 규칙들, 특히 세 번째 규칙들을 상업이 흥성하기 위한 '도덕적 자본'으로 부르기도 한다.[119] 상업 발전은 최소한의 도덕 자본을 요구한다. 또 상업 발전 자체가 책임감, 신중함, 성실성 등의 덕성을 함양한다.

그러나 국가가 가부장처럼 행동하여 개인의 책임감을 크게 약화시킨 곳에서는, 의존형 인간이 양산된다. 그럴 경우 첫째, 내 것 남의 것이 모호해져 재산권에 대한 존중, 즉 정의의 감정이 무디어진다. 둘째, 자비심의 실천도 국가의 할 일로 미루게 되어 자비심도 상당히 약화된다. 의존형 사람들은 진취적으로 위험한 사업에 뛰어들지 않을 것이므로 세 번째 덕성을 키우기도 어렵다.

열심히 일해도 많은 것을 세금으로 국가에 빼앗겼던 스페인에서는 세금을 낼 필요가 없는 승려, 학생, 거지가 다른 사회에 비해 많았다.[120] 그런 점에서 오늘날 우리나라의 많은 학생들이 기업가보다는 공무원을 더 선망해 걱정스럽다. 우리가 논의한 것들을 종합하여 우리는 결론적으로 이렇게 말할 수 있다.

개인의 자유와 책임을 강조하는 자유 시장 경제가 아닌 다

---

119 Rantnapala, S. (2003).
120 North, D. C., & Thomas, R. P. (1973/1999).

른 사회에서 마치 도덕성이 더 잘 발현될 것이라고 선전하는 사람들이 있지만 이를 믿을 만한 근거는 어디에도 찾을 수 없었다.[121]

---

121 도덕과 관련해서 자유 시장에 대한 비판 가운데 여기에서 다루지 않은 것으로는 이윤의 도덕성에 대한 비판(이윤을 남기며 거래하는 것이 옳은가? 10원에 산 것을 13원에 파는 것이 도덕적으로 정당한가?), 효율성 추구 자체에 대한 비판 등이 있다. 같은 가치를 가진 것이 교환된다는 생각은 이미 잘못된 생각임이 판명되었다. 오히려 각 개인이 서로 다르게 평가할 때 거래가 된다. 거꾸로 국가의 도덕성에 대한 의문도 제기될 수 있다. 국가가 불환지폐를 발행하고, 구제금융을 제공하고, 국채의 화폐화를 통해 간접적으로 세금을 거두는 행위가 도덕적으로 정당할까? 후자에 대해서는 다음의 두 책을 참고. Rothbard, M. (1990/2010); Hulsmann, J. G. (2008). 더 일반적으로 전반적인 시장과 자유주의의 윤리에 대한 논의로는 Rothbard, M. (1982/2002)을 참고하고, 경제학적으로 국가와 자유 시장의 관계를 다룬 것으로는 Rothbard, M. (1977)을 참고할 것. 이 책들은 독자가 저자와 다른 관점을 지니고 있는 경우에도 많은 통찰력을 제공할 것이다.

03 정치적 해결이 정답일까?

. . ●

"문제는 경제야, 바보야!"(*It's economy, Stupid!*)

이 말은 빌 클린턴(Clinton, B.) 미국 대통령이 대통령 선거에
이용하여 많은 표를 얻게 해 준 선거구호이다. 이 말을 패러
디하여 일부 좌파 시장비판자들은 "정치가 문제야, 바보야!"
라고 주장한다. "문제의 핵심은 경제가 아니라 정치"라는 주
장이다. 주장의 핵심은 시장이 아니라 정치를 통해 자원 배분
을 결정하여야 우리의 사회 문제가 더 잘 해결될 수 있다는 것
이다.

과연 그럴까? 결코 그렇지 않다. 그 까닭은 정치적 해결에
는 두 가지 근본적인 심각한 문제점이 내재해 있기 때문이다.

첫 번째 근본적 문제점은 바로 정치적 해결책에는 이윤-손
실 메커니즘을 적용할 수 없다는 데 있다. 정치적 해결책 속
에서는 가격을 바탕으로 한 이윤-손실의 계산이 불가능한데

이는 매우 치명적인 결함이다.

두 번째 근본적 문제점은 정치적 해결책이 필연적으로 사회적 갈등을 초래한다는 데 있다. 정치적 결정으로 우리들의 자녀가 학교에서 어떤 교육을 받을지 결정하게 될 때, 만약 우리가 종교 교육을 하기로 결정하면 이에 반대하는 학부모를, 반대로 종교 교육을 하지 않기로 결정하면 이를 원하는 학부모를 실망시킨다. 어느 한쪽을 반드시 실망시키지 않을 수 없게 된다.[1]

첫 번째 문제점은 자원사용의 효율성을 보장할 수 없게 한다. 왜냐하면 '정치적 해결'은 경제 계산을 제대로 할 수 없게 하거나(공교육), 제대로 할 유인을 없앤다(공기업). 두 번째 문제점은 우리로 하여금 사회적·정치적 갈등의 비용을 치르게 한다. 정치적 해결책을 지향하면, 이로 인해 자신들은 원하지 않는데도 전체의 뜻이어서 이에 따르도록 강제당하는 사람들이 나타난다. 이들은 강제당한다는 사실 때문에 받는 심리적 손실과 함께 세금을 지불하고 있으나 실제로 원하는

---

[1] 정당의 지지가 이념이 아니라 지역적으로 갈라지는 문제인 지역주의도 이런 관점에서 잘 설명된다. 사실 우리나라 정치의 지역주의는 특정 지역을 지지 기반으로 하는 정당이 집권하면, 그 지역에 대한 공공투자가 늘고 기업들의 입지까지도 영향을 받을 뿐 아니라, 그 지역 출신 인사들의 관직이나 공기업의 자리 등으로의 사회적 진출이 더 많아질 것이라는 기대와 무관하지 않다. 지역주의 정치의 핵심은 이런 공공재원인 세금을 어떤 지역으로 배분할 것인가를 둔 정당간의 투쟁으로 볼 수 있다. 그렇다면, 지역주의를 극복하기 위해서는 국가재정의 지방으로의 배분을 없애고 진정한 재정 분권을 함으로써 이런 사회적 갈등의 가능성을 아예 봉쇄해야 한다.

것과는 다른 것을 얻는다는 경제적 손실이라는 이중의 손실을 입는다.

　결과적으로 정치를 통해 사회 문제를 해결하려는 정치적 해결책은 정답이 아니다. 예를 들어 빈곤층을 지원하려는 정치적 해결책인 복지 제도, 이를 이념화한 복지국가는 다음의 두 가지 문제점 때문에 장기적으로 빈곤층의 처지를 더 악화시킨다. 첫째 복지 정책들이 지닌 낭비적인 자원 사용의 문제, 둘째, 복지 정책들이 초래하는 도덕 자본의 잠식이 그것이다.

1. 정치적 해결의 근본적 한계 ① :
'기업가적' 경제 계산의 불가능성

경제학의 핵심적 가르침의 하나는 시장의 가격기구를 통한
자유 경쟁이 사회내의 자원들을 가장 가치 있게 사용되도록
해준다는 것이다. 시장가격의 변화를 통해 수요와 공급에 영
향을 주는 무수한 요인들의 변화를 직접 알 수는 없다. 그래
도 가격 변화를 통해 수요에 비해 공급이 모자라는지 혹은 그
반대인지에 대해 경제 주체들에게 정보를 전달해 가격이 높
아지면, 더 많이 공급하고 반대로 가격이 낮아지면 공급을 줄
이고자 하는 유인이 발생한다. 가격이 올랐다는 것은, 공급
조건에 다른 변화가 없었다면, 사회에서 더 그 재화가 필요해
졌다는 의미이다. 이에 반응하여 공급을 늘리면 누가 지시하
지 않더라도 더 시급히 필요했던 수요가 충족된다.

　정치적 해결이 안은 근본적 한계는 무엇보다 가격 기능을 충
분히 이용하지 못한다는 데 있다. 이윤-손실의 잣대는 어느 방
향으로 자원을 재배치할 것인가에 대한 명확한 신호를 보내준
다. 정치적 해결에서는 가격 자체가 없어서 이윤-손실 잣대를
사용하는 것이 불가능한 경우도 있다. 정치적 해결에서는 가
격이 있지만 올바른 신호의 기능을 하지 못해 왜곡되는 경우도
나타난다. 또 최종책임을 진 주인처럼 치열하게 경제 계산을
할 유인이 부족한 경우도 있다. 미제스는 사회주의에서는 경

제 계산이 불가능하다고 주장한 것으로 유명하다.

1) 미제스의 경제 계산 불가능성 정리

미제스는 생산 수단의 사유를 철폐한 사회주의 계획 경제가 경제 계산의 불가능성으로 인해 작동하지 않는다고 주장하였다. 소비재는 기본적으로 공유할 수 없다. 내가 지금 어떤 사과를 베어 먹고 있다면, 다른 이들은 이 사과를 소유할 수 없다.

생산 수단은 공유할 수 있고 사유를 금지할 수 있다. 그러나 생산 수단을 사유하지 못하게 하면 시장에서 거래될 수 없게 된다. 이에 따라 생산 수단들의 시장 가격이 존재하지 않는다. 그렇게 되면 어떤 생산 수단들을 결합해서 생산하는 것이 경제적인지 결정하는 것 자체가 불가능해진다. 이것이 미제스의 유명한 사회주의 계획 경제의 경제 계산 불가능성 정리이다.

예를 들어 두 도시를 연결하는 철도를 건설하려고 할 때, 다양한 생산 요소들을 결합하는 공법은 무수히 많지만, 그 생산 요소들의 가격(사람들이 다른 곳에서 어떤 정도로 가치 있게 여기는지에 대한 정보)이 없기 때문에 어떤 방법을 선택하는 것이 좋은지 판단할 근거가 사라져버린다.

2) 경제 계산의 불가능성(치안 서비스)

참여정부가 집권하던 2002년, 전국적인 관심을 끌던 '개구리 소년 사건'이 재조명되었다. 1991년 대구 성서에 살던 5명의 초등학생이 도롱뇽 알을 주우러 간다며 집을 나선 뒤 실종되었다. 사건 발생 11년 6개월만인 2002년 9월 아이들의 유골이 발견되면서 경찰이 총력을 기울여 사망 원인을 밝히고자 했으나, 끝내 아이들의 사망 원인조차 제대로 규명하지 못한 채 2006년 3월 공소시효 15년이 만료되면서 이 사건은 미제로 남게 되었다.

어린이 5명이 한꺼번에 실종된 이 사건은 여러 명이 한꺼번에 움직였기에 남의 눈에 띄었을 수 있어 흔적을 추적하기가 상대적으로 쉬웠지만 처음 신고를 받았을 때 경찰은 가출로 잘못 판단하여 수사하지 않았었다. 나중에 유골이 발견되고 타살 가능성이 높게 제기되자 경찰, 더 나아가 국가로서는 개구리 소년 사건은 명예를 걸고 풀어야 할 사건이었다.

국민들로부터 세금을 거두는 이유의 하나로 가장 먼저 제시되는 것이 생명과 재산을 지켜준다는 점이다. 사망 원인을 비롯해 사건의 전모를 제대로 밝히는 것은 치안을 제공하는 대가로 국민들이 내는 세금으로부터 급여를 받는 경찰로서는, 국민들에게 그 존재 이유를 상징적으로 보여줄 수 있는 사건이었다. 전국적으로 많은 전문 인력을 동원했으나 경찰은 타살인지, 자살인지, 어떻게 죽었는지 밝혀내지 못했다. 경찰에 기대된 기능을 잘 수행함을 보여주지 못했다.

이처럼 경찰의 치안 서비스가 기대에 부응하지 못했을 때, 두 가지 상반된 반응이 가능하다. 첫 번째 반응은, 향후 타살 가능성이 있는 실종 사건의 발생 가능성을 낮추기 위해 경찰 인력과 예산을 늘리는 것이다. 그런데 문제는 주어진 임무를 잘 수행하지 못했는데도 예산을 늘려주면, 경찰들에게 실패를 보상하는 셈이 될 위험이 있다. 왜 범인 검거에 온 힘을 쏟아야 하는가? 범인을 못 잡으면, 오히려 예산이 늘어나는데.

두 번째 반응은 첫 번째와는 반대로 실패에 대한 책임을 물어 경찰예산을 줄이는 것이다. 그러나 이렇게 되면 예산 축소로 경찰 활동이 축소되어 개구리 소년 사건과 유사한 사건이 발생할 위험을 높인다. 국가가 치안 서비스를 독점적으로 공급할 때, 예산 증대와 축소 중 어느 쪽이 올바른 방향인지 판단할 근거가 없다는 점이 근본적인 문제다.

비록 이윤과 손실이라는 소비자들의 평가가 공공부문에는 없다고 하더라도, 혹시 공공부문에 적합한 '객관적' 성과 지표들을 개발하여 이 성과 지표의 변화를 통해 이 문제를 해결할 수 있을까? 그럴 수 있으면 좋겠지만 아쉽게도 그렇게 할 수 없다.[2] 최근 경찰 수뇌부가 성과주의를 강조하자 일선 경찰들

─────────
2 이에 대해서는 김이석 (2006.6) 참고.

이 성과를 내기 위해 '고문'했다는 의혹이 제기되기도 했다. 고문 여부라는 것이 성과 지표에는 없었으므로 일선 경찰들은 고문을 해서라도 통계적 '성과' 수치를 높이고자 하였다.

범죄가 별로 없는 아파트 단지나 주택가를 담당하는 경찰서(예를 들어 서울 양천구 경찰서)에서는 성과를 내기 어렵다는 불만이 제기되었다. 역설적이지만 범인 검거 건수 등의 성과는 객관적일 것 같지만, 자기 담당지역에 범죄가 적게 발생하는 환경을 만들기 위해 노력할수록 성과 평가에서 나쁜 점수를 받게 된다.

아울러 서로 다른 치안 서비스(살인범 검거, 강도 검거)를 비교하기 위해서는 반드시 각 치안 서비스의 중요성을 가중해 주는 기준이 있어야 한다. 이 가중치에 해당하는 것이 시장 경제에서는 가격이다. 그리고 가격은 소비자들의 선호가 반영되어 있으므로 성과 지표상의 가중치와는 다르다.

시장 가격이 있어서 이윤과 손실이라는 명확한 잣대를 이용할 수 있는 시장 경쟁을 통해 공급하는 것이 아니라, 정치적 결정을 통해 자원을 배분하는 경우 비록 그 종류와 정도가 다를지라도, 경찰 예산 증액 여부를 두고 벌어지는 딜레마와 유사한 어려움에 봉착할 수 있다.

시장에서는 갑이란 회사가 소비자들의 문제를 소비자들이 가장 좋아하는 방법으로 해결하고 있었더라도, 다른 을이라는 회사가 더 좋은 방법이 있음을 자기 제품에 대한 소비자들

의 실제 구매를 통해 증명해 보일 기회가 있다. 그러나 치안
의 경우에는 그런 기회가 원천적으로 봉쇄되어 있다.[3]

　경찰이 범인을 잡는 데 실패하여 치안 불안을 느낄 때 직면
하는 딜레마는 공립학교에서 학생들의 쓰기 능력이 기준에
미달했을 때, 그리고 그 능력의 중요성이 새로이 인식되고 있
을 때, 예산을 증액할지 또 증액한다면 얼마나 할지를 결정할
때 직면하는 어려움과 크게 다르지 않다. 학부모들과 학교가
쓰기 능력에 대해 구매하고 이를 공급한 적이 없어서 쓰기 능
력 교육에 대한 '시장 가격'이 없기 때문이다.

3) 틀린 가격으로 하는 경제 계산 (강제 건강보험)

경찰 예산 증액 여부와는 그 종류가 다른, 경찰 예산 증액 문
제에 비하면 경제 계산의 어려움이라고 부르기 어렵지만, 정
치적 해결은 경제 주체들로 하여금 틀린 가격으로 경제 계산
을 하도록 만들기도 한다. 예를 들어 강제 건강보험이라는 정
치적 해결을 통해 의료 서비스를 제공하면, 사람들은 병원에
가서 특정 의료 서비스를 받을지 여부를 판단할 때, 건강보험

---

3 경제 전체에 유일 거대기업(*one-big firm*)이 모든 거래를 내부화하면 생산에 들어가
는 특정 요소의 가격이 형성될 수 없어 경제 계산이 불가능해지므로 시장에서는 그
정도로 큰 거대 유일기업은 형성되지 않는다. 이런 관점에서 보자면 경찰은 치안서비
스에 있어 진입이 봉쇄된 '유일 거대기업'이므로 경제 계산을 할 수 없다고도 볼 수
있다.

료를 포함해 지불한 모든 금액을 고려하지 않고 그 병원에 자신이 직접 지불하는 것만 고려한다. 경제 계산이 잘못된 가격에 근거해 이루어지고 있는 사례라고 할 수 있다.

"문제는 정치"라는 좌파 지식인들의 정치를 통한 자원 배분의 이상은 결국 복지국가를 지향하고 있다. 가격 기구를 철폐해서는 경제 계산을 할 수 없으므로, 생산 수단에 대한 가격 기구를 철폐하지 않은 상태에서 정치를 통해 세금을 거두고 이를 재원으로 해서, 소비자들이 시장 가격보다는 더 싼 가격으로 의료나 교육 등의 서비스를 공급받도록 하고 그 차액을 세금으로 메워주는 정치를 염두에 두고 있다.

복지국가는 사유 재산의 개념을 철폐한 사회주의 계획 경제에서 직면하는 경제 계산 문제와는 그 차원이 다르지만 여전히 경제 계산과 관련된 문제를 지닌다. 사회주의에서 생산 수단의 사유를 철폐한 것이 경제 계산의 철폐에 해당한다. 복지국가에서 의료 서비스 비용을 부담할 공동 재원을 강제 의료보험료 징수를 통해 마련하고, 의료 서비스를 받는 환자가 최소한만 부담케 하는 것은 경제 계산의 왜곡에 해당한다. 환자들은 정확한 가격에 근거해서 계산하지 않게 된다. 우리는 앞에서 강제 건강보험제도에 '제 3자 지불 문제'가 내재돼 의료과소비가 초래됨을 살펴보았다.

4) 기업가 정신이 부족한 경제 계산(공기업)

공기업 분야에서는 대체로 진입과 가격이 규제된다. 그래도 자신이 생산한 제품이나 서비스가 시장에서 거래되므로 어떤 다른 기업에 못지않게 경제 계산은 가능하다. 다만 손실이 나더라도 세금으로 손실을 메울 수 있다는 점에서 경영자가 창조적인 기업가 정신을 발휘할 유인은 별로 없다. 기업 주인이라면 기업가 정신을 발휘하여 미래상황을 되도록 정확하게 예상하면서 경제 계산을 하고 또 끊임없이 수정할 것이지만 그 경영자는 그렇게 할 유인이 부족하다. [4]

더 나아가 국민의 세금을 아끼기 위해 공기업 노조와 대결을 벌이느니 차라리 이면계약을 맺는 경우가 다반사이다. 최근 빚어진 진주의료원 사태에서 보듯이, 공기업 경영자들은 최고의 인력을 가장 저렴하게 충원시키려는 노력을 하기도 어렵다. 국가의 예산지원으로 연명하는 그들로서는 취업 부탁이나 가격 규제 등 정치권에서 들어오는 다양한 종류의 청탁이나 압력을 외면할 수 없기 때문이다. 공기업은 정치권에 차이는 축구공 신세인 것이다.

이런 공기업이 많아질수록 경제에 기업가적 활력은 감소될 수밖에 없다. 소비자의 필요와 그 변화에 대해 민감하게 대응할 필요성이 없는 '철밥통'을 확보한 곳에서 기업가적 도전정

---

4 공기업의 문제를 좀더 자세하게 설명한 것으로는 김이석(2001.2) 참고.

신은 사라지고 그 대신 평지풍파를 일으키지 않으려는 안일
과 부패가 자라난다.

이런 문제에 대한 인식은 비교적 광범위하게 이루어져 있
다. 그래서 예를 들어 공기업 낙하산 인사를 비판하는 글들이
언론을 장식할 때가 많지만, 주인을 찾아주는 근본적 개혁을
하지 않는 한, 다양한 공기업 개혁 조치들은 문제의 근본 원
인을 다루지 않기에 그 실효성도 별로 없다. 무늬만 개혁인
것이다. 이는 마치 사회주의 계획경제에서 정부가 임명한 집
단농장이나 공장의 매니저가 시장에서의 기업가와 같은 역할
을 해낼 수 없는 것과 마찬가지이다. 공기업에 주인을 찾아주
는 개혁은, 그런 체제에서 혜택을 누리는 사람들의 강력한 저
항으로 인해, 그리고 그 비용을 지불하는 일반 국민들의 목소
리는 약하다는 사정 때문에 결코 쉽지 않지만 확실한 의지만
있으면 영국의 대처 수상이 보여주었듯이 정치적 돌파의 방
법은 얼마든지 있다.[5]

---

5 대처가 민영화를 위해 동원한 다양한 미시정치적 기법들에 대해서는 Pirie, M.
(1988/2012) 참고.

2. 정치적 해결의 근본적 한계 ② :
   필연적으로 초래되는 사회적 갈등

정치적 해결은 경제 계산에서 일정한 어려움을 가중시킬 수 있는 동시에 사회적 갈등을 일으킨다. 정치적 해결은 특정 문제를 특정한 방식으로 다수결과 같은 방법으로 정하기 때문에 이 결정과 다른 선호를 가진 경제 주체를 불쾌하게 할 수 있다. 강제당한다는 사실 자체가 불쾌하고, 여기에 더해 실제로 원하는 것을 얻을 수 없어 후생을 잃는 경제 주체들이 나타난다.

1) 하이에크의 노예의 길: 사회민주주의는 불가능하다.

사회주의 계획 경제에서 먼저 이상적인 '선호 체계' 혹은 '윤리 규범'을 상정하고 이를 충족시키는 계획을 짠다고 하자. 이 '선호 체계'와 다른 선호를 가진 경제 주체들은 불만을 가진다. 이런 불만을 모두 수용해서는 경제 계획의 수립 자체가 어려워시므로 사회주의 계획 경제와 민주주의는 양립할 수 없다. 사회주의 계획 경제는 필연적으로 독재체제가 된다는 것이 하이에크의 유명한 책 《노예의 길》의 주제 가운데 하나이다. 민주주의는 바로 '말 가게'(talk shop)여서 모든 불만을 쏟아내는 통로 기능을 한다.

　하이에크는 "소련의 공산당이나 이탈리아의 파시스트처럼

사회주의 계획 경제를 실시하는 국가에서는 무자비한 독재 정권이 장악한다는 사실은 우연이 아니다"고 설파하였다. 당시 서구의 지식인들은 소련의 사회주의 체제에서 독재적 성격을 배제하여 민주주의적으로 사회주의를 실천한다는 사회민주주의의 이상에 열광하였다. 그러나 그는 이것이 실현 가능한 체제가 아님을 보여주었다.

사회주의 계획 경제에서는 정치적으로 강력한 연대를 지닌 '무자비한' 정치세력이 '말만 많고 실천 계획은 만들어내지 못하는' 의회를 무력화한다. 정치 권력은 자신들의 선호를 사회 전체의 선호로 내세워 다른 경제 주체들에게 강제함으로써 경제 계획을 수립한다.

하이에크의 통찰력을 지금 우리나라처럼 민주주의가 무력화되지 않은 상황에 대입해 보자. 정치적 해결 방법을 쓴다면 정부 예산을 어떻게 쓸 것인가를 두고 서로 다른 의견을 가진 사람들 사이에 갈등이 빚어질 것이다.

예를 들어 보자. 최근 종교 재단의 사립학교에서의 종교 교육 문제를 두고 사회적 이슈가 된 적이 있었다. 이는 우리 사회에만 국한된 문제가 아니다. 세금을 거두어 그 돈을 교육에 투입하면 종교 교육을 할 것인지, 어떤 종교 교육을 할 것인지, 어떤 교과 과목을 가르칠지 등 사람마다 다른 여러 주제에 대해 모든 사람을 만족시킬 수 없게 된다. 목소리가 큰 사람들은 자신의 관점을 사회전체의 관점으로 만들기 위해 정치적 투쟁에 나선다.

　또 다른 예를 들어보자. 예술진흥기금을 만들어 화가들을 지원할 때, 누드화를 그리는 화가들을 제외하면 어떻게 될까? 그렇게 되면 누드는 미술에서도 가장 중요한 분야라고 생각하는 사람들을 섭섭하게 할 것이고 이들도 세금을 냈다는 점에서 이를 정의롭지 않게 느낄 것이다. 그렇다면 누드화를 그리는 화가들을 포함시키면 어떻게 될까? 이번에는 누드는 외설이며 성을 상품화하는 데 일조한다고 생각하는 납세자들을 섭섭하게 할 것이다. 어떻게 하더라도 양쪽 편을 모두 만족시키는 방법은 존재하지 않는다. 가장 좋은 방법은 아예 예술진흥기금이란 것을 만들지 않는 것이다. 각자가 스스로 후원하고 싶은 예술가들을 그들의 그림을 혹은 그림을 사기 어려운 사람은 그들의 그림을 담은 사진과 포스터를 구매함으로써 그들을 후원하면 된다.

2) 토머스 제퍼슨의 충고: "무례하지 말자"

미국 건국의 아버지인 토머스 제퍼슨(Jefferson, T.)은 종교의 자유를 천명한 버지니아 법령에 다음과 같이 썼다.

　어떤 한 사람에게 그가 불신하는 견해를 전파하기 위하여 돈을 기부하도록 강요하는 것은 죄악이며 포악한 짓이다. … 그들이 믿지 않는 견해들을 그들의 자녀들에게 전파하기 위하여 어느 한 가족에게 세금을 부과하는 것은 얼마나 무례한 짓인가?

이처럼 무례한 짓은 종교 교육에 그치지 않는다. 그 어떤 분야이든 납세자 개개인의 견해가 다를 수 있는 분야에 세금을 지원하는 일을 하는 순간 국가는 납세자들에게 무례를 범하게 되며, 이에 따라 사회적 갈등이 조장된다.

이 문제를 뷰캐넌의 무지의 장막(*veil of ignorance*) — 즉, 특정 정책이 자기 자신에게 이득을 주는지 손실을 가져오는지, 현재 자신의 처지를 알 수 없는 상태 — 아래 서로가 따를 규칙을 합의하는 상황을 상상해서 풀어보자.

"나의 선호가 사회 전체의 선호로 결정되지 않은 소수의 선호일 수 있고, 그러면 나는 불쾌해질 것이다. 그렇다면 차라리 개인이 각자 선택할 수 있는 사안에 대해서는 의회의 다수결을 통한 공공 선택의 대상으로 삼지 말고 각자의 선택에 맡기자"는 규칙은 만장일치를 얻지 않을까?

결론적으로 우리는 다음과 같이 말할 수 있다. 각자 다른 선호와 가치를 가진 개인에게 특정한 공공 서비스를 제공하는 방식의 (의회 민주주의) 정치적 해결은 이를 원하는 납세자들은 즐겁게 해 줄 수 있지만, 다른 공공 서비스를 원하는 납세자들을 불쾌하게 한다. 동시에 두 납세자를 만족시킬 방법은 없다. 그래서 자유주의 원칙은 각자에게 선택할 여지를 빼앗지 말라고 주장한다.

3) 복지국가에서의 강제

사회주의 계획 경제에서 그 계획을 실천하기 위해서는 엄청
난 독재 권력이 필요했다. 마찬가지로 복지국가 이념은 이를
실현하는 데 필요한 엄청난 재원을 마련하기 위해, 또 재원
고갈을 최대한 지연시키려 개인들의 자유를 억압한다. 복지
국가를 주창하는 권력자들은 빈자의 복지를 위해 부자들에게
서 세금을 거두겠다고 약속한다. 그러나 부자들은 소수이고
이들의 돈을 거두어들이는 데 곧바로 한계에 부딪히면 국채
발행에 의존한다. 때로는 발행한 국채를 중앙은행이 인수하
여 지폐를 더 찍어냄으로써 물가가 오르고 개인들의 화폐 가
치가 떨어지게 한다. 이른바 인플레이션을 통한 간접적인 과
세를 한다.

또 보편적 복지의 실현에 따르는 재정 압박을 줄이려 정부는
최고지불가격, 지불총액 제한 등 강력한 가격 통제를 실시하
고, 서비스의 종류와 수량에 대해서도 통제한다. 막강한 규제
권력이 탄생한다. 예를 들어 의료 서비스에 대한 다양한 규제
를 실시하는 보건복지부와 산하 심평원은 의사나 병원에게는
국세청보다 더 무서운 규제자이다. 이에 대해서는 의료 서비
스체제의 관료화를 다루면서 설명한 바 있다.

이 규제권력은 다른 이들의 자유 — 예를 들어 의사들이 자
신의 전문지식에 따라 진료하고 치료할 자유 — 를 속박한다.

규제를 피하면 이익이 생기는 경우가 많다. 결국 몰래 규제를 피하는 부패가 잉태한다.

논의를 종합하자면, 정치적 해결이 드러내는 문제들로는 경제 계산 논쟁과 연관된 문제, 그리고 사회적 갈등을 야기하는 문제로 대별된다. 첫 번째 문제는 정치적 해결을 지향하면 자원 사용의 효율성을 보장할 수 없게 한다. 왜냐하면 정치적 해결은 경제 계산을 할 수 없거나(경찰서비스) 왜곡되거나(전 국민 건강보험) 제대로 해야 할 유인이 부족하기(공기업) 때문이다.

두 번째 문제는 정치적으로 결정하여 사회 전체가 똑 같은 것을 선호하도록 강제하지 말고, 각자가 자신의 선호에 따라 결정하는 자유를 누리도록 하는 것이 바람직하다는 사실을 알려준다.

3. 복지국가의 실패

앞에서 살펴본 것처럼 정치적 해결책, 예를 들어 빈곤층을 지원하려는 정치적 해결책은 장기적으로 오히려 빈곤의 처지를 악화시킨다. 그 이유는 첫째, 정치적 해결책에는 자원 낭비가 구조적으로 내재해 있으며, 자본 축적 유인이 감소해서 경제성장이 어렵고 이에 따라 빈곤층의 처지의 개선도 지연될 수밖에 없기 때문이다. 둘째, 정치적 해결책이 정신적-도덕적 자본을 침식시키기 때문이다. 신중함, 책임의식, 자립심과 같은 우리가 자본주의 체제에서 성공하기 위해 필요한 도덕이 정치적 해결책에 의존하는 빈곤층에게는 강화되는 것이 아니라 시들 것이기 때문이다.

결론적으로 빈곤층의 처지를 장기적으로 개선시키지 못하는 정치적 해결책, 즉 복지국가는 실패가 예정되어 있다. 복지국가에 기대어 살려는 사람들은 늘어나는데, 이들을 부양할 생산자들은 높은 조세 부담으로 생산할 의욕을 잃어갈 것이기 때문이다. 우리나라가 제 2차 세계대전 이후 식민지로부터 독립해서 세계 10대 교역국가로 발돋움한 것은 자유 시장 체제를 근간으로 했기 때문이며, 다른 한편, 여타 선진국들이 '복지병'의 홍역으로 성장이 정체되었기 때문이기도 하다.

1) 복지 제도의 목적과 (도덕적) 성격

복지 제도의 근본적 목적은 복지수혜자들의 자립이어야 한다. 복지 제도의 목적을 단순히 빈곤층 지원에 두면, 복지 제도가 단기적으로는 빈곤층의 어려움을 완화하는 데 도움이 될지 모르지만, 장기적으로는 오히려 빈곤층의 자립 의지를 약화시켜 이들이 빈곤에서 벗어나기 어렵게 된다.

복지 제도의 목적이 빈곤층의 자립이라면, 자유주의와 도덕에 대한 장에서 설명한 것처럼, 국가에 의한 (강제) 자선보다는 민간의 자발적인 자선이 자선활동의 주축을 이루도록 할 필요가 있다. 이렇게 해야 국가는 정의의 도덕에 집중하고, 개인은 시장 사회에서도 여전히 존재하는 소규모 공동체 속에서 선행이라는 이타심을 발휘하기 때문이다.[6]

국가가 개인들의 진정한 동의 없이, 세금으로 소득 일부를 가져와 복지 제도라는 선행을 베푼다면 재산권 침해를 막는 국가의 임무를 스스로 위배하는 셈이다. 자발적 동의가 없는 상태에서 타인의 재산의 일부를 걷어 다른 이들에게 주는 행위는 비록 수혜자가 약자계층이라 하더라도 정의롭지 못하다.

예를 들어, 부채를 대신 짊어지겠다고 약속한 적이 없는 미

---

[6] 국가보다는 자발적으로 형성된 공동체가 어려운 이들의 자립에 훨씬 더 섬세하게 배려한다는 사실은 모르몬교도의 공동체에서 발견된다. 이에 대한 자세한 설명은 Rothbard, M. (1973/2006)의 "8. Welfare and Welfare State" 참고.

래 세대의 부담으로 귀착될 국채를 발행해서 노년 세대가 연금 소득을 누리도록 정부가 국민연금 제도를 실시한다고 해보자. 이런 행동을 정의롭다 할 수 없다. 이는 동의한 적이 없으면서 부담을 지는 젊은이들의 분노를 부추긴다. 복지선진국에서 국민연금의 막대한 누적적자에 따른 신구세대의 갈등은 국가가 촉발한 측면이 크다. 왜 우리가 이를 답습해야 하는가?

2) 자유주의자들은
   왜 복지 지출을 줄이자고 하는가?

자유주의자들은 왜 자본주의에 '인간의 얼굴'을 갖도록 하는 복지 지출 증가에 반대할까?[7] 이는 그가 가난한 계층에 대한 관심이 별로 없는 냉혈한(冷血漢)이어서가 아니라, 겉보기의 온정이 오히려 더 큰 문제를 빚는다고 보고, '반짝' 지원보다는 남에게 의존하지 않는 자립이 중요하다는 관점을 지녔기 때문이다. 빈민은 자립해야 자긍심을 가지고 살 수 있다. 그러나 복지 지출은 자립을 저해하고, 장기적으로 빈곤층을 빈곤으로부터 벗어나려는 의지를 꺾는다.

---

7 물론 이렇게 말한다고 해서 자유주의자들이 여타 정부의 지출을 늘려야 한다고 주장하지 않는다. 정부지출은 기본적으로 국민의 세금을 그들의 진성한 동의가 없는 상태에서 가져와 지출하는 것이다. 세금으로 거둔 재정은 공유지와 비슷한 성격을 띠어 실질적으로는 먼저 쓰는 사람이 임자가 되므로 정부의 재정지출은 온갖 유인구조의 왜곡을 가져온다. 최소화된 국가, 최소화된 재정지출이 가장 바람직하다.

(1) 도덕적 차원 : 자립심, 도덕자본의 침식

복지 제도의 원래 의도는 빈곤층의 의존심을 조장하는 게 아니라 자립하도록 지원하는 것이다. 그러나 정부의 복지 프로그램은 이 취지와는 달리 의타적인 빈자(貧者)들을 양산하곤 한다. 이는 복지 지출이 줄곧 늘어나는 데서 알 수 있다. 독립심을 기르는 데 복지 정책들이 성공했다면 국민 소득에서 정부의 복지 지출이 차지하는 비중은 최소한 감소하는 경향을 보여야 한다.

그러나 복지 지출을 늘려나감에 따라 수혜자들은 복지 제도의 품에서 벗어나기 싫어하고 또 선거에서 이들의 표를 사려는 정치권이 있다. 여기에다 정책 집행자는 이 복지 프로그램들이 존속하고 예산이 늘어날수록 급여를 비롯한 금전적, 비금전적 이익을 더 누릴 수 있다. [8] 이런 이유 때문에 한번 도입된 복지 프로그램은 쉽게 제거되지 않는다.

자유주의 비판자들은 한국에서 복지가 벼랑 끝으로 몰리고 있다고 주장하고 이 문제를 언급할 때는 반드시 한국의 복지 지출이 경제협력개발기구(OECD) 회원국들의 평균과 대비하

---

8 보건복지부 관료의 입장에서는 그들이 처분에 간여할 수 있는 재원이 늘어날수록 음으로 양으로 권한이 커지는 데 반해, 국가가 지원할 필요가 없는 자립적 사람이 늘어날수록 그 권한과 예산이 작아진다. 이는 빈곤층의 자립을 도와 스스로 예산을 줄임으로써 존재이유를 드러내 보일 관료가 많지 않을 것임을 시사한다. 사회복지가 도입될 초창기에는 사회복지사들이 궁핍한 이들의 자립이 가장 중요한 목표였고, 이를 위해 노력했으나, 시간이 지나면서 자립보다는 복지수혜계층을 늘리는 데 주력하게 되었다고 한다.

여 74% 수준에 머물고 있음을 지적한다. 그러나 이런 지적은 고령화와 연금제도의 성숙도를 감안하면 이미 OECD 수준을 넘는다는 분석을 간과하고 있다. [9]

더 본질적으로는 이런 주장의 가장 큰 결함은 자립심 같은 도덕적 자본이 파괴되는 현실을 도외시한다는 점이다. 복지 지출의 증대로 빚어지는 '복지병'은 국가와 개인을 망칠 수도 있다.

전투적이었던 석탄노조와 정면으로 맞서고 강력하게 민영화 정책을 실시하여 '철(鐵)의 여인'이라 불린 대처 영국 총리도 영국병의 근원인 복지 제도를 개혁하는 데에는 한계가 있었다. 그러다보니 복지 제도의 개혁이 중요한데도 이를 미루고 민영화 정책부터 추진했다. 이를 두고 민영화는 쉽고 또 정부의 재원을 얻게 해주는 반면, 복지 제도 개혁은 정치적으로 돌파하기 어려워 쉬운 길을 택한 것이라는 비판이 있었다.

복지 지출의 증가는, 복지 지출의 목적이 자립이라고 한다면, 역설적으로 복지 제도의 실패를 보여주는 증거라고 볼 수도 있다. 타인의 돈을, 그들의 진정한 동의를 얻었다고 보기 힘든 강제적인 세금 징수로 충당하는 복지 지출은 수혜 계층에게도 그들의 자립심을 좀먹는 등 나쁜 영향을 미친다.

그래서 대공황 시절, 미국에서 복지 제도의 기틀이 된 제도

---

9 이에 대해서는 곽태원 (2010.11.15) 및 앞의 글에 인용된 박인화 (2010) 참고.

들을 도입했던 루스벨트 대통령조차도 복지 제도가 도덕성에 미치는 악영향을 언급하면서 이것이 경기가 회복되면 없애야 할 일시적인 이전 지출로 여겨졌지만 현실은 그렇지 않았다. 복지 지출은 계속 증대되었다.[10]

이사벨 패터슨은 자선사업가보다 빈자를 고용하는 기업가가 실제로는 더 좋은 자선을 베풀고 있음을 다음과 같이 설파했다.

자선사업가가 궁핍한 사람에게 의식주를 공급해준다고 하자. 그 의식주를 사용하는 동안 의존의 습관을 얻었을지 모른다는 점을 빼면 (남에게 기대어 살아야 하는) 그의 처지는 여전하다. 그러나 어떤 사람이 자선의 동기는 없으면서 자신이 필요해서 그 궁핍한 사람을 고용한다고 하자. 그 고용주는 선행을 한 것이 아니다. 그러나 고용된 사람의 처지는 실제로 변했다. 이 두 행동의 근본적 차이는 무엇인가?

비자선적인 고용자는 그 사람의 에너지를 에너지의 대순환계인 생산과정 속으로 돌아오게 하였다. 이에 반해, 자선사업가는 그 수혜자로 하여금 고용기회를 찾아 생산과정에 복귀할 가능성이 낮아지는 쪽으로 에너지가 나오게끔 에너지 분출의 방향을 바꾸었다. 먼 옛날부터 행해진 진지한 자선사업가의 숱한 선행들을 합치더라도, 그 혜택은 에디슨의 발명품들이 인류에 선사한 혜택에 견줄 수 없음은 물론이다. 에디슨은 선행 때문이라기보다는 돈을 벌려고 신기한 발명품을 만들어냈다.

---

10 Hazlitt, H. (1970).

이처럼 무수한 사색가들, 발명가들, 기업가들이 그의 동료들의 편리한 생활, 건강, 행복에 기여해 왔는데, 역설적이게도 그 까닭은 동료들의 행복이 그들의 목적이 아니었기 때문이다.[11]

정부의 복지 프로그램들은 시장과 시민 사회에 존재하던 것들을 몰아내는 효과를 발휘한다. 정부가 재정 지출을 늘리려 재원을 많이 끌어 쓰면 민간 투자가 위축되는 효과가 나타난다. 이를 두고 재정 정책의 '구축효과'(crowding-out effect) 라고 부른다.

이와 마찬가지로 정부가 복지 프로그램을 확대하면, 민간의 자선활동이 줄어든다. 앞에서도 언급했듯이 복지국가가 확장되면 남에 대한 자선이 줄어들 뿐만 아니라 심지어 가족에 대한 책임감까지도 약화된다. 복지 지출이 늘어나면 국민들은 정부가 이제 약자들을 배려할 것이라고 보고 자발적 기부를 줄이는 경향을 보인다.

가부장적 복지국가, 유모국가가 확대됨에 따라 국가가 개인의 삶에 깊숙이 개입하면서 개인들의 자립심과 개인들 사이의 유대를 몰아내고 그 자리에 가부장적 국가에 기대려는 심리를 만들어 놓는다. 그래서 자발적으로 형성된 상호부조 조직들은 사회보장 제도가 확장되면서 설 자리를 잃었다.

---

11 Paterson, I. (1943); Rothbard, M.(1973/2006), p.205 에서 재인용.

(2) 물질적 수단의 차원 : 빈곤 극복의 실패

자유주의자, 특히 자유 시장주의 경제학자들은, 자립심, 책임감과 같은 도덕 자본의 침식과는 별개로 경제학적 관점에서 복지국가 제도가 그런 제도가 없었을 경우와 비교할 때 빈곤층을 장기적으로 오히려 빈곤에서 벗어나기 어렵게 한다고 본다. 그 까닭은 첫째, 정치적 해결에 의존해 복지국가를 추구하면, 희소한 자원들이 그 가치가 가장 높은 용도로 사용되지 못하기 때문이다. 복지국가는 사회주의 계획 경제 정도는 아니라 하더라도 경제 계산에 문제를 일으켜 자원의 낭비를 초래한다. 그래서 장기적으로 빈곤층의 처지는 복지국가의 제도가 없었을 경우보다 더 나빠진다.

이를 설명하기 위해 가상적 예를 들어 계층별로 나누어 생각해 보자. 우선 부유층을 보자. 이들은 자신들이 받는 복지 혜택에 비해 세금을 더 많이 낼 것이므로 복지 제도는 이들에게 그렇지 않을 때에 비해 경제적 손실을 안겨줄 것이다.

가벼운 콧물감기를 앓는 환자가 병원을 찾는 경우를 상정해 보자. 진료비를 시장 가격으로 1,000원이라 치자. 건강보험 덕분에 100원만 내면 된다. 그러나 차액 900원은 누군가가 부담한 돈이다. 세금(건강보험료)으로 4,900원을 내는 부유층의 경우 오늘 낸 진료비 100원을 더하면 실제로는 5,000원을 지불한 셈이다. 그래서 4,000원만큼 손해를 볼 것이다.

이번에는 중산층을 생각해 보자. 그는 세금을 900원 내고 있어서 1,000원 하는 서비스를 1,000원(900원+100원)에 샀으므로 단기적으로 손실도 이득도 없었다.

일단 내릴 수 있는 결론의 하나는 '세금으로 낸 만큼 복지혜택으로 돌려받는' 중산층도, 일단 세금을 징수하고, 이를 다시 분배하는 과정에 개입되는 행정 비용, 순응 비용 등 각종 비용을 감안하면 실은 세금 1,000원을 냈을 때 복지혜택으로 800원 정도만 돌려받는다는 점이다.

부유층과 중산층도 복지 제도로부터 경제적 손실을 보고 있다면, 그만큼 빈곤층에게로 혜택이 돌아가는 것일까? 이는 장기와 단기를 나누어 따져보아야 할 주제이다. 단기적으로는 아마도 그럴 가능성이 높을 것이다. 일정한 정도 복지 제도는 소득을 재분배하는 효과를 가진다. 그 효과만큼 빈곤층은 돈을 덜 내면서 시장에서라면 너무 비싸서 못 샀을 서비스를 구매할 수 있을 것이다.

그러나 장기적으로는 복지국가의 이념에 따른 제도는 빈곤층에게도 불리하다. 우선 저축 유인의 감소에 의한 성장률 둔화가 초래된다. 복지 제도에 내재하는 인센티브의 왜곡 때문에 사람들(부자들을 포함)은 애써 노력해 저축할 마음이 생기지 않는다. 이에 따라 자본이 축적되지 않아서 복지 제도가 많이 도입될수록 성장률 자체는 둔화된다. 빈곤층은 이런 복지 제도들이 없었을 때 (아마도 일자리를 가지고) 누렸을 소득에 비해 낮은 소득에 머물 가능성이 높다.

　정치적 해결책에 따라 빈곤층이 의료 서비스와 교육 서비스를 쉽게 이용하게 하는 복지 정책이 추진되면, 이런 제도가 없었을 때에 비해 이들은 과도하게 의료 서비스와 교육 서비스를 이용한다. 그만큼 의료나 교육보다 소비자들에게 더 가치 있었을 다른 재화의 생산이 감소한다는 의미이다. 강제 건강보험이 없었더라면 구매되지 않았을 의료 서비스의 생산에 자원이 투입된다.

　대다수 중산층 소비자들이 세금을 포함해 실제로 지불하는 돈은 1,000원이라고 하더라도 900원은 이미 세금으로 낸 공유 재산이어서 내가 그 서비스를 구매할지 또 얼마나 구매할지를 결정할 때, 나는 1,000원을 주고 살지 여부가 아니라 100원을 주고 살 것인지를 판단한다. 당연히 자신이 모두 지불할 때에 비해 이 서비스를 과다하게 소비할 유인이 내재되어 있다.

　다른 분야에서 가치 있게 쓰였을 희소한 자원들이 '인위적인' 가격왜곡으로 인해 이 부문으로 과잉 투입된다. 자신이 돈을 모두 내었더라면 하지 않았을 '의료 쇼핑'이 그 대표적인 사례이다. 중산층을 상대로 한 복지 제도의 경우, 실은 자신의 왼쪽 주머니에서 오른쪽 주머니로 옮기는 것인데도 과다하게 이용하도록 해서 희소한 자원을 낭비하는 어리석음을 저지른다.

　이번에는 빈곤층의 경우를 보자. 이들은 부유층과 마찬가지로 1,000원에 상당하는 서비스를 100원에 이용하겠지만, 세금을 한푼도 내지 않는다면, 900원만큼 이익을 볼 것이다. 물론 장기적으로는 가격이 마치 100원인 것처럼 여겨져, 그가 누리는 이익은 900원만큼 높지 않고 대부분 사라질 것이다.

자본 축적의 감소로 실제로 경제 성장이 둔화되고, 가격 왜곡에 따른 비효율성이 누적되면, 장기적으로 빈곤층도 손해 볼 가능성이 높다. 더구나 우리가 도덕 자본의 잠식까지 고려하면 더욱 그럴 것이다.

그런데 "문제는 정치"라고 외치는 사람들은 의료와 교육, 그외 복지의 문제를 시장의 가격 기구를 통해서가 아니라 정치적으로 결정해야 한다고 주장한다. 가격을 더 싼 것처럼 만들어 경제 계산에 혼동을 주고, 부자들로부터 더 많은 세금을 거두어 성장 둔화의 문제를 해결하고자 한다. 그들은 우리가 앞에서 지적한 문제들을 인식하지 못하고 있거나, 인식하더라도 당장의 빈곤층에게 혜택을 줄 수 있으면 충분하다는 식으로 시야를 의도적으로 좁히고 있다.

(3) 정부의 복지 지출 비중 OECD 꼴찌는 희소식

자유주의 비판자들은 우리나라의 정부 재정 지출 가운데 복지 지출의 비중이 OECD 국가들 가운데 꼴찌라는 점을 두고 "복지가 벼랑으로 내몰렸다"면서 우리가 OECD 평균만큼은 비중을 높여야 한다고 주장한다. 우리보다 일찍 복지 제도들

을 도입했던 유럽의 OECD 회원국들은 이른바 '복지병'의 폐
해를 절감하고 복지 제도를 철폐하고 싶어도 기존 수혜계층
과 이를 기다리는 계층이 존재하고 있어서 진퇴양난에 빠져
있다.

한국의 복지 지출 비중이 OECD 회원국들 가운데 꼴찌라
는 사실은 우리에게 희소식이다. 한국에서 아직 본격적으로
복지 지출이 확대되지 않았으며 아직도 이를 신중하게 통제
할 기회를 가졌다는 의미이기 때문이다. 자유 시장 비판자들
은 한국의 복지 지출을 늘리라고 주장하기 이전에 왜 복지국
가를 추구했던 서구에서 복지 위기가 나타났는지에 대한 성
찰부터 해야 할 것이다.

OECD 꼴찌가 희소식이라고 하더라도 이는 상대적인 이야
기이다. 한국도 이미 건강보험 재정, 국민연금 재정의 파탄
이 이미 예고되고 있다. 그런 점에서 한국도 OECD 회원국이
밟았던 똑같은 재정 적자 문제에 시달리고, 이에 따라 유사한
정치적 갈등을 겪을 것으로 전망된다. 지금 긴장해서 잘 관리
하면 경제 성장이 저상되는 문제와 사회적 갈등의 문제를 대
폭 줄일 수 있을 것이다.

3) 복지국가주의자들의 환상과 항의

복지 제도가 성행하면 저축할 유인이 줄어든다. 그 결과 자본 축적이 별로 이루어지지 않는다. 이에 더해 복지 제도는 앞에서 본 것처럼 생산에 기여하지 않으면서 소비에 참여하는 많은 사람들을 만들어낸다. 복지 제도가 경제성장을 저해한다는 사실은 어렵지 않게 추론할 수 있다. 이를 의식하여 '복지와 경제 성장간의 선순환'이라는 듣기 좋은 말을 하기도 한다.

그러나 복지 지출은 '생산'이 아니라 '소비'에 해당한다. [12] 그것도 많이 생산했을수록 더 많이 세금으로 내어 적게 생산하거나 생산하지 못한 사람들에게로 이전시킨다. 당연히 생산의 유인은 줄어든다. 남의 돈을 강제로 선행에 배정하는 국가라는 자선가가 어떤 방법으로 일반 자선가들과는 달리 수혜자의 에너지를 생산과정 속으로 복귀시키는지 알 수 없다. 성장은 생산분 가운데 일부를 저축하여, 생산 능력을 확장시킬 때나 가능하다. 그런데 어떻게 복지 지출도 늘리면서 동시

---

12 대처가 신자유주의 개혁으로 전후 최장수 수상으로 집권하게 되자, 영국에서는 노동당도 앤서니 기든스의 제 3의 길을 지향하는 '사회적 투자 국가'(*Social Investment State*)를 기치로 내세웠다. 국유화를 노동당의 강령에서 배제하고 골수 사회민주주의자들을 당에서 몰아내는 변화가 나타났다. 복지국가를 대체하는 사회적 투자국가라는 개념도 정부가 전부 혹은 일부를 재정을 지원하는 보육, 교육 등의 서비스를 제공해서 복지수혜자들을 일터로 보내겠다는 것이지만, 우리는 이미 공교육이 지배하는 체제가 무슨 문제가 있는지 의료와 교육 문제를 다루면서 살펴보았다. 이에 대해서는 김이석 (2013.5.14) 참고.

에 성장도 늘릴 수 있는가? 이는 '능력에 따라 생산하고 필요에 따라 분배'하더라도, 생산량 자체는 영향을 받지 않는 것처럼 말하는 것과 다름없다.

4) 무엇을 어떻게 할 것인가?

복지국가의 실패를 살펴볼 때, 우리의 결론은 자연스럽게 유도된다. 궁극적으로 우리는 '남의 돈을 동의 없이 가져와' 선행을 베푸는 복지국가에서 벗어나야 한다. 그렇게 해야 널리 퍼진 복지 제도 때문에 위축된 시민 사회의 제도들이 원래 기능을 되찾을 것이다. 가족 가치가 회복되고, 자립심이 회복되고, 개인들로서도 소규모 공동체에서의 상호 부조가 더 필요해지고, 그렇게 할 것이다.

　그러나 현실적으로 복지 제도의 전면적 폐지가 어려울 수 있다. 그때에는 중산층이 '왼쪽 주머니'에서 내고 '오른쪽 주머니'로 받는 내고-되받기(churning)를 철폐하는 완화책을 써야 한다. 중산층을 복지수혜 대상에서 제외하되 그 혜택만큼 세금을 면제해줌으로써 수혜 대상을 극빈자로 축소하는 것도 좋은 방법이 되리라. 그만큼 경제 계산상의 왜곡, 중산층의 유인 구조에 미치는 나쁜 영향 등에 따라 발생하는 자원 낭비와 경제 성장 둔화는 없어질 것이다.[13]

　아니면 이미 잘 알려져 있는 프리드먼의 음의 소득세 제도로 모든 복지적 지출들을 통합하는 것도 한 가지 방법이 되겠다. 다만 이 때 음의 소득세율을 정할 때 매우 조심스럽게 하지 않으면 안 된다. 예를 들어 무직자들을 위해 의료 보호를 제공하면, 사람들은 직업을 가지려 하지 않는다. 그래서 결국 직업을 가지더라도 의료 보호에 대한 권리를 유지해 주는 정책을 시행하게 될 수 있다. 그렇게 되면 결과적으로 이제 직업을 가진 사람에게 의료 보호를 제공하는 이상한 일이 벌어지게 된다. 낮은 소득이지만 직업을 가졌기에 의료 보호의 대상이 되지 않았고 그래서 의료보험료를 꼬박꼬박 내던 사람들은 이제 어떻게 느낄 것인가.

음의 소득 세제의 경우에도 얼마든지 유사한 일이 벌어질 수 있다. 음의 소득세제 아래에서 사람들이 조금 더 벌기 위해 직업을 가질 유인이 있다고 하더라도, 쉽게 음의 소득 세제 아래 지낼 수 있기 때문이다. 무노동 유임금이 될 수 있어서, 음의 소득세를 받으면서 얼마든지 드러나지 않는, 혹은 실제 임금이 지불되지 않지만 다른 형태로 노동의 대가를 지급받는 일이 벌어질 수 있고, 이에 대한 복잡한 감시 등이 필요해질 수 있기 때문이다.[14]

---

13 이에 대해서는 이성규 (2010.6) 참고.
14 음의 소득세제에 대해서는 Rothbard, M. (1973/2006), "8. Welfare and the Welfare State" 참고.

4. 결론 : 문제는 정치다. 또 다른 의미에서

자유 시장 비판자들은 시장이 아니라 정치가 사회의 문제들을 해결하는 데 핵심이 되어야 한다는 취지에서 "문제는 정치"라고 말하면서 시장의 가격 기구를 통한 사회 문제의 해결에 대해 비판하고 있다. 그러나 우리는 또 다른 의미에서 사회 문제를 악화시키기 때문에 "문제가 많다"는 의미에서 정치가 문제라고 생각한다.

정치적 해결책은 경제 계산의 측면에서 자원을 낭비하며, 특정한 방식의 가치 체계 혹은 선호를 사회 전체 구성원에게 강제되게 함으로써 이런 가치 체계의 강요에 반대하는 납세자들로부터 강한 반대에 직면하며, 자신들의 가치 체계가 선택되어 사회 전체에 강요하려는 세력들의 정치적 투쟁을 야기한다. 그래서 우리는 복지국가와 같은 정치적 해결을 추구할 것이 아니라 정치가 간섭하고 있거나 할 수 있는 부분을 계속 배제해 나가야 한다. 그렇게 함으로써 각 개인들이 정치적 간섭으로부터 벗어나 자유롭게 선택할 수 있는 영역을 확보해 주어야 한다. "문제는 정치다."

이런 우리의 입장을 좀 다른 각도에서 확인해 보는 것도 의미가 있을 것이다. 왜 정치에서는 국가 전체의 부(富)를 증대시킬 기회가 있음에도 불구하고 이런 부(富)를 증대시킬 개혁이 실천되지 못하는 것일까? 만약 정치권이 이렇게 복지 프로그램들을 통해 혹은 이익 집단에 대해 각종 혜택을 제공하고 그 대가로 집권하여 권력에 따른 이득을 취하는 경우가 있다면, 그리고 이에 따라 국가 전체의 부가 오히려 감소한다면, 왜 국민들은 정치권에 대해 이런 정책들을 중단하게 함으로써 이에 따라 증대될 부를 국민들과 정치권이 나눠 갖지 않는 것일까?

이와 관련해 터키 출신의 역량 있는 경제학자인 대론 아세모글루(Acemoglu, D.)는 이를 정치적인 '코즈 정리'가 왜 성립되지 않는지 질문을 던지고 이에 관련된 입장을 3가지로 정리하고 있다.[15] 아세모글루는 40세 이하의 소장학자에게 주어지는 권위 있는 경제학상인 '존 베이츠 클라크' 메달을 받은 바 있다.[16]

---

15 필자는 코즈 정리에 대해 모두 동의하지 않는다. 특히 누구에게 권리를 배분할 것인가에 대해 각 경우마다 관련된 사람들의 효용과 비용을 계산해서 비교해서 총사회후생이 더 커지도록 재산권을 배분해야한다는 식의 코즈 정리의 주장에 동의하지 않는다. 왜냐하면 개인 간 효용비교 자체가 불가능하기 때문에 총사회후생 함수라는 개념 자체가 허구적이기 때문이다. 또 재산권이 명확하게 정의되어 있고, 협상 비용이 없으면 아무에게나 재산권을 배분해도 최선의 결과가 나온다는 코즈 정리의 결론에 대해서도 동의하지 않는다. 이 결론은 "어떤 것이 정의롭지 못한가?"에 대한 사람들의 강한 분노감을 무시하고 있기 때문이다. 그러나 이런 세부사항들을 제외하면, 코즈 정리를 이용한 Acemoglu, D.(2003)은 나름대로 필자의 입장을 전달하는 데 유용하기에 여기에 인용하였다.

16 아세모글루는 해박한 역사지식을 동원하며 로빈슨과 공저한 《국가는 왜 실패하는가》에서 남북한의 엄청난 경제적 격차를 상징적으로 보여주는 사진, 즉 밤중에 남쪽은 환한 불이 밝혀져 있지만 북쪽은 깜깜절벽인 사진을 싣고 그 차이를 설명하고 있다. 그는 정치가 경제를 착취하는 곳에서는 결코 경제가 발전할 수 없다고 보는데 이

240

첫째는 정치적 코즈 정리(*political Coase Theorem*)를 지지하는 견해이다. 이는 특정 자산에 대해 누가 재산권을 가지든지 상관없이 재산권이 잘 정의되어 있고 협상비용이 없으면, 장기적으로 가장 효율적인 정책과 제도가 채택되는 경향을 보일 것으로 본다.

코즈 정리(*Coase theorem*, 코즈의 법칙)는 로널드 코즈(Coase, R. H.)가 만든 경제학 이론이다. 민간경제의 주체들이 자원의 배분 과정에서 아무런 비용을 치르지 않고 협상할 수 있다면, 외부효과로 말미암아 초래되는 비효율성을 시장에서 그들 스스로 해결할 수 있다는 정리이다. 코즈는 1991년 노벨 경제학상을 받았다. 코즈 정리는 현대의 정부 규제를 경제적 분석으로 이해하기 위한 중요한 바탕이 되었다.

둘째는 신념상의 차이 이론(*theories of belief differences*)의 입장인데 이 입장은 정치지도자들 사이의 바람직한 정책에 대한 이견 혹은 무엇이 최선의 정책인지에 대한 불확실성이 최선의 정책과 제도로의 수렴을 막는다고 본다. 아마도 재정 지출의 외부성으로 인한 국민들의 정확한 지식의 부족(즉, 국민들이 왼쪽 주머니에서 돈이 나가서 오른쪽 주머니로 오히려 더 작은 돈이 들어올 뿐임을 잘 이해하지 못한다는 사실)도 여기에 속

점에 대해 필자는 전적으로 동의하지만, 그런 체제를 자유주의 체제와는 또 다른 이름인 "포용적 체제"로 규정하고 있으나 "포용적 체제"가 "자유주의 체제"와 어떻게 다른지에 대해서는 이 책에 제대로 다뤄지지 않고 있다.

3 정치적 해결이 정답일까?   241

할 수 있다.

셋째는 '사회갈등의 이론들'(*theories of social conflict*)의 입장인데, 이 입장은 정치가나 정치적으로 강력한 집단은 정치를 통해 사회 전체의 이익 극대화가 아니라 자신들의 이익 극대화를 추구하므로 시민들의 복지에 매우 큰 악영향을 끼치는 정책들과 제도들이 선택되고 유지될 수 있다고 본다. 나쁜 정책이나 제도로부터 이득을 보는 기득권 집단이 이를 포기하고 한 번의 큰 보상을 국민들로부터 얻기보다는 이를 유지하여 계속 이득을 보는 편이 더 나을 수 있기 때문이다. 통치자와 일반 국민, 그리고 기득권자들 사이에 부를 극대화시키는 정책에 대해 합의하더라도 그 약속이 지켜질지에 대한 불확실성(*com-mitment problem*)도 있어 사회 갈등은 지속될 수 있다.

자유주의는 첫 번째 입장과 관련해서 개인들의 재산권이 명확하게 선언되고 정치가 조세나 국채 발행, 토지 수용권, 재정 지출 등을 통해 개인들의 사적 재산권을 침해할 수 없도록 재정 지출의 규모, 세금이 쓰일 수 있는 용도 등에 명확하고도 엄격한 제약을 가해야 한다고 생각한다. 그렇게 되면 정치가들이 특정 집단의 표를 얻으려 이들에게 혜택을 제공하고 싶어도 이를 위한 재원 마련 자체가 불가능해질 것이고 이런 선거공약은 '믿기 어려운 것'이 될 것이다.

둘째 입장과 관련해서는 자유주의는 정확한 지식의 부족을 메워주는 것이 지식인들이 할 일이라고 생각한다. 국가는 다양한 방법으로 실제 국민들이 얼마나 세금으로 내는지 정확히 알지 못하도록 노력해 왔다고 한다.[17] 자유주의자들은 이에 대해 국민들과 자유주의를 지지하는 정치인들이 제대로 인식하도록 노력하는 것이 자유주의 지식인의 과제라고 생각한다.[18]

셋째 입장과 관련해서 자유주의는 이런 갈등이 존재하며 따라서 정치권에서 결정될 수 있는 분야 자체를 축소해야 한다고 생각한다. 하이에크가 의회가 특정 이익집단을 위한 법률을 제정하는 곳이 되지 않도록 헌법적 제약을 가해야 한다고 본 것도 바로 '사회적 갈등' 관점에서 감안한 고려들 때문이다.

또 다른 의미에서 '우리가 우리를 다스리는 정부'라는 막연한 생각은 오해다. 민주주의 의회는 국가가 국민의 생명과 재산을 지키는지 아니면 여러 명분으로 오히려 침해하는지 감시하고 떠드는 말-가게가 되어야 한다. 그런데 정치가 국민들 편 가르기를 해서 한쪽의 희생 아래 다른 쪽의 이득을 추구하는 다툼의 현장이 되어서는 정치는 우리의 복지를 떨어뜨리는 정책과 제도들을 만들어내는 공장이 되고 만다. 우리의 입장을 위의 논의와 연결시켜 한 번 더 강조하자면 "정치가 문제다."

---

17 이에 대해서는 Boaz, D. (1997/2009) 중에서 이탈리아 재정학자 풀바니(Puviani)에 관한 논의 참고.

18 이에 대해서는 김이석 (2006) 참고.

04 다시 자유주의를 말할 때

미국발 금융 위기가 전 세계로 퍼져나가면서 이것이 정부가 야기한 실패인데도 다시 정부로 하여금 이 실패를 교정하라고 촉구하는 사태가 빚어지고 있다. 더 나아가 이런 금융 위기뿐만 아니라 모든 사회적으로 불만족스러운 것들에 대해 그 책임을 자유 시장과 자유주의 정책으로 돌리는 경향도 두드러진다.

그래서 금융 위기가 금융 위기 이후 실업과 비정규직의 고통 등 경기순환에 따른 문제뿐 아니라, 경제 주체들의 비이성적 위험 추구(*irrational exuberance*), 공동체적 유대의 파괴, 입시지옥, 높은 의료비 등이 마치 우리가 자유 시장과 자유주의를 추구했기 때문에 나타난 현상인 것처럼 설명하고 이를 폐기하고 대신 정치적 해결을 요구하는 목소리가 높아지고 있다. 이런 분위기가 2012년 치렀던 우리나라 대통령 선거에도 반영되어 복지 지출 증대와 대기업에 대한 규제를 내용으로 하는 이른바 '경제 민주화'가 대선의 공약으로 등장했었다.

경제가 어려워질 때 정치적 해결책에 대한 요구의 등장 배경은 충분히 이해할 만하다. 시장이라는 체제에 실패의 원인을 돌림으로써 정부나 기타 그 누구에게도 책임을 지우지 않을 수 있고, 특정 회사나 특정인의 손실을 줄이기 위해 막대한 재정이 투입되는 데 대한 저항을 줄일 수 있다.

이 과정에서 이익은 소수 인원에게 집중되는 반면 비용은 다수인들에게 분산되므로 비용 부담자들로부터 적극적인 저항은 약하다. 이에 반해 정부의 재정에 기대어 회생을 도모하려는 사람들은 격렬하게 지원을 요구한다. 거기에다가 이런 재정 투입이 없으면 대규모 실업이 발생할 것이라는 위협에 사람들은 쉽게 굴복한다.

그러나 정치적 해결책, 혹은 정부를 통한 문제의 해결책에 의존한다는 것은, 국민의 세금으로 충당되는 정부 재정을 투입하여 당장 눈에 보이는 문제들을 덮으려는 것을 의미할 뿐이다. 직접적인 세금을 거두는 것이 아니라 인플레이션을 통해 마련한 재원으로 대증적 해결방법을 시행하는 경우에는 국민들이 세금을 직접 납부하지 않으므로 그 저항의 정도는 약하겠지만, 인플레이션에 따라 각자의 실질 소득이 감소하는 만큼 인플레이션으로 인해 국민 각자가 그것을 부담하게 된 점은 마찬가지이다. 이것으로 근본적 수준에서 문제가 해결되는 것이 아니라, 근본적 해결책을 외면함에 따라 오히려 문제를 더 키우고 해결하기 어렵게 만들 수 있다. 무엇이 진정한 원인인지 따져보아야 한다.

이 글은 최근의 금융 위기를 계기로 제기되는 자유 시장과 자유주의에 대한 다양한 비판들에 대해 무엇이 진정한 원인인지를 다음과 같이 질문을 던지고 주로 경제학, 특히 미제스와 하이에크, 로스버드 등 오스트리아 학파의 경제학 논리를 통해 하나씩 검토하고 그 대답을 구하였다.

우선 첫째, 우리는 이렇게 물었다. 자유주의 비판자들이 공언하듯이 "자유주의 혹은 자유 시장이 위험을 키우는 사회를 만드는가?"

이 질문을 분석한 결과, 자유주의는 위험을 키우지 않는다는 결론을 내렸다. 최근 국제금융 위기에서도 나타났듯이, 위험을 추구하도록 한 것은 자유 시장이 아니었다. 과도한 위험을 추구하도록 부추긴 것은 만기 불일치 문제가 내재되어 태생적으로 불안정한 화폐금융 제도(예금자 보호제도, 부분지급 준비제도, 중앙은행의 최종대부자 기능 등)를 지닌 상황에서 미국 연방준비제도이사회(중앙은행)가 초저금리를 장기간 인위적으로 지속적으로 인하한 데 따른 것이었다. 사람들의 시간 선호와 일치하지 않는 인위적인 초저금리를 빼고는 왜 그렇게 높은 위험을 추구했는지 설명할 수 없었다.

우리는 아이슬란드의 사례를 검토하여 이 사실을 확인하였다. 아이슬란드는 자유 시장의 원리를 적용하여 거래 가능한 사적 어업권을 창설함으로써 부(富)를 쌓아 유럽의 변방에서 벗어났다. 자유 시장 비판자들은 은행 민영화를 아이슬란드 경제의 붕괴의 원인으로 설명했다. 그러나 우리가 분석한 결과, 은행 민영화 때문이 아니라 부분지급제도와 환위험을 간과하며 과도하게 신용을 팽창시켰던 금융 정책(간섭주의의 적용)이 문제였다. 아이슬란드의 은행들은 만기 불일치와 통화 불일치를 심하게 추구하다가 결국 파산에 이르렀던 것이다.[1]

우리가 던진 둘째 질문은, "실업과 비정규직의 고통이 자유 시장 혹은 자유주의로 인한 것인가?"이다.

자유주의는 경기변동의 원인이 아니므로, 경기변동에 따른 실업의 고통은 자유주의 혹은 자유 시장으로 인한 것이 아니다. 흔히 신자유주의 정책으로 간주되는 노동 유연화가 실업의 고통을 가져온 것처럼 자유 시장 비판자들은 주장한다. 이들의 주장과는 달리 노동 유연화는 경직화된 노동 시장에 실업의 고통이 아니라 취업의 길을 열어준다. 실업과 비정규직의 고통은 노동 시장 유연화 때문이 아니다. 해고하기가 쉬워야 채용도 쉽게 할 것이기 때문에, 빈곤계층으로서는 노동 시장이 유연하게 되어 저임금에서라도 채용 기회가 많아지는 것이

---

1 자유 시장 비판자들은 경기침체의 시기에 찾아온 식량난을 자유주의의 탓으로 돌리고 있다. 그러나 이에 대해서도 오스트리아학파 경기변동 이론은, 주택의 생산이 식량의 생산에 비해 유리하도록 만든 가격 왜곡ㅡ이자율 왜곡(간섭주의)으로 인해 빚어진 주택의 과잉생산과 곡물의 과소생산(가격급등)에 따른 현상으로 파악한다.

빈곤을 탈출하는 데 무엇보다 중요하다.

비정규직 고용에 대한 규제는 비정규직의 취업 기회를 악화시킨다. 비정규직에 대한 해고를 어렵게 할수록 비정규직의 취업은 어려워진다. 경기 침체기에서는 임금과 물가가 동시에 하락하도록 허용하도록 하는 것이 중요하다. 그렇게 해야 기업들은 종업원들을 뽑을 유인이 발생하므로 (노동력을 포함해) 여러 자원들이 더 생산적인 곳으로 재배치가 이루어질 것이다. 그렇게 하여야 실업의 장기화를 막을 수 있다.

마지막으로 노조 강화가 아니라 자본 축적을 통한 고용 경쟁이 장기적으로 노동자의 처지를 개선한다. 노조나 정치의 경영 간섭을 가능케 하는 '조정 자본주의'는 그런 조정 과정에 참여할 수 있게 된 노조 지도자들에게는 반가운 일이겠지만, 이는 투자 유인 자체를 줄이기 때문에 그만큼 고용 기회도 창출되지 않게 만든다. 그 결과 신규로 취업하려는 사람들은 그런 기회를 가지기 어렵게 된다.

셋째 질문은, "입시지옥으로 대변되는 한국의 공공교육 체제의 실패가 자유주의 때문인가?"이다.

이는 오히려 반(反)자유주의 정책의 결과라고 할 수 있다. 입시지옥은 평준화라는 경쟁 지연 정책의 결과이다. 학군제의 공교육 체제는 사립학교 재단들로 하여금 더 우수한 교사를 채용하려는 유인을 없앤다. 학생들을 더 잘 가르칠 교사를 애써 선별하여 고용하지 않더라도 그 학교에 배정된 학생 수는 변화하지 않는다. 그래서 우수한 교사보다는 학교 발전기금을 더 많이 내는 사람을 채용하고자 하는 유인이 있다.

더 나아가 이런 공교육 체제에서는 학부모라는 '고객'을 감동시킬 유인이 별로 없기 때문에, 학력의 신장 문제뿐만 아니라 인성 교육, 학교 폭력 방지 등에서도 최선의 노력을 하려는 유인이 존재하지 않는다. 공립학교는 학부모가 아니라 규제관청을 만족시키려고 한다. 그래서 교육 개혁의 진정한 초점은 공교육 정상화를 통한 사교육비 인하가 아니라 사교육 중심체제로의 변환이어야 한다.

무(無) 보험자가 4천만 명이 넘고, 의료비가 다른 국가에 대비하여 매우 비싼 미국의 의료 서비스 시장은 자유 시장 비판자들에게 의료시장을 자유로운 경쟁에 맡겼을 때 발생하는 대표적인 사례로 선전되고 있다. 그래서 우리는 다음과 같은 넷째 질문을 던졌다. "이런 불만족스런 미국의 의료 서비스시장의 상황이 자유 시장원리에 따른 결과인가?"

결론적으로 말해 미국의 비싼 의료비는 의료 서비스 시장에 자유 시장 원리가 작동한 결과가 아니다. 미국은 보통 자유 시장의 원칙이 의료 서비스 시장에도 적용되는 것처럼 잘못 알려지고 있지만, 실은 그렇지 않다. 미국의 의료 서비스 시장은 의료비 1달러 가운데 제 3자(정부, 보험회사, 회사)가 75센트나 지불하는 제 3자 지불효과가 매우 큰 시장이어서 자유 시장과는 크게 동떨어져 있다.

흔히 미국의 의료비 지출 가운데 민간으로부터 재원이 조달되는 비중이 높다는 이유로, 미국의 의료 서비스 체제는 민간 주도형으로 분류되지만, 제3자 지불효과 측면에서 보면, 미국의 의료 서비스 시장은 공공의료 체제에 가깝다. 국가가 강제로 건강보험을 들게 하거나 세금으로 이를 거두어가는 공공의료 시장에서도 환자들이 병원을 방문할 때 약간의 자기부담을 지게 하는 것을 고려하면, 미국은 자기부담이 약 25%인 공공의료 체제라고 보아도 무방할 정도이다.

남이 대신 의료비를 내주면 의료 수요는 늘어난다. 미국에서 임금이 통제되고 있을 때 기업은 유능한 인재를 선발하려고 의료보험을 제공하기 시작하고 의료보험에 대해 세금 감면이 이루어지면서 의료보험의 지급범위는 확대됐다. 의료 공급은 면허제 등으로 제한된 상황에서 수요가 늘어나자 의료비는 크게 높아졌고 의료보험료도 크게 인상되었다. 이렇게 되자 직장을 갖지 않은 사람들 가운데 상당수는 의료보험에 들지 않게 되었다. 직장을 잃은 개인은 자신이 의료보험료를 모두 부담하기는 어려워졌다. 그래서 "미국에서 직장을 잃으면 아프지 말아야 한다"는 말이 나왔다.

그러나 우리는 이것이 의료 보험에 대한 세금 감면이 촉발했음을 직시할 필요가 있다. 시장은 제3자 지불을 포함해서 특정 의료 서비스에 대해 직간접적으로 실제 지불하는 것(위의 예에서 1달러)과 각 개인이 자신이 지불한다고 느끼는 것

(25센트) 사이에 이런 간극을 만들어 개인들의 잘못된 경제 계산을 유도하지 않는다.

우리가 던진 다섯째 질문은, "자유주의가 공동체적 유대를 약화시키는가?"이다.

결론적으로 말해, 자유 시장 혹은 자유주의는 공동체적 유대나 도덕성을 파괴하지 않는다. 오히려 신중, 남에 대한 배려와 같은 덕성을 기른다. 시장 경제 이전에 존재했던 과거의 농경공동체는 그 유대가 현재의 공동체보다 더 강했을 수 있다. 그러나 그런 공동체로 복귀하면 생산 수준이 급락하므로 인구의 격감을 불러오지 않을 수 없다. 그것은 현재의 인구 가운데 많은 사람들이 굶주려야 함을 의미하므로 대안이 아니다. 따라서 현재와 같은 분업을 통한 협업과 높은 생산성을 유지하는 상태에서 가능한 공동체들의 유대가 자유 시장으로 인해 더 약화되는지 검토할 필요가 있다.

그런 현재의 시장 경제 속에서도 존재하는 공동체로는 가족, 종교공동체, 자발적 상호부조 조직 등이 있다. 이 공동체들 속에 존재하는 유대는 자유 시장이 아니라 복지국가가 파괴한다. 가족 대신 복지국가가 보살펴줌으로써 가족 간의 상호 의존과 상호 책임감은 급감했다.

마지막으로 여섯째, 우리는 "시장이 아니라 정치적 과정을 통한 정치적 해결이 더 바람직한 결과를 가져오는지" 질문을 던졌다.

  자유 시장 비판자들은 시장을 통한 자원 배분 대신 정치적 해결을 제시한다. 이런 제안은 앞서 말한 잘못된 시장 비판에 근거하고 있다. 더구나 정치적 해결 방식은 이윤-손실 메커니즘의 부재로 어떤 예산을 줄일지 늘릴지 합리적으로 판단할 수 없다는 결정적 결함을 지닌다. 시장을 철폐하고 그 자리에 정치적 해결을 도입하면 우리는 합리적 판단의 근거를 얻지 못한다.

  예를 들어 시장에서 공급되지 않은 경찰의 치안서비스와 관련해서, 다수의 소년들이 사체로 발견된 개구리소년 사건이 있었다. 경찰은 범국가적인 노력을 기울였으나 끝내 범인을 잡지 못했다. 이때 예산을 늘려야 할 것인가, 줄여야 할 것인가? 유사 사태의 발생을 막고자 한다면 일단 경찰 예산을 늘려야 한다고 대답할 수 있다. 그러나 범인을 잡지 못할수록 예산이 늘어나는 모순은 여전히 남을 것이다. 반대로 예산을 줄이려고 하면, 경찰들로 하여금 범인을 더 잘 잡고자 하는 유인을 부여할 수 있을지 모르지만 당장 범인을 체포할 확률은 낮아질 것이다.

  정치적 해결은 사회적 갈등을 조장한다. 납세자들로부터 세금을 거두어 예술기금을 만들지 않았다면, 화가들은 그들이 그리고 싶은 것을 그리면 된다. 그러나 예술기금을 만들었다 가정하자. 기금을 지원받은 화가가 나체상을 그렸다면, 이런 그림은 예술기금 지원대상이 아니라고 생각하는 납세자들을 불쾌하게 만들 것이다. 반대로 나체상을 그리는 데 예술 기금이 지원되지 않는다면 이번에는 그런 것도 당연히 지원 되어야 한다고 생각하는 또 다른 납세자를 불쾌하게 만들 것 이다. 그래서 우리는 복지국가의 실패를 거울삼아 정치적 해 결의 영역을 되도록 만들지 않고 정치는 국민 각자의 기본권 을 정부나 국가가 혹시 침해하지는 않는지 국가의 영역을 제 한하는 데 집중할 필요가 있다.

필자는 이 글에서 주로 시장의 원리와 그 결과에 관한 주제 를 중심으로 자유 시장에 대한 비판들을 다루었다. 이런 원리 적 문제들보다 실천적인 문제에 관심이 많은 사람들도 있다. 예를 들어, 현재 이미 복지 제도나 정부 지원 프로그램들이 도입된 상태일 때, 어떻게 현재의 체제나 제도를 더 자유 시 장의 원리에 어울리게 개편할 것인지도 매우 중요한 문제이 다. 이 점에 대해서는 자세히 다루지는 않았지만 바우처 제 도, 음의 소득세제 등이, 그 규모가 증대되지 않도록 세심한 주의를 기울인다면, 자유 시장 원리에 부합하는 체제로 가는 중간 경유지로서 역할할 것으로 기대한다.

예를 들어 교육 바우처 제도 아래에서는 학교들이 더 많은 지원자들이 입학을 원하게 만들어야 생존해갈 수 있으므로 교육청보다는 학부모들을 '감동'시키려고 노력할 것이기 때문 이다.

지금처럼 미국발 국제금융 위기 때문에 온갖 근거 없는 자유주의 비판이 무성한 때일수록 나는 다시 자유주의의 소중한 가치를 말하려 한다. 그래야 우리가 힘들게 쌓은 부(富)가 쉽게 허물어지지 않을 것이다. 또 우리가 앞으로 더 쌓아올릴 부를 수단으로 삼아 우리가 추구하는 가치를 마음껏 추구할 수 있으리라.

2008년 시작된 국제금융 위기의 여파는 여전히 진행 중이다. 남유럽에서는 재정위기가 진행되고 있으며, 미국은 이른바 양적 완화정책을 지속하고 있다. 이런 가운데 2012년 12월 우리나라에서는 제18대 대통령 선거가 있었다. 경기 침체의 여파로 대선 과정에서 각 정당은 경쟁적으로 복지 정책과 재벌 규제 정책을 합친 이른바 경제 민주화를 내세우며 표심을 얻고자 하였다.

대선 후보들 가운데 재분배 정책 이외에 성장의 필요성을 가장 먼저 언급한 박근혜 후보가 대통령으로 당선되어 그나마 다행이지만 여전히 경기 침체 국면에서 새 정부가 과도하게 경제를 규제하거나 복지 지출을 늘릴 가능성은 남아 있다.

새 정부는 우리 경제를 "창조 경제"로 만들어 경제 부흥을 이루겠다는 의욕을 보이고 있지만 대내외 환경은 그리 쉽지 않다. 그래서 이 책의 논의를 바탕으로 새 정부의 정책들이 화려한 말잔치로 끝나지 않게 하기 위해 필요한 것을 몇 가지만 당부하고자 한다.

우선 첫째, 창조 경제와 관련해서 새 정부의 경제팀은 자유 시장 경제야말로 기존의 지식들을 가장 효과적으로 활용하면서 새로운 지식들을 창조함으로써 우리의 삶을 윤택하게 만드는 시스템이라는 사실을 잊지 말았으면 한다. 하이에크의 말처럼 시장 경쟁 과정이란 바로 기업가들이 소비자들의 필요를 발견하고 이를 충족하는 창조적 방식들이 실험되고 발견되는 과정이다. 정부가 직접 나서서 성장 산업을 지정한다든가 육성하려 하지 말아야 한다. 정부는 시장에서 창조적 실험이 끊임없이 진행되는 데 장애가 되는 요소들을 제거하는 데 집중해야 할 것이다. 자칫 재정을 잘못 쏟아 부어, 소비자들의 필요를 발견하려는 기업가적 도전 정신을 함양하는 것이 아니라 정부의 정책에 편승하여 일종의 이권을 얻으려는 허망한 노력을 자극하지 않도록 유의해야 할 것이다.

둘째, 사회 통합 혹은 사회 유지에 화폐의 건전성이 가지는 중요성을 잊지 말아야 한다. 재정수입은 쉽지 않은 상황에서 여러 가지 복지 지출을 약속하였으므로 세금을 거두기보다는 국채를 발행하고 또 이를 한국은행이 인수하도록 하려는 유혹에 빠지기 쉽다. 그러나 이는 곧 화폐 증발로 이어져 물가 상승을 가져오고 국민들은 생활고를 겪을 것이므로 올바른 정책이 되기 어렵다. 이 점은 그리스를 비롯한 남유럽의 재정 위기가 우리에게 주는 교훈이다.

셋째, 복지 지출도 성장이 뒷받침되어야 가능하며, 재분배적인 복지 지출의 증가 자체가 생산하려는 유인을 약화시킬 수 있다. 재정 능력을 벗어난 복지 지출의 확대는 경제 활력을 떨어뜨리고 복지 지출의 여력을 약화시킬 것이다. 복지 정책의 최종 목적은 수혜계층의 자립임에도 불구하고, 정부의 복지 지출 확대는 이에 의존해야 생존할 수 있는 계층을 줄이기는커녕 더 증가시켜 재정 적자도 증가하는 '복지병'의 악순환에 빠져들 수 있다. 따라서 복지 지출의 목표를 정부 지원이 필요한 사람들이 자립하게 하여 그 숫자를 줄이는 데 두고 정부 부처의 각종 정책 프로그램들의 평가도 이 최종 목표에 연계할 필요가 있다.

넷째, 이제 학생들이 더 이상 학교를 '창살 없는 감옥'으로 여기고 입시지옥과 학교 폭력에 내몰리는 현실을 방치하지 말아야 한다. '평준화'는 입시지옥을 만드는 주범이므로 학교와 학생들의 학생 선발권과 학교 선택권을 회복시켜야 한다. 아울러 학교들이 수요자들인 학부모와 학생들의 필요를 충족시키려는 노력이 살아나도록 바우처 제도를 대폭 확대 실시해야 한다. 교육에 관해 논의하는 곳에서 설명했듯이 제대로 된 인성 교육의 결여와 학생들이 늦은 시간까지 학원으로 내몰리는 '입시 지옥' 상황은 현재의 평준화된 공교육 체제 아래에서는 결코 해결될 수 없다.

다섯째, 강제 건강재정보험의 재정은 현재 가장 급속하게 악화될 전망이다. 인구는 고령화되는데 의료 기술은 발전하고 있고, 정치권은 더 많은 의료 혜택을 약속했기 때문이다.

이런 상황을 개선하려면 싱가포르처럼 의료 저축계좌를 도입하는 등 의료 과소비가 아니라 적절한 의료의 소비가 자신에게 이득이 되게 하는 한편, 의료 시장도 점차 소비자들에게 더 잘 봉사함으로써 성공하려는 의료 서비스 공급자들로 넘쳐나도록 만들어가야 한다.

여섯째, 노동 시장 정책은 특히 처음으로 일자리를 가져야 하는 청년들, 실직 상태에서 새로 직장을 구해야 하는 재취업자들처럼 사회적으로 취약한 계층의 삶에 직접적으로 영향을 주는 매우 중요한 분야이다. 현재 새 정부의 노동 시장 정책은 '늘지오' 정책으로 알려져 있다. 새로운 일자리를 늘리고, 현재의 일자리는 지키고 오래 할 수 있게 한다는 것이다. 정책은 희망 사항을 모두 열거한다고 해서 좋은 결과를 만들어내는 것은 아니다. 새 정부의 노동정책은 실제에 있어 노동시장의 경직성을 더 높여 경기 침체기의 구조 조정의 필요성에 부응하지 못할 뿐 아니라 사회적 취약 계층의 취업을 더욱 어렵게 할 수 있다는 점에 유의할 필요가 있다.

일곱째, 새 정부는 신자유주의가 실패해서 복지 확대와 재벌 규제가 필요하다는 식의 잘못된 논리에 갇히지 않기를 바란다. 자본주의의 새 모델을 보여주겠다는 식으로 가서는 곤란하다. 우리는 지금 그런 한가한 실험을 운운할 때가 아니다. 당장 필요한 것은 다시 닥칠지 모를 국제 금융시장의 불안정성이 우리 경제에 미칠 수 있는 파장이다. 위험 관리를 잘 해나간다는 생각이 절실하다.

여덟째, 중소기업 지원, 사회적 약자의 지원 정책 등을 펼치는 데 있어서도 "퍼주기 식"이어서는 곤란하다. 지원에는 반드시 "졸업"이 따라야 하고, 수혜자가 더 빨리 졸업할 유인을 그 안에 만들어 두어야 성공할 수 있다. 성실히 일한 사람들을 좌절시켜서는 우리 경제의 앞날에 희망이 없어질 것이다. 더 많은 사람들이 자립하겠다는 의지는 사라지고 정부에 의지할 궁리를 하는 사회가 번성했던 적은 없었다. 새마을운동이 성공했던 것은 사람들에게 '하늘은 스스로 돕는 자를 돕는다'는 자조 정신을 드높일 수 있었기 때문이다. 이것을 정부가 주도했기 때문에 성공했다고 잘못 생각하지 않아야 한다.

아홉째, 일자리가 최고의 복지라는 말을 많은 정치인들이 하고 있지만, 그냥 립-서비스에 그치는 경우가 많다. 정말 그렇게 생각한다면, 그리고 단순히 정부가 재정을 동원해서 실제로 소비자들에게 가치가 있는 일을 하지 않으면서도 돈을 받는 공공 일자리 창출이 아니라 진정한 일자리의 창출을 원한다면, 당연히 세금은 낮아져야 하고, 투자를 위한 저축이 늘어나야 한다. 높은 복지 지출을 감당하기 위해 더 많은 세금을 거두어 이를 복지에 지출하면서 일자리가 최고의 복지라고 생각한다고 말하는 것은 앞뒤가 맞지 않는다.

마지막 열 번째로 부탁하고 싶은 것은 인허가를 비롯한 더 많은 규제가 있을수록, 공공부문의 비중이 높을수록 그 경제는 활력을 잃는다. 각종 의료, 교육, 법률, 관광, 유통, 교통 등 각종 서비스업종은 규제로부터 그리고 공기업과 같은 체제로부터 벗어나야 창조적 아이디어들이 창의적으로 접목될 수 있다.

표준 수가제에 묶여 정보통신 기술과 여타 과학 기술을 융·복합하여 만든 새로운 획기적 의료 서비스를 이윤을 낼 수 있을 정도의 가격에 팔 수 없을 때 그런 기술은 시장에 등장하지 않는다. 아무리 공기업이 적자투성이로 방만하게 경영되고 있다 하더라도 정부 재정이 지원되고 가격이 규제되는 상황에서는 민간 기업이 그 산업에 진입하는 것이 법적으로 막혀있지 않다고 하더라도 그 시장에 진입해서 공기업과 경쟁하는 것은 원천적으로 거의 불가능하다. 공기업을 민영화하고 규제를 적극적으로 푸는 정책을 실천하여야 한다.

정치는 투표권자들의 득표를 위해 노력하므로 이렇게 제안된 정책들이라 할지라도 투표권자들이 '잘못된 편견으로' 외면하거나 반대하면 정치적으로 돌파하는 데 어려움이 있을지 모른다. 그러나 여러 가지로 시장 경제의 창달과는 거리가 있는 정책적 입장을 취하던 참여정부도 필요하다고 여기면 한미 FTA도 자신들을 지지하던 세력의 반대를 무릅쓰고 돌파하는 저력을 보여주었다.

올바른 이론에 입각하지 않은 정책은 그 의도와는 상관없이 반드시 실패한다. "세금을 줄이고"에서 '줄'을 가져오고,

4 다시 자유주의를 말할 때 259

"규제를 풀고"에서 '풀'을 가져온 다음, "법의 지배를 세우자"에서 '세'를 가져와서 '줄푸세'를 공약으로 삼은 적이 있는 현 대통령이라면 비록 경기 침체의 국면에서 정권 획득의 목적을 위해 복지 지출의 확대와 시장 경제에 대한 여러 가지 규제를 약속했다고 하더라도 이를 과도하게 추진하는 우(愚)를 범해서 경제가 더 어려워지게 만들지는 않을 것으로 생각한다. 그렇게 되면 결과적으로 사회적 취약 계층의 삶은 오히려 더 어려워질 것이고 그런 결과를 만들고자 하지는 않을 것이기 때문이다. 광우병 파동을 뒤돌아 볼 때 여론이라는 것은 경우에 따라서는 쉽게 오도될 수 있으므로 새 정부는 여론에 일희일비(一喜一悲) 하지 않으면서 묵묵히 필요한 개혁을 이루어 내어야 한다.

이 책을 읽는 독자들도 "우리는 더 많은 국민들이 국가에 의존해 살아가는 체제가 아니라 각자가 당당하게 자립하며 각자의 꿈을 키워가는 사회를 원한다"는 것을 보여줌으로써 새 정부의 정책이 자유 시장을 지향하는 방향으로 이루어지도록 힘을 보태길 바라마지 않는다.

끝으로 밝은 미래를 꿈꾸는 청소년과 20대, 30대 젊은 직장인들에게 삶의 지혜가 가득 담긴 책을 몇 권 소개하겠다.

하이에크의 명저 《노예의 길》과 《치명적 자만》이 바로 그것이다. 1974년 노벨 경제학상을 받은 그는 개인의 자유와 재산권이 보장되고 시장 경제가 잘 작동해야 인류는 번영한다고 역설했다.

다음으로 미제스의 대작 《인간 행동》과 로스버드의 명저인 《인간·경제·국가》를 추천한다. 미제스는 하이에크의 스승으로 그의 책 《인간 행동》은 현재 자유주의 경제학자들의 바이블 격이라 할 수 있다. 로스버드의 책은 미제스의 《인간 행동》을 현대의 독자들이 알기 쉽게 저술한 동시에 그의 철학을 담은 책이다.

어느 나라 사람들에 비해서도 총명하면서도 근면한 청소년들에게 한마디만 더 덧붙이자면 "시장에서 남들의 필요를 먼저 발견해서 잘 봉사함으로써 커다란 부를 쌓고 이것을 본인이 중요하다고 생각하는 가치를 진작시키기 위해 마음껏 써라. 부(富)는 그 자체로 목적이 아니라 수단일 뿐이지만, 부가 클수록 가치를 추구하기도 더 쉽다."

참고문헌

국내문헌

경향신문 특별취재팀 (2010), 《세계금융 위기 이후》, 한스미디어.
공병호 (2010. 6. 16), "정직한 교육정책을 펼치자", KERI 칼럼.
곽태원 (2010. 11. 15), "복지예산 확대 너무 서두른다", KERI 칼럼.
김영용 (2010. 7. 1), "복지정책의 출발", 〈디지털타임스〉.
김이석 (2001), "경제 계산논쟁, 발견과정으로서의 경쟁에 비춰본 의
　　　료정책", 한국하이에크소사이어티 편, 《이제는 자유를 말할
　　　때》, 율곡출판사.
_____ (2001. 2), "공기업 개혁의 바른 길", 〈월간 에머지〉.
_____ (2004. 2), "좀더 나은 정치적 의사결정의 주창자, 제임스 뷰캐
　　　넌", 〈월간조선〉.
_____ (2004. 11. 19), "고용정책기본법 중 개정법률안에 대한 의견",
　　　자유기업원 입법브리프.
_____ (2005), "의도와 인지적 한계를 가진 인간의 경제학: 신(新) 오
　　　스트리아 학파", 박만섭 편, 《경제학, 더 넓은 지평을 향하여》,
　　　이투신서.
_____ (2006), "자유주의자의 전략: 사회변화를 모색하는 자유주의

지식인의 전략", 한국하이에크소사이어티 편, 《자유주의만이 살 길이다》, 평민사.

_____ (2006. 6), "시장경쟁의 올바른 이해와 바람직한 재정개혁의 방향", 〈재정정책논집〉, 8집 1호.

_____ (2006. 8. 16), "교원평가제 반대만 하지 말고 희망 주는 대안을 제시하여야", 자유기업원.

_____ (2007), "헌법개정안 경제부문 해제", 《새헌법 연구》.

_____ (2010. 1. 21), "저축은행들의 부실 사태와 진정한 규제완화", KERI 칼럼.

_____ (2012), "불확실성에 따른 예금보험제도의 실효성 문제", 〈자유와 시장〉, 4권.

_____ (2013. 2. 8), "소문에도 자극받는 기업가 정신", 한국경제연구원, KERI 칼럼.

_____ (2013. 5. 14), "사회적 투자", 한국경제연구원 토론회 〈'사회'란 무엇인가〉 발표자료.

민경국 (2007), 《자유주의의 지혜》, 아카넷.

_____ (2007년 가을), "사회적 시장 경제의 실패가 사회철학에 주는 의미", 〈철학연구〉, 78집.

박인화 (2010), 《복지재정 운용실태와 정책과제》, 국회 예산정책처.

배진영 (2009. 11. 19), "백년하청의 교육정책과 제도의 연결고리", KERI 칼럼.

신중섭 (2013), "사회통합을 위한 바른 용어 연구: 사상적 측면", 현진권 편, 《사회통합을 위한 바른 용어》, 한국경제연구원.

아시아뉴스통신 (2010. 6. 24), "'죽어서 복수하겠다' 여중 1년생 아파트서 투신자살—경찰, 이지메 여부 등 수사 착수".

안재욱 (2008), 《시장 경제와 화폐금융제도》, 나남.

_____ (2010. 3. 5), "예금자 보호제도의 문제점과 개선방안", CFE Report, 자유기업원.

양동휴 (2010), "1930년대 세계대공황과 2008년 위기", 〈경제논집〉,

49권 1호, 1~29.

월간조선 (2009. 9), "진퇴양난에 빠진 의사들, 최선의 진료를 하면 위법, 안 하면 합법".

윤희숙·고영선 (2009), "의료 서비스 산업 선진화를 위한 제도개선 과제", 한국개발연구원 연구보고서.

이성규 (2010. 6), "조세-복지 Churning에 의한 중산층 복지", 초정포럼 발표자료.

전용덕 (2007), 《권리, 시장, 정부》, 대구대 출판부.

중앙일보 (2012. 1. 25), "79만 원 복지의 함정".

MBC 뉴스 (2011. 12. 30), "대구 중학교, 학생자살 처음 아니다".

해외문헌

Acemoglu, D. (2003), "Why not a political Coase Theorem? Social conflict, Commitment, and Politics", *Journal of Comparative Economics*,

Bagus, P., & Howden, D. (2009. 6. 9), "Iceland's Banking Crisis: The Meltdown of an Interventionist Financial System", *Mises Daily.*

Beito, D. T. (1990), "Mutual Aid for Social Welfare: The Case of American Fraternal Societies", *Critical Review*, 709~736.

Boaz, D. (1997), *Libertarianism: A Primer*, The Free Press, 강위석 외 역 (2009), 《자유주의로의 초대》, 북코리아.

Boyapati, V. (2010. 5. 26), "What's Really Wrong with the Health-care Industry", *Mises Daily.*

Boldrin, M., & Levine, D. K. (2010), *Against Intellectual Monopoly*, Cambridge University Press.

Buiter, W., & Slbert, A., (2008. 10), "The Icelandic banking crisis and what to do about it: The lender of last resort theory of optimal currency areas", *CEPR Policy Insight*, No. 26.

Butler, E. (1988), *Ludwig Von Mises: Fountainhead of the Modern Microeconomics Revolution*, Gower Publishing Company, 김이석 역 (2000), 《루드비히 폰 미제스》, 자유기업원.

Epstein, R. (1997), *Mortal Peril: Our Inalienable Right to Health Care?*, MA: Addison-Wesley, 안진환 역 (2006), 《공공의료제도의 치명적 위험》, 나남.

Friedman, M. (1990), *Free to Choose: A Personal Statement*, Mariner Books, 민병균 역 (2009), 《선택할 자유》, 자유기업원.

GAO (1991), "Trauma Care: Lifesaving System Threatened by Unreimbursed Costs and Other Factors", GAO/HRD-91-57.

Gordon, S. H. (1954), "The Economic Theory of a Common-Property Resource: The Fishery", *Journal of Political Economy*.

Hall, M. A. (1998), "The Unlikely Case in Favor of Patient Dumping", *Jurimetrics Journal*, 389~397.

Hardin, G. (1968. 12. 13), "The Tragedy of the Commons", *Science*, Vol. 162, No. 3859, 1243~1248.

Hayek, F. (1978), *Law, Legislation and Liberty, Volume 2: The Mirage of Social Justice*, University Of Chicago Press, 민경국 역 (1999), 《법, 입법, 자유 II: 사회정의의 환상》, 자유기업센터.

――――― (1944), *The Road to Serfdom: The Definitive Edition*, Routledge, 김이석 역 (2006), 《노예의 길: 사회주의 계획경제의 진실》, 나남.

Hazlitt, H. (1970), "Runaway Relief and Social Security", *Man vs. The Welfare State*, Arlington House.

Higgs, R. (1987), *Crisis and Leviathan: Critical Episodes in the Growth of American Government*, New York: Oxford University Press.

_____ (1997), "Regime Uncertainty, Why the Great Depression Lasted So Long and Why Prosperity Resumed after the War", *The Independent Review*, Vol. I, No. 4, 561~590.

Hubbard, G., & Mayer, C. (2008. 10. 2), "First, Let's Stablize Home Prices", *Wall Street Journal.*

Hulsmann, J. G. (2008), *The Ethics of Money Production*, Mises Institute.

International Monetary Fund (2010. 3. 13), "Reserve Accumulation and International Monetary Stability".

Kinsella, N. S. (2008), *Against Intellectual Property*, Ludwig von Mises Institute.

Lewis, M. (2009), "Wall Street on the Tundra", *Vanity Fair*, April 2009.

Maltsev, Y. N. (2009. 8. 21), "What Soviet Medicine Teaches Us", *Mises Daily.*

Mises, L. (1935), "Economic Calculation in the Socialist Commonwealth", Hayek, ed., *Collectivist Economic Planning: Critical Studies of the Possibilities of Socialism*, London: G. Routledge & Sons.

_____ (1949), *Human Action*, Yale University Press, 민경국·박종운 역 (2011), 《인간 행동》, 지만지.

_____ (1981) *Theory of Money and Credit*, Liberty Classics, Liberty Fund, 김이석 역 (2011), 《화폐와 신용의 이론》, 한국경제연구원.

Niskanen, W. A. (2009), "The Undemanding Ethics of Capitalism", *Cato Journal*, Vol. 29, No. 3.

North, D. C., & Thomas, R. P. (1973), *The Rise of the Western World: A New Economic History.* Cambridge University Press,

이상호 역 (1999), 《서구세계의 성장》, 자유기업원.

Partnoy, F. (2003), *Infectious Greed: How Deceit and Risk Corrupted the Financial Markets*, Henry Holt & Company, 이명재 역 (2004), 《전염성 탐욕》, 필맥.

Paterson, I. (1943), *The God of the Machine*, New York: G. P. Putnam's Sons.

Pirie, M. (1988), *Micropolitics*, London: Wildwood House, 권혁철 외 역 (2012), 《미시정치》, 북앤피플.

Rantnapala, S. (2003), "Moral Capital and Commercial Society", *Independent Review*, Vol. 8, No. 2.

Rizzo, M. (2009. 2. 19), "The Misdirection of Resources and the Current Recession", *Mises Daily*.

Roberts, R. (2002), *The Invisible Heart: An Economic Romance*, MIT Press, 김지황 역 (2010), 《보이지 않는 마음》, 월드컴.

Rockwell, L. H. Jr. (2010. 8. 6), "The New Push for a Global Currency", *Mises Daily*.

Rothbard, M. (1963/2000), *America's Great Depression*, Ludwig von Mises Institute.

_____ (1973/2006), *For a New Liberty*, Mises Institute.

_____ (1977), *Power and Market*, 2nd ed., Kansas City: Andrews and McMeel.

_____ (1982/2002), *The Ethics of Liberty*, New York University Press.

_____ (1990), *What Has Government Done to Our Money*, Ludwig von Mises Institute, 전용덕 역 (2010), 《정부는 우리화폐에 무슨 일을 해 왔는가?》, 지만지.

_____ (1995), "Government Medical 'Insurance'", in *Making Economic Sense*, Mises Institute.

Runolfsson, B. (1997), "The Icelandic Fishing Industry: A Descriptive Account", Paper presented at Symposium on the Efficiency of North Atlantic Fisheries, Reykjavik, Iceland, 12~13.

Salerno, J. (2010), *Money Sound and Unsound* (2nd ed.), Mises Institute.

Sowell, T. (2000), *Basic Economics: A Citizen's Guide to the Economy*, Basic Books, 서은경 역 (2002), 《시티즌 경제학》, 물푸레.

Steele, G. R. (2008), "Austrian Business Cycle Theory, Kegnes's General Theory, Soaring Wheat Prices and Subprime Mortgage Write-downs", *Quarterly Journal of Austrian Economics*, Vol. 11, 119~122.

Stiglitz, J. (2002), *Globalization and Its Discontents*. Penguin books, 송철복 역, 《세계화와 그 불만》, 세종연구원.

The Economist (2010. 1. 21), "Leviathan Stirs again".

Vedder, R., & Gallaway, L. (1991), "The Great Depression of 1946", *Review of Austrian Economics*, Vol 5, No. 2, 3~32.

West, E. G. (1965), *Education and the State*, London: Institute of Economic Affairs.

Wheelan, C. (2003), *Naked Economics: Undressing the Dismal Science*, New York: W. W. Norton, 형선호 역, 《벌거벗은 경제학》, 황금가지.

Woods, T. (2009). *Meltdown: A Free-Market Look at Why the Stock Market Collapsed, the Economy Tanked, and the Government Bailout Will Make Things*, Regnery Publishing. 이건식·안재욱 역, 《케인스가 죽어야 경제가 산다》, 리더스북.

Yisok, K. (1998), "The Obviation of the Coordination Problem in a Changing World", New York University Ph. D. Dissertation.

越後 和典 (1985), 《競爭と獨占─産業組織論批判》, ミネルヴァ書房, 공병호 역 (1997), 《경쟁과 독점》, 자유기업센터.

찾아보기
(용어)

기 타 ‥

찾아보기
(인명)